JN143008

サピエンス全史

文明の構造と人類の幸福

上

Sapiens
A Brief History of Humankind
Yuval Noah Harari

ユヴァル・ノア・ハラリ

柴田裕之・訳

河出書房新社

サピエンス全史（上）——目次

第2部　農業革命

【下巻目次】

サピエンス全史（上）

——文明の構造と人類の幸福

父、シュロモ・ハラリを心から偲んで

歴史年表

一三五億年前　物質とエネルギーが現れる。物理的現象の始まり。
　　　　　　　原子と分子が現れる。化学的現象の始まり。
四五億年前　地球という惑星が形成される。
三八億年前　有機体（生物）が出現する。生物学的現象の始まり。
六〇〇万年前　ヒトとチンパンジーの最後の共通の祖先。
二五〇万年前　アフリカでホモ（ヒト）属が進化する。最初の石器。
二〇〇万年前　人類がアフリカ大陸からユーラシア大陸へ拡がる。
　　　　　　　異なる人類種が進化する。
五〇万年前　ヨーロッパと中東でネアンデルタール人が進化する。
三〇万年前　火が日常的に使われるようになる。
二〇万年前　東アフリカでホモ・サピエンスが進化する。
七万年前　認知革命が起こる。虚構の言語が出現する。
　　　　　歴史的現象の始まり。ホモ・サピエンスがアフリカ大陸の外へと拡がる。

四万五〇〇〇年前　ホモ・サピエンスがオーストラリア大陸に住みつく。オーストラリア大陸の大型動物相が絶滅する。
三万年前　ネアンデルタール人が絶滅する。
一万六〇〇〇年前　ホモ・サピエンスがアメリカ大陸に住みつく。アメリカ大陸の大型動物相が絶滅する。
一万三〇〇〇年前　ホモ・フローレシエンシスが絶滅する。ホモ・サピエンスが唯一生き残っている人類種となる。
一万二〇〇〇年前　農業革命が起こる。植物の栽培化と動物の家畜化。永続的な定住。
五〇〇〇年前　最初の王国、書記体系、貨幣。多神教。
四二五〇年前　最初の帝国——サルゴンのアッカド帝国。
二五〇〇年前　硬貨の発明——普遍的な貨幣。
ペルシア帝国——「全人類のため」の普遍的な政治的秩序。
インドの仏教——「衆生を苦しみから解放するため」の普遍的な真理。
二〇〇〇年前　中国の漢帝国。地中海のローマ帝国。キリスト教。
一四〇〇年前　イスラム教。
五〇〇年前　科学革命が起こる。
人類は自らの無知を認め、空前の力を獲得し始める。
ヨーロッパ人がアメリカ大陸と各海洋を征服し始める。
地球全体が単一の歴史的領域となる。
資本主義が台頭する。

二〇〇年前　産業革命が起こる。
家族とコミュニティが国家と市場に取って代わられる。
動植物の大規模な絶滅が起こる。
今日　人類が地球という惑星の境界を超越する。
核兵器が人類の生存を脅かす。
生物が自然選択ではなく知的設計によって形作られることがしだいに多くなる。
未来　知的設計が生命の基本原理となるか？
ホモ・サピエンスが超人たちに取って代わられるか？

第1部　認知革命

図1　フランス南部のショーヴェ洞窟の壁に残された、およそ3万年前のヒトの手形。誰かが、「私はここにいた！」と言おうとしたのだ。

第1章　唯一生き延びた人類種

今からおよそ一三五億年前、いわゆる「ビッグバン」によって、物質、エネルギー、時間、空間が誕生した。私たちの宇宙の根本を成すこれらの要素の物語を「物理学」という。

物質とエネルギーは、この世に現れてから三〇万年ほど後に融合し始め、原子と呼ばれる複雑な構造体を成し、やがてその原子が結合して分子ができた。原子と分子とそれらの相互作用の物語を「化学」という。

およそ三八億年前、地球と呼ばれる惑星の上で特定の分子が結合し、格別大きく入り組んだ構造体、すなわち有機体（生物）を形作った。有機体の物語を「生物学」という。

そしておよそ七万年前、ホモ・サピエンスという種に属する生き物が、なおさら精巧な構造体、すなわち文化を形成し始めた。そうした人間文化のその後の発展を「歴史」という。

歴史の道筋は、三つの重要な革命が決めた。約七万年前に歴史を始動させた認知革命、約一万二〇〇〇年前に歴史の流れを加速させた農業革命、そしてわずか五〇〇年前に始まった科学革命だ。三つ目の科学革命は、歴史に終止符を打ち、何かまったく異なる展開を引き起こす可能性が十分ある。本書ではこれら三つの革命が、人類をはじめ、この地上の生きとし生けるものにどのような影響を与えてきたのかという物語を綴っていく。

人類は、歴史が始まるはるか以前から存在していた。現生人類と非常によく似た動物が初めて姿を現したのは、およそ二五〇万年前のことだった。だが、数え切れぬほどの世代にわたって、彼らは生息環境を共にする多種多様な生き物のなかで突出することはなかった。

もしあなたが二〇〇万年前に東アフリカを歩き回ったとしたら、きっとお馴染みの群像に出くわしたことだろう。心配そうに赤ん坊を抱いてあやす母親、泥まみれで遊ぶ屈託のない子供たち、社会の掟に苛立つ気難しい若者たち、くたびれ果て、そっとしておいてもらいたがる老人たち、逞《たくま》しさを誇示し、あたりに住む愛らしい娘の気を惹こうとする男たち、酸いも甘いも嚙み分けた、賢い女性の長老たち。彼ら太古の人類も、愛し、遊び、固い友情を結び、地位と権力を求めて競い合った――ただし、それはチンパンジーやヒヒやゾウにしても同じだ。太古の人類に特別なところは何一つない。彼らの子孫がいつの日にか月面を歩き、原子を分裂させ、遺伝子コードを解読し、歴史書を書こうなどとは、当の人類はもとより、誰であれ知る由もなかった。先史時代の人類について何をおいても承知しておくべきなのは、彼らが取るに足りない動物にすぎず、環境に与える影響は微々たるもので、ゴリラやホタルやクラゲと大差なかった点だ。

生物学者は生き物を「種」に分類する。動物の場合、交尾をする傾向があって、しかも繁殖力のある子孫を残す者どうしが同じ種に属すると言われる。馬とロバは比較的最近、共通の祖先から分かれたので、多くの身体的特徴を共有している。だが、交尾相手として互いに興味を示すことはない。交尾するように仕向けられればそうするが、そこから生まれた子供（ラバ）には繁殖力がない。したがって、ロバのDN

Aの突然変異が馬に伝わることはけっしてないし、その逆も起こりえない。そのため馬とロバは、それぞれ別の進化の道筋をたどっている、二つの別個の種と見なされる。それとは対照的に、ブルドッグとスパニエルは外見がはなはだ異なっていても同じ種の動物で、同じDNAプールを共有している。両者は喜んで交尾し、生まれた子犬は長じて他の犬とつがい、次の世代の子犬を残す。

共通の祖先から進化したさまざまな種はみな、「属」という上位の分類階級に所属する。ライオン、トラ、ヒョウ、ジャガーはそれぞれ種は違うが、みなヒョウ属に入る。生物学者は二つの部分（前の部分が属を表す属名、後ろの部分が種の特徴を表す種小名《しゅしょうめい》）から成るラテン語の学名を各生物種につける。たとえばライオンは、パンテラ（ヒョウ）属のレオ（ライオン）で「パンテラ・レオ」。そして、本書の読者はおそらく全員、ホモ（ヒト）属のサピエンス（賢い）という生き物である「ホモ・サピエンス」のはずだ。

属が集まると「科」になる。ネコ科（ライオン、チーター、イエネコ）、イヌ科（オオカミ、キツネ、ジャッカル）、ゾウ科（ゾウ、マンモス、マストドン）という具合だ。ある科に属する生き物はみな、血統をさかのぼっていくと、おおもとの単一の祖先にたどり着く。たとえば、最も小さなイエネコから最も獰猛《どうもう》なライオンまで、ネコ科の動物はみな、およそ二五〇〇万年前に生きていた、一頭のネコ科の祖先を共有している。

ホモ・サピエンスも一つの科に属している。このごく当然の事実はかつて、歴史上最も厳重に守られていた部類の秘密だった。ホモ・サピエンスは長年、自らを動物とは無縁の存在と見なしたがっていた。親類がなく、兄弟姉妹やいとこも持たず、これがいちばん肝心なのだが、親すらいない、完全なる孤児というわけだ。だが、それは断じて間違っている。好むと好まざるとにかかわらず、私たちもヒト科と呼ばれる、大きな、ひどくやかましい科に所属しているのだ。現存する最も近しい縁者には、チンパンジーとゴリラとオランウータンがいる。なかでも、チンパンジーがいちばん近い。わずか六〇〇万年前、ある一頭の類人猿のメスに、二頭の娘がいた。そして、一頭はあらゆるチンパンジーの祖先となり、もう一頭が私たちの祖先となった。

不面目な秘密

ホモ・サピエンスは、さらに不穏な秘密を隠してきた。私たちには野蛮ないとこたちが大勢いるばかりでなく、かつては多くの兄弟姉妹もいたのだ。私たちは自分たちが唯一の人類だとばかり思っている。それは実際、過去一万三〇〇〇年間に存在していた人類種が唯一私たちだけだったからだ。とはいえ、「人類」という言葉の本当の意味は、「ホモ属に属する動物」であり、以前はホモ・サピエンス以外にも、この属に入る種は他に数多くあった。そのうえ、本書の最終章で見るように、そう遠くない将来、私たちは再び、サピエンスでない人類と競い合う羽目になるかもしれない。この点をはっきりさせるために、私はホモ・サピエンスという種の生き物(現生人類)を指すときに、「サピエンス」という言葉をしばしば使い、ホモ属の生き物すべてを指すときに「人類」という用語を使うことにする。

人類が初めて姿を現したのは、およそ二五〇万年前の東アフリカで、アウストラロピテクス属と呼ばれる、先行する猿人から進化した(ちなみに、アウストラロピテクスとは、「南のサル」の意)。約二〇〇万年前、この太古の人類の一部が故郷を離れて北アフリカ、ヨーロッパ、アジアの広い範囲に進出し、住み着いた。ヨーロッパ北部の雪の多い森で生き延びるには、インドネシアのうだるように暑い密林で生き抜

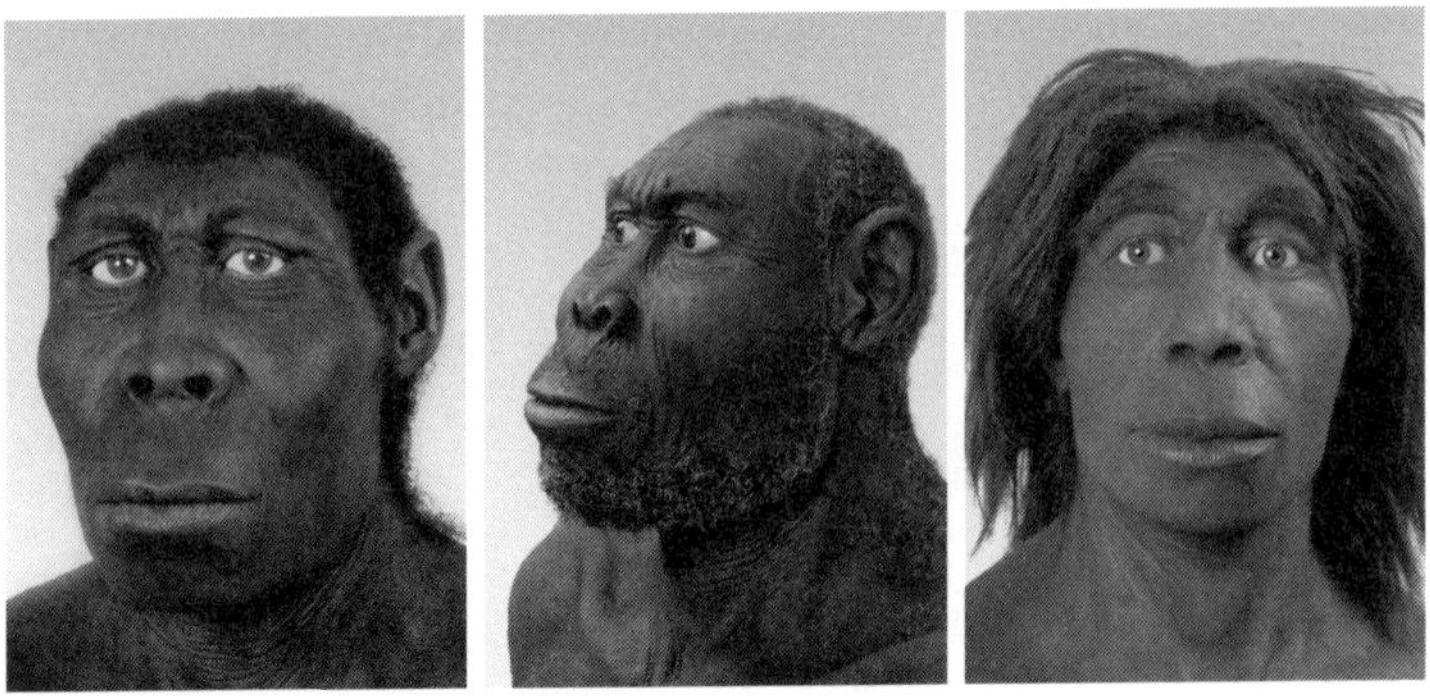

図2　私たちの「兄弟」たちの想像復元図。（左から右へ）ホモ・ルドルフェンシス（東アフリカ）、ホモ・エレクトス（東アジア）、ホモ・ネアンデルターレンシス（ヨーロッパとアジア西部）。彼らはみな人類だ。

くのに適したものとは異なる特性を必要としたので、それぞれの地に暮らす人類は、異なる方向へ進化していった。その結果、いくつか別個の種が誕生し、学者たちはその一つひとつに仰々しいラテン語の学名をつけた。

ヨーロッパとアジア西部の人類は、ホモ・ネアンデルターレンシス（「ネアンデル谷《タール》出身のヒト」の意）で、一般にはたんに「ネアンデルタール人」と呼ばれている。ネアンデルタール人は私たちサピエンスよりも大柄で逞しく、氷河時代のユーラシア大陸西部の寒冷な気候にうまく適応していた。アジアのもっと東側に住んでいたのがホモ・エレクトス（「直立したヒト」の意）で、そこで二〇〇万年近く生き延びた。これほど長く存在した人類種は他になく、この記録は私たちの種にさえ破れそうにない。ホモ・サピエンスは今から一〇〇〇年後にまだ生きているかどうかすら怪しいのだから、二〇〇万年も生き延びることなど望むべくもない。

インドネシアのジャワ島に暮らしていたホモ・ソロエンシス（「ソロ川流域出身のヒト」の意）は、熱帯の生活に適していた。やはりインドネシアの島の一つで、フローレスという比較的小さな島では、太古の人類は矮小《わいしょう》化（小型化）した。人類が初めてフローレス島に到達したのは、海水面が極端に低かったときで、そのころこの島にはジャワ島から簡単に渡れた。その後、海面が再び上昇すると、一部の人が島に取り残された。ところが、島は資源が乏しかった。そのため、多くの食べ物を必要とする大柄な人が真っ先に死に、小柄な人々のほうがずっとうまく生き延びられた。幾世代も経るうちに、フローレス島の人々は小型化した。学者の間ではホモ・フローレシエンシスという名で知られるこの特殊な種は、身長が最大で一メートル、体重がせいぜい二五キログラムだった。とはいえ彼らは石器を作ることができ、島に住むゾウをときおり狩ることさえやってのけた。ただし、公平を期するために言い添えると、ゾウたちもまた小型化した、矮性《わいせい》種だった。

二〇一〇年には、私たちのさらに別の兄弟が忘却の彼方から救い出された。シベリアのデニソワ洞窟で発掘を行なっていた学者たちが、指の骨の化石を一つ発見したのだ。遺伝子を解析してみると、その指は、それまで知られていなかった人類種のものであることがわかり、その種はホモ・デニソワと命名された。他の洞窟や島、地域で発見される日を待っている私たちの失われた親戚たちが、あとどれほど多くいるか知れない。

これまで挙げた人類は、ヨーロッパとアジアで進化していたが、東アフリカでも進化は止まらなかった。この人類の揺りかごは、ホモ・ルドルフェンシス（「ルドルフ湖出身のヒト」の意）やホモ・エルガステル（「働くヒト」の意）、そしてついには、自らを厚かましくもホモ・サピエンス（「賢いヒト」の意）と名づけた私たち自身の種など、無数の新しい種を育み続けた。

これらの人類種のうちには、大柄なものもいれば、矮小なものもいた。恐ろしい狩人もいれば、温和な植物採集者もいた。単一の島にだけ住む種もいたが、多くはさまざまな大陸を歩き回った。だが、そのすべてがホモ属に属していた。彼らはみな、人間だったのだ。

ホモ・エルガステルからホモ・エレクトスが生まれ、ホモ・エレクトスからネアンデルタール人が誕生し、ネアンデルタール人が私たちに進化した、というように、これらの種を一直線の系統図に並べて考えることが多いが、それは誤りだ。このような直線モデルは、どの時点をとっても、ただ一つの人類種だけが地球に暮らしていたとか、先行する種は全部、私たちの古いモデルにすぎないとかいった、誤った印象を与えてしまう。じつは、約二〇〇万年前から一万年前ごろまで、この世界にはいくつかの人類種が同時に存在していたのだ。だが、これは格別驚くことではない。今日でも、キツネやクマ、ブタには多くの種がある。一〇万年前の地球には、少なくとも六つの異なるヒトの種が暮らしていた。複数の種が存在した過去ではなく、私たちしかいない現在が特異なのであり、ことによると、私たちが犯した罪の証《あかし》なのかもしれない。ほどなく見るように、私たちサピエンスには、自らの兄弟たちの記憶を抑え込むだけの十分な理由があるからだ。

思考力の代償

人類のさまざまな種には多くの違いが見られるものの、そのすべてに共通する決定的な特徴がいくつかある。なかでも際立っているのが巨大な脳で、他の動物たちが霞んでしまう。体重六〇キログラムの哺乳類の脳は、平均すると二〇〇立方センチメートルになる。二五〇万年前、最初期のヒトの脳は、成人でおよそ六〇〇立方センチメートルあった。現生人類は、平均で一二〇〇～一四〇〇立方センチメートルの脳を誇る。ネアンデルタール人の脳はさらに大きかった。

進化が大きな脳を選択するというのは、わざわざ脳を働かせなくてもわかることに思えるかもしれない。

私たちは自分の高い知能に酔いしれているので、脳については、大きいにこしたことはないはずだと思い込んでいる。だが、もしそれが正しければ、ネコ科でも微分や積分のできる動物が誕生していただろう。動物界広しといえども、ホモ属だけがこれほど大きな思考装置を持つに至ったのはなぜなのか？

　じつのところ、大きな脳は、体に大きな消耗を強いる。そもそも、持ち歩くのが大変で、しかも頭蓋骨という大きなケースに収めておかなければならないのだからなおさらだ。そのうえ燃費も悪い。ホモ・サピエンスでは、脳は体重の二〜三パーセントを占めるだけだが、持ち主がじっとしているときには、体の消費エネルギーの二五パーセントを使う。これとは対照的に、ヒト以外の霊長類の脳は、安静時には体の消費エネルギーの八パーセントしか必要としない。太古の人類は、大きな脳の代償を二通りのやり方で支払った。まず、より多くの時間をかけて食べ物を探した。そして、筋肉が衰えた。政府が防衛から教育へと資金を転用するように、人類は二頭筋にかける資源の一部をニューロン（神経細胞）に回した。これがサバンナでの優れた生き残り戦略かどうかはおおいに疑問だ。チンパンジーはホモ・サピエンスを言い負かすことはできないが、縫いぐるみの人形のように引き裂くことができる。

　今日では、私たちの大きな脳は十分元が取れる。なぜなら私たちは自動車や銃を製造し、チンパンジーよりずっと速く動いて、格闘しなくても遠い安全な場所から仕留めることができるからだ。だが、自動車も銃も最近の発明だ。人類の神経ネットワークは二〇〇万年以上にわたって成長に成長を重ねたが、燧石《すいせき》のナイフと尖った棒以外に見るべき成果をほとんど残さなかった。それでは、その二〇〇万年もの年月に、いったい何が人類の巨大な脳の進化を推し進めたのか？　正直なところ、その答えはわからない。

　人間ならではの特性として、直立二足歩行も挙げられる。立ち上がれば、サバンナを見渡して獲物や敵を見つけやすいし、歩行に必要だった腕が自由になり、石を投げたり合図を送ったりするのに使える。手によってできることが増えれば増えるほど、その持ち主は有利になるので、進化圧がかかり、手のひらと指には神経と微調整の効いた筋肉がしだいに集中した。その結果、人類は手を使って非常に複雑な作業がこなせる。とくに、精巧な道具を製造して使える。道具の製造を示す最初の証拠は約二五〇万年前までさかのぼる。そして、道具の製造と使用は、考古学者が古代の人類の存在を認める基準となる。

だが、直立歩行には欠点もある。私たちの祖先の霊長類の骨格は、頭が比較的小さい四足歩行の生き物を支えるために何百万年にもわたって進化した。したがって、直立の姿勢に順応するのは大変な難題だった。その骨格が、特大の頭骨を支えなければならないのだから、なおさらだ。ヒトは卓越した視野と勤勉な手を獲得する代償として、腰痛と肩凝りに苦しむことになった。

女性はさらに代償が大きかった。直立歩行するには腰回りを細める必要があったので、産道が狭まった――よりによって、赤ん坊の頭がしだいに大きくなっているときに。女性は出産にあたって命の危険にさらされる羽目になった。赤ん坊の脳と頭がまだ比較的小さく柔軟な、早い段階で出産した女性のほうが、無事に生き長らえてさらに子供を産む率が高かった。その結果、自然選択によって早期の出産が優遇された。そして実際、他の動物と比べて人間は、生命の維持に必要なシステムの多くが未発達な、未熟な段階で生まれる。子馬は誕生後間もなく駆け回れる。子猫は生後数週間で母親のもとを離れ、単独で食べ物を探し回る。それに引き換え、ヒトの赤ん坊は自分では何もできず、何年にもわたって年長者に頼り、食物や保護、教育を与えてもらう必要がある。

この事実は、人類の傑出した社会的能力と独特な社会的問題の両方をもたらす大きな要因となった。自活できない子供を連れている母親が、子供と自分を養うだけの食べ物を一人で採集することはほぼ無理だった。子育ては、家族や周囲の人の手助けをたえず必要とした。人間が子供を育てるには、仲間が力を合わせなければならないのだ。したがって、進化は強い社会的絆を結べる者を優遇した。そのうえ、人間は未熟な状態で生まれてくるので、他のどんな動物にも望めないほど、教育し、社会生活に順応させることができる。ほとんどの哺乳類は、釉薬《うわぐすり》をかけた陶器が窯《かま》から出てくるように子宮から出てくるので、作り直そうとすれば傷ついたり壊れたりしてしまう。ところが人間は、溶融したガラスが炉から出てくるように子宮から出てくるので、驚くほど自由に曲げたり延ばしたりして成形できる。だから今日、私たちは子供をキリスト教徒にも仏教徒にもできるし、資本主義者にも社会主義者にも仕立てられるし、戦争を好むようにも平和を愛するようにも育てられる。

私たちは、大きな脳、道具の使用、優れた学習能力、複雑な社会構造を、大きな強みだと思い込んでいる。これらのおかげで人類が地上最強の動物になったことは自明に思える。だが、人類はまる二〇〇万年にわたってこれらすべての恩恵に浴しながらも、その間ずっと弱く、取るに足りない生き物でしかなかった。たとえば一〇〇万年前に生きていた人類は、脳が大きく、鋭く尖った石器を使っていたにもかかわらず、たえず捕食者を恐れて暮らし、大きな獲物を狩ることは稀で、主に植物を集め、昆虫を捕まえ、小さな動物を追い求め、他のもっと強力な肉食獣が後に残した死肉を食らっていた。

初期の石器のごく一般的な用途の一つは、骨を割って中の骨髄をすすれるようにすることだった。これこそ私たちのもともとのニッチ（生態的地位）だったと考える研究者もいる。キツツキが木の幹から昆虫を引っ張り出すのが得意であるのとちょうど同じで、初期の人類は骨から骨髄を吸い出すのに長《た》けていた。だが、なぜ骨髄なのか？　こう考えてみよう。ライオンの群れがキリンを倒し、貪り食うところをあなたは見ていた。辛抱強く待っていると、やがてライオンたちは食べ終わる。だが、まだあなたの番は来ない。

まずはハイエナやジャッカルが残り物を漁《あさ》る。とてもその邪魔はできない。彼らが済んでからやっと、あなたは仲間たちとともに恐る恐る死骸に近づき、左右に注意深く視線を走らせた上で、残り物にありつく。なかでもとくに栄養があったのが、硬い骨の中の骨髄だったのだ。

これこそが、私たちの歴史と心理を理解する上での一つのカギだ。ホモ属は食物連鎖の中ほどに位置を占め、ごく最近までそこにしっかりと収まっていた。人類は数百万年にわたって、小さな生き物を狩り、採集できるものは何でも採集する一方、大きな捕食者に追われてきた。四〇万年前になってようやく、人類のいくつかの種が日常的に大きな獲物を狩り始め、ホモ・サピエンスの台頭に伴い、過去一〇万年間に初めて、人類は食物連鎖の頂点へと飛躍したのだった。

中位から頂点へのそのような華々しい跳躍は、重大な結果をもたらした。ピラミッドの頂点にいるライオンやサメのような他の動物は、何百万年もかけて徐々にその地位へと進化した。そのため、ライオンやサメが度を超えた捕食を行なわないように、生態系は統制と均衡の仕組みを築き上げることができた。ライオンが狩りの技量を上げると、進化によってガゼルは足が速くなり、ハイエナは協力がうまくなり、サイはいっそう気が荒くなった。それに引き換え、人類はあっという間に頂点に上り詰めたので、生態系は順応する暇がなかった。そのうえ、人類自身も順応しそこなった。地球に君臨する捕食者の大半は、堂々たる生き物だ。何百万年にも及ぶ支配のおかげで、彼らは自信に満ちている。それに比べると、サピエンスはむしろ、政情不安定な弱小国の独裁者のようなものだ。私たちはつい最近までサバンナの負け組の一員だったため、自分の位置についての恐れと不安でいっぱいで、そのためなおさら残忍で危険な存在となっている。多数の死傷者を出す戦争から生態系の大惨事に至るまで、歴史上の多くの災難は、このあまりに性急な飛躍の産物なのだ。

調理をする動物

頂点への道のりにおける重大な一歩は、火を手懐《てなず》けたことだった。一部の人類種は早くも八〇万年前に、ときおり火を使っていたかもしれない。約三〇万年前には、ホモ・エレクトスやネアンデルタール人と、ホモ・サピエンスの祖先が、日常的に火を使っていた。人類は今や、頼りになる光と暖かさの源泉と、餌食を求めてうろつくライオンたちに対する恐ろしい武器を同時に手に入れたのだ。その後間もなく、人類は故意に近隣に火を放ちさえし始めたかもしれない。慎重に管理しながら火事を起こせば、通り抜けることができなかった不毛の藪《やぶ》を、獲物が豊富な極上の草原に変えることができた。しかも、いったん火が収まれば、石器時代の才覚者たちはくすぶる焼け跡を歩き回って、うまい具合に焼き上がった動物や木の実、イモ類などを収穫できた。

だが、火の最大の恩恵は、調理が可能になったことだ。小麦、米、ジャガイモといった、そのままでは人類には消化できない食べ物も、調理のおかげで主要な食料となった。火によって食物の化学的性質が変わったばかりでなく、生物学的性質も変化した。調理をすれば、食物についていた病原菌や寄生虫を殺すことができたからだ。また、果物や木の実、昆虫、死肉といった従来の好物も、調理すれば、噛むのも消化するのもぐんと楽になった。チンパンジーが一日五時間も生《なま》の食べ物を噛んでいるのに対して、調理した食物を食べる人間は、たった一時間あれば十分だった。

調理をするようになったおかげで、人類は前よりも多くの種類の食物を食べたり、食事にかける時間を減らしたりでき、小さな歯と短い腸で事足りるようになった。調理が始まったことと、人類の腸が短くなり、脳が大きくなったことの間には直接のつながりがあると考える学者もいる。長い腸と大きな脳は、ともに大量のエネルギーを消費するので、両方を維持するのは難しい。調理によって腸を短くし、そのエネルギー消費を減らせたので、図らずもネアンデルタール人とサピエンスの前には、脳を巨大化させる道が開けた(1)。

火によって、人類と他の動物との間に、最初の重大な隔たりももたらされた。ほぼすべての動物の力は、筋肉の強さや歯の大きさ、翼の幅など、自らの身体を拠り所にしている。動物たちは風や水の流れを利用することはあっても、そうした自然の力を制御することはできないし、つねに自らの身体的構造の制約を受ける。たとえばワシは、上昇気流を見つけ、大きな翼を広げ、上空に運んでもらう。だが、どこに上昇気流が発生するかは制御できないし、どれだけの体重を運べるかは翼の幅で厳密に決まる。

人類は火を手懐けたとき、従順で潜在的に無限の力が制御できるようになった。ワシと違い、人類はいつ、どこで火を起こすかを選ぶことができ、また、火をさまざまな目的で利用することもできた。そして、これがいちばん重要なのだが、火の力は、人体の形状や構造、強さによって制限されてはいなかった。たった一人の女性でも、火打ち石か火起こし棒があれば、わずか数時間のうちに森をそっくり焼き払うことが可能だった。火の利用は、来るべきものの前兆だった。

兄弟たちはどうなったか？

火の恩恵にあずかってはいたものの、一五万年前の人類は、依然として取るに足りない生き物だった。今やライオンを怖がらせて追い払い、寒い晩に暖をとり、ときおり森を焼き払うこともできたが、あらゆる種を合計しても、インドネシアの島々からイベリア半島までの範囲に暮らす人類の総数は、まだせいぜい一〇〇万程度で、生態系のレーダー上ではぽつんと光る点でしかなかった。

私たちの種であるホモ・サピエンスは、すでに世界の舞台に登場していたが、この時点ではまだ、アフリカ大陸の一隅でほそぼそと暮らしていた。ホモ・サピエンスに分類されうる動物が、それ以前の人類種から厳密にいつどこで最初に進化したかはわからないが、一五万年前までには、私たちにそっくりのサピエンスが東アフリカに住んでいたということで、ほとんどの学者の意見が一致している。もしその一人の遺体が安置所に運び込まれたとしても、そこの病理学者には現代人のものと見分けがつかないだろう。火の恩恵を享受していた彼らは祖先よりも歯と顎《あご》が小さく、一方、脳は巨大で、私たちのものと同じぐらいの大きさがあった。

東アフリカのサピエンスは、およそ七万年前にアラビア半島に拡がり、短期間でそこからユーラシア大陸全土を席巻したという点でも、学者の意見は一致している。

ホモ・サピエンスがアラビア半島に行き着いたときには、ユーラシア大陸の大半にはすでに他の人類が定住していた。では、彼らはどうなったのか？　それについては、二つの相反する説がある。「交雑説」によると、ホモ・サピエンスと他の人類種は互いに惹かれ合い、交わり、一体化したという。アフリカ大陸からの移住者は世界中に拡がる過程で、他のさまざまな人類種の集団と交雑し、現代の人々はこの交雑の産物である、というわけだ。

たとえば、サピエンスは中東とヨーロッパに達したとき、ネアンデルタール人と遭遇した。ネアンデルタール人はサピエンスと比べると、筋肉が発達し、大きな脳を持っており、寒冷な気候にもうまく適応していた。道具と火を使い、狩りが上手で、明らかに病人や虚弱な仲間の面倒を見た（重い身体的障害を抱えながら何年も生き長らえたネアンデルタール人の骨が考古学者によって発見されている。これは、身内

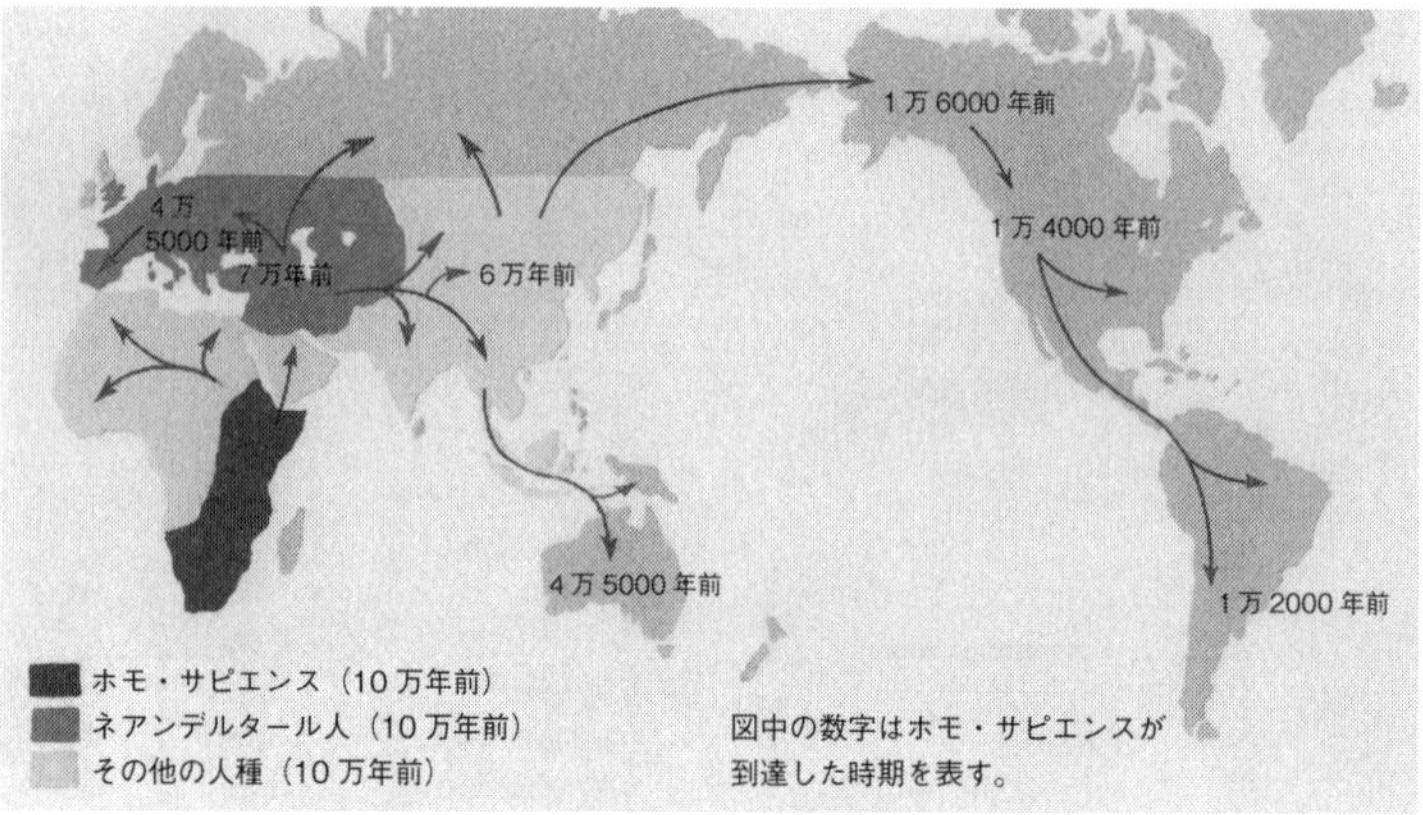

地図1　ホモ・サピエンスによる世界征服

に面倒を見てもらった証拠だ）。ネアンデルタール人は凶暴で愚かな「穴居人」の典型として風刺画に描かれることが多いが、最近得られた証拠によって、そのイメージが変わった。

交雑説によれば、サピエンスはネアンデルタール人の土地に拡がったとき、彼らと交雑し、ついには一体化したという。もしそれが正しければ、今日のユーラシア人は純粋なサピエンスではなく、サピエンスとネアンデルタール人の混血だ。同様に、サピエンスは東アジアに到達したとき、現地のホモ・エレクトスと交雑したので、中国や朝鮮半島に住む人は、サピエンスとホモ・エレクトスの混血ということになる。

これと対立する、いわゆる「交代説」は、それとは大きく異なる筋書きを提示する。ホモ・サピエンスは他の人類種と相容れず、彼らを忌み嫌い、大量殺戮さえしたかもしれないというのだ。この説によると、サピエンスと他の人類種は異なる解剖学的構造を持ち、交合の習性はもとより、体臭さえも違っていた可能性が非常に高いという。彼らは互いにほとんど性的関心を抱かなかったはずだ。そして、仮にネアンデルタール人のロミオとサピエンスのジュリエットが恋に落ちても、繁殖力のある子供たちは残せなかった。両者を隔てる遺伝的な溝は、すでに埋めようがなくなっていたからだ。この二つの人類種は完全に別個のままであり続け、ネアンデルタール人が死に絶えたとき、あるいは殺し尽くされたとき、その遺伝子も同じ運命をたどった。この見方に従えば、サピエンスは、自らより先に誕生していた他の人類種と混じり合うことはなく、彼らすべてに取って代わったことになる。それが正しければ、現代の人類全員の血統は、七万年前の東アフリカまで、純粋にたどれる。私たちはみな、「生粋《きっすい》のサピエンス」というわけだ。

二つの説をめぐる論争には、多くがかかっている。進化の視点に立つと、七万年というのは比較的短い期間だ。もし交代説が正しければ、今生きている人類は全員ほぼ同じ遺伝子コードを持っており、人種的な違いは無視できるほどにすぎない。だが、もし交雑説が正しいと、何十万年も前までさかのぼる遺伝的な違いがアフリカ人とヨーロッパ人とアジア人の間にあるかもしれない。これはいわば人種差別的なダイナマイトで、一触即発の人種説の材料を提供しかねない。

ここ数十年は、交代説がこの分野では広く受け容れられてきた。こちらのほうが堅固な考古学的裏付けがあり、人種差別的でなく穏当だった(現生人類の間に重大な遺伝的多様性があると主張して、人種差別というパンドラの箱を開けることを、学者は望んでいなかった)。だが二〇一〇年、ネアンデルタール人のゲノムを解析する四年に及ぶ試みの結果が発表され、この論争に終止符が打たれた。遺伝学者たちは、化石から保存状態の良いネアンデルタール人のDNAを十分な量だけ集め、現代人のDNAと全般的に比較できた。その結果は科学界に大きな衝撃を与えた。

中東とヨーロッパの現代人に特有のDNAのうち、一~四パーセントがネアンデルタール人のDNAだったのだ。これはたいした量ではないが、それでも重大なことに変わりはない。その数か月後、第二の衝撃が走った。デニソワ人(ホモ・デニソワ)の化石化した指から抽出したDNAを解読すると、現代のメ

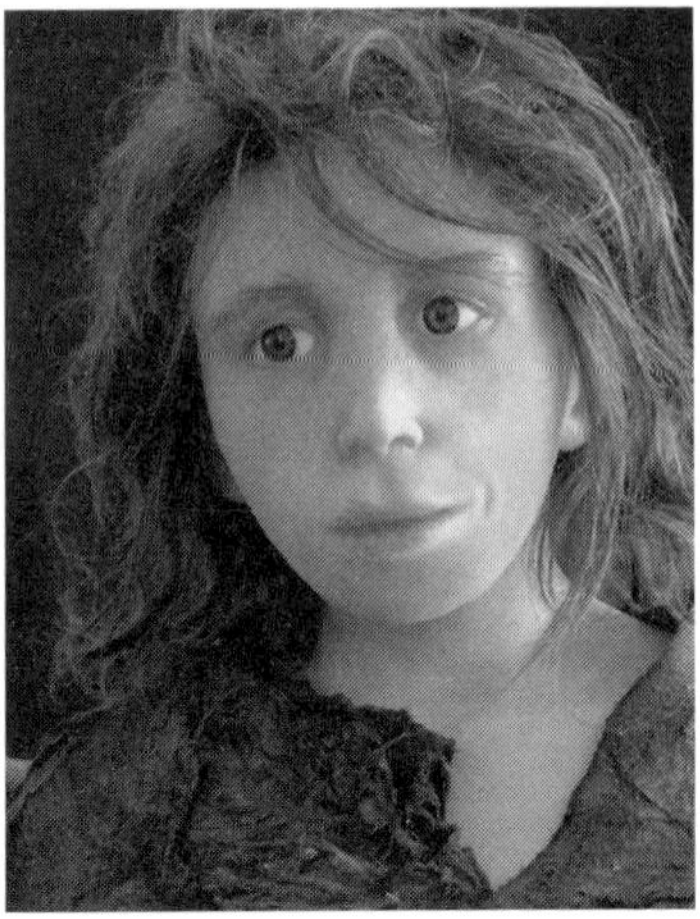

図３　ネアンデルタール人の子供の想像復元図。遺伝学的証拠からは、ネアンデルタール人の少なくとも一部は肌が白く金髪だったかもしれないことが窺える。

ラネシア人とオーストラリア先住民に特有のDNAのうち、最大六パーセントが、デニソワ人のDNAであることが立証されたのだ。

もしこうした結果が確かであれば（さらなる研究が進行中で、これらの結論は補強あるいは修正されるかもしれないことには、ぜひ留意してほしい）、交雑説の支持者は、少なくとも部分的には正しかったわけだ。とはいえ、交代説が完全に間違っていたことにはならない。ネアンデルタール人とデニソワ人は、今日の私たちのゲノムにほんのわずかのDNAしか与えていないので、サピエンスと他の人類種が「一体化」したとは、とても言えない。両者の間の違いは、交合して子孫を残すのを完全に妨げるほど大きくはなかったとはいえ、そのような交合はやはり非常に稀だったはずだ。

それでは、サピエンスとネアンデルタール人とデニソワ人の間で見られる生物学的なつながりは、どう理解したらいいのか？　彼らは明らかに、馬とロバのように、完全に異なる種ではなかった。その一方で、ブルドッグとスパニエルのように、たんに同じ種の別の集団でもなかった。生物学的な現実は、白と黒というふうに、はっきり二分されてはいない。重要なグレーゾーンもあるのだ。馬とロバのような、共通の祖先から進化した二つの種はみな、しばらくの間は、ブルドッグとスパニエルのように、同一の種の二つの集団だった。そしてその後、両集団の個体がすでに互いにかなり異なりはしたものの、稀に交合して繁殖力のある子孫を残すことができる時期があったに違いない。やがて新たな突然変異が起こって、両者を結びつける最後の絆が断ち切られ、両者はそれぞれ別の進化の道をたどり始めた。

およそ五万年前、サピエンスとネアンデルタール人とデニソワ人は、ちょうどそのような境界にあったらしい。彼らはあと一歩でそれぞれ完全に異なる種になるところまできていた。次章で見るように、サピエンスはすでにネアンデルタール人とデニソワ人とは遺伝子コードと身体的特性だけでなく認知的能力や社会的能力も大きく異なっていたが、依然として、サピエンスとネアンデルタール人とが繁殖力のある子孫を残すことは稀には可能だったようだ。したがって、両集団は一体化はしなかったが、ネアンデルタール人の遺伝子のうちで幸運なものは、サピエンス急行にうまく乗り換えることができた。かつて私たちサピエンスが、異なる種の動物と交わり、いっしょに子孫を残せたと考えると、心を乱される（とともに、胸が躍るかもしれない）。

だが、ネアンデルタール人とデニソワ人をはじめ、他の人類種はサピエンスと一体化しなかったのなら、なぜ消えてしまったのか？　まず、ホモ・サピエンスによって絶滅に追い込まれたという可能性がある。ネアンデルタール人が何十万年も暮らしてきたバルカン半島の平地に、サピエンスの集団がやって来たところを想像してほしい。新参者たちはシカを狩り、木の実や各種のベリーを集める。どれも昔からネアンデルタール人が主な食料としてきたものだ。サピエンスのほうが、優れた技術と社会的技能のおかげで、狩猟採集が得意だったため、子孫を増やし、拡大していった。才覚で劣るネアンデルタール人は、食べていくのがしだいに難しくなった。人口が徐々に減り、ゆっくりと死に絶えていった。例外として、一人か二人が近隣のサピエンスに加わって生き延びたかもしれない。

別の可能性として、資源をめぐる競争が高じて暴力や大量虐殺につながったことも考えられる。寛容さはサピエンスのトレードマークではない。近代や現代にも、肌の色や方言、あるいは宗教の些細な違いから、サピエンスの一集団が別の集団を根絶しにかかることが繰り返されてきた。古代のサピエンスがまったく異なる人類種に対して、もっと寛容だったなどということがあるだろうか？　サピエンスがネアンデルタール人に出会ったときには、史上初の最も凄まじい民族浄化作戦が行なわれた可能性が十分ある。

実際はどうだったにせよ、ネアンデルタール人（と、他の人類種）は、歴史にまつわる「もし」のうちでも、屈指のものを提起する。もしネアンデルタール人かデニソワ人がホモ・サピエンスとともに生き延びていたら、どうなっていただろう？　いくつか異なる人類種が共存する世界では、どのような文化や社会、政治構造が誕生していただろう？　たとえば、信仰はどのように発展したか？　旧約聖書の「創世記」はネアンデルタール人がアダムとイヴの子孫であるとし、イエスはデニソワ人の罪を贖《あがな》うために死に、クルアーン（コーラン）は、善きヒトなら種を問わずに誰のためにも、天国に場所を確保しただろうか？　ネアンデルタール人は古代ローマの軍団や、帝政中国の広大無辺の官僚組織の中で任に当たることができただろうか？　アメリカの独立宣言は、ホモ属の成員はすべて平等に造られていることを自明の真理としただろうか？　カール・マルクスは、あらゆる人類種の労働者に結束を促しただろうか？

過去一万年間に、ホモ・サピエンスは唯一の人類種であることにすっかり慣れてしまったので、私たちはそれ以外の可能性について思いを巡らせるのが難しい。私たちは進化上の兄弟姉妹を欠いているので、自分たちこそが万物の霊長であり、ヒト以外の動物界とは大きく隔てられていると、つい思いがちになる。だからチャールズ・ダーウィンが、ホモ・サピエンスはただの動物の一種にすぎないと述べると、人々は憤慨した。今日でもなお、そう信じるのを拒む人が大勢いる。ネアンデルタール人が生き延びていたら、私たちは自分が特別な生き物だと、相変わらず思っていただろうか？　ことによると、私たちの祖先がネアンデルタール人を根絶やしにしてしまったのは、まさにこのせいだったのかもしれない。彼らはあまりに見慣れた姿をしていたので無視できず、かといって、あまりにも違っていたので我慢ならなかった、というわけだ。

サピエンスに責めを負わせるべきかどうかはともかく、彼らが新しい土地に到着するたびに、先住の人々はたちまち滅び去った。ホモ・ソロエンシスの存在を示す遺物はおよそ五万年前を境に途絶えた。ホモ・デニソワはその後間もなく姿を消した。ネアンデルタール人が絶滅したのは三万年ほど前だ。最後の小人のような人類がフローレス島から消えたのが、約一万三〇〇〇年前だった。彼らは数々のものを残していった——骨や石器、私たちのDNAの中にはいくつかの遺伝子、そして答えのない多くの疑問を。彼らは私たちホモ・サピエンスという、最後の人類種も後に残した。

サピエンスの成功の秘密は何だったのか？　私たちはどうやって、これほど多くの、遠くて生態学的に異なる生息環境に、これほど速く移り住むことができたのか？　私たちはどうやって他の人類種をすべて忘却の彼方へ追いやったのか？　なぜ、強靭で、大きな脳を持ち、寒さに強いネアンデルタール人たちでさえ、私たちの猛攻撃を生き延びられなかったのか？　激しい議論は今なお尽きないが、最も有力な答えは、その議論を可能にしているものにほかならない。すなわち、ホモ・サピエンスが世界を征服できたのは、何よりも、その比類なき言語のおかげではなかろうか。

第2章　虚構が協力を可能にした

前章で見たとおり、サピエンスは一五万年前にはすでに東アフリカで暮らしていたものの、地球上のそれ以外の場所に侵出して他の人類種を絶滅に追い込み始めたのは、七万年ほど前になってからのことだった。それまでの八万年間、太古のサピエンスは外見が私たちにそっくりで、脳も同じぐらい大きかったとはいえ、他の人類種に対して、これといった強みを持たず、とくに精巧な道具も作らず、格別な偉業は何一つ達成しなかった。

それどころか、サピエンスとネアンデルタール人との間の、証拠が残っている最古の遭遇では、ネアンデルタール人が勝利した。約一〇万年前、サピエンスの複数の集団が、ネアンデルタール人の縄張りだったレヴァント地方〔訳註　地中海東岸の地方〕に移り住んだが、揺るぎない足場は築けなかった。敵意に満ちた先住民がいたり、気候が厳しかったり、地域特有の馴染みのない寄生生物に出くわしたりしたのかもしれない。理由は何であれ、サピエンスはけっきょく引き揚げ、ネアンデルタール人は中東に君臨し続けた。

学者たちはこのような乏しい実績に照らして、これらのサピエンスの脳の内部構造は、おそらく私たちのものとは異なっていたのだろうと推測するようになった。太古のサピエンスは見かけは私たちと同じだが、認知的能力（学習、記憶、意思疎通の能力）は格段に劣っていた。彼らに英語を教えたり、キリスト教の教義が正しいと信じさせたり、進化論を理解させたりしようとしても、おそらく無駄だっただろう。逆に私たちにとって、彼らの言語を習得したり、考え方を理解したりするのは至難の業《わざ》だろう。

だがその後、およそ七万年前から、ホモ・サピエンスは非常に特殊なことを始めた。そのころ、サピエンスの複数の生活集団が、再びアフリカ大陸を離れた。今回は、彼らはネアンデルタール人をはじめ、他の人類種をすべて中東から追い払ったばかりか、地球上からも一掃してしまった。サピエンスは驚くほど短い期間でヨーロッパと東アジアに達した。四万五〇〇〇年ほど前、彼らはどうにかして大海原を渡り、オーストラリア大陸に上陸した。それまでは人類が足を踏み入れたことのない大陸だ。約七万年前から約三万年前にかけて、人類は舟やランプ、弓矢、針（暖かい服を縫うのに不可欠）を発明した。芸術と呼んで差し支えない最初の品々も、この時期にさかのぼるし（図4のシュターデル洞窟のライオン人間を参照のこと）、宗教や交易、社会的階層化の最初の明白な証拠にしても同じだ。

ほとんどの研究者は、これらの前例のない偉業は、サピエンスの認知的能力に起こった革命の産物だと考えている。ネアンデルタール人を絶滅させ、オーストラリア大陸に移り住み、シュターデルのライオン人間を彫った人々は、私たちと同じぐらい高い知能を持ち、創造的で、繊細だったと、研究者たちは言い切る。仮にシュターデル洞窟の芸術家たちに出会ったとしたら、私たちは彼らの言語を習得することができ、彼らも私たちの言語を習得することができるだろう。不思議の国でのアリスの冒険から、量子物理学のパラドックスまで、私たちは知っていることのいっさいを彼らに説明でき、彼らは自分たちの世界観を私たちに教えられるはずだ。

このように七万年前から三万年前にかけて見られた、新しい思考と意思疎通の方法の登場のことを、「認知革命」という。その原因は何だったのか？　それは定かではない。最も広く信じられている説によれば、たまたま遺伝子の突然変異が起こり、サピエンスの脳内の配線が変わり、それまでにない形で考えたり、まったく新しい種類の言語を使って意思疎通をしたりすることが可能になったのだという。その変異のことを「知恵の木の突然変異」と呼んでもいいかもしれない〔訳註　知恵の木は「創世記」に出てくるエデンの園に生えていた木で、アダムとイヴはその実を食べて「目が開け」た〕。なぜその変異がネアンデルタール人ではなくサピエンスのＤＮＡに起こったのか？　私たちの知るかぎりでは、それはまったくの偶然だった。だが、より重要なのは、「知恵の木の突然変異」の原因よりも結果を理解することだ。サピエンスの新しい言語のどこがそれほど特別だったので、私たちは世界を征服できたのだろう？*

それはこの世で初の言語ではなかった。どんな動物も、何かしらの言語を持っている。ミツバチやアリのような昆虫でさえ、複雑なやり方で意思を疎通させる方法を知っており、食物のありかを互いに伝え合う。また、それはこの世で初の口頭言語でもなかった。類人猿やサルの全種を含め、多くの動物が口頭言語を持っている。たとえば、サバンナモンキーはさまざまな鳴き声《コール》を使って意思を疎通させる。動物学者は、ある鳴き声が、「気をつけろ！　ワシだ！」という意味であることを突き止めた。それとはわずかに違う鳴き声は、「気をつけろ！　ライオンだ！」という警告になる。研究者たちが最初の鳴き声の録音を一群のサルに聞かせたところ、サルたちはしていることをやめて、恐ろしげに上を向いた。同じ集団が二番目の鳴き声（ライオンだという警告）の録音を耳にすると、彼らはたちまち木によじ登った。サピエンスはサバンナモンキーよりもずっと多くの異なる音声を発せられるが、クジラやゾウもそれに引けを取らないほど見事な能力を持っている。オウムは、電話の鳴る音や、ドアがバタンと閉まる音、けたたましく鳴るサイレンの音も真似できるし、アルベルト・アインシュタインが口にできることはすべて言える。アインシュタインがオウムに優っていたとしたら、それは口頭言語での表現ではなかった。それでは、私たちの言語のいったいどこがそれほど特別なのか？

最もありふれた答えは、私たちの言語は驚くほど柔軟である、というものだ。私たちは限られた数の音声や記号をつなげて、それぞれ異なる意味を持った文をいくらでも生み出せる。そのおかげで私たちは、周囲の世界について厖大《ぼうだい》な量の情報を収集し、保存し、伝えることができる。サバンナモンキーは仲間たちに、「気をつけろ！　ライオンだ！」と叫ぶことはできる。だが、現生人類は友人たちに、今朝、川が曲がっている所の近くでライオンがバイソンの群れの跡をたどっているのを見た、と言うことができる。それから、そのあたりまで続くさまざまな道筋も含めて、その場所をもっと正確に説明できる。すると、集団の仲間たちはこの情報をもとに、川に近づいてそのライオンを追い払い、バイソンの群れを狩るべきかどうか、額を集めて相談できる。

これとは別の説もある。私たちの独特の言語は、周りの世界についての情報を共有する手段として発達したという点では、この説も同じだ。とはいえ、伝えるべき情報のうちで最も重要なのは、ライオンやバイソンについてではなく人間についてのものであり、私たちの言語は、噂話のために発達したのだそうだ。この説によれば、ホモ・サピエンスは本来、社会的な動物であるという。私たちにとって社会的な協力は、生存と繁殖のカギを握っている。個々の人間がライオンやバイソンの居場所を知っているだけでは十分ではない。自分の集団の中で、誰が誰を憎んでいるか、誰が誰と寝ているか、誰が正直か、誰がずるをする

＊ここでも、この先でも、サピエンスの言語について論じるときには、特定の言語ではなく、私たちの種の基本的な言語能力を話題にしている。英語もヒンディー語も中国語も、それぞれサピエンスの言語の一変種だ。認知革命の時代にさえ、異なるサピエンスの集団は異なる言語を使っていたことは明らかだろう。

かを知ることのほうが、はるかに重要なのだ。

　数十人の人の刻々と変化する関係を追跡するために手に入れて保存しなければならない情報の量は信じ難いほど多い（五〇人から成る集団では、一対一の組み合わせは一二二五通りあり、より複雑な社会的組み合わせは無数にある）。あらゆる類人猿がそうした社会的情報に強烈な興味を示すが、彼らは効果的に噂話を交わすのが難しい。ネアンデルタール人と太古のホモ・サピエンスもおそらく、なかなか陰口が利けなかった。陰口を利くというのは、ひどく忌み嫌われる行為だが、大人数で協力するにはじつは不可欠なのだ。新世代のサピエンスは、およそ七万年前に獲得した新しい言語技能のおかげで、何時間も続けて噂話ができるようになった。誰が信頼できるかについての確かな情報があれば、小さな集団は大きな集団へと拡張でき、サピエンスは、より緊密でより精緻な種類の協力関係を築き上げられた(1)。

「噂話」説は冗談のように聞こえるかもしれないが、おびただしい研究に裏打ちされている。今日でさえ、人類のコミュニケーションの大多数は、電子メール、電話、新聞記事のいずれの形にせよ、噂話だ。噂話はごく自然にできるので、私たちの言語は、まさにその目的で進化したかのように見える。考えてほしい。歴史学の教授たちが集まって昼食をとったら、第一次大戦勃発の理由について雑談するだろうか？　ある

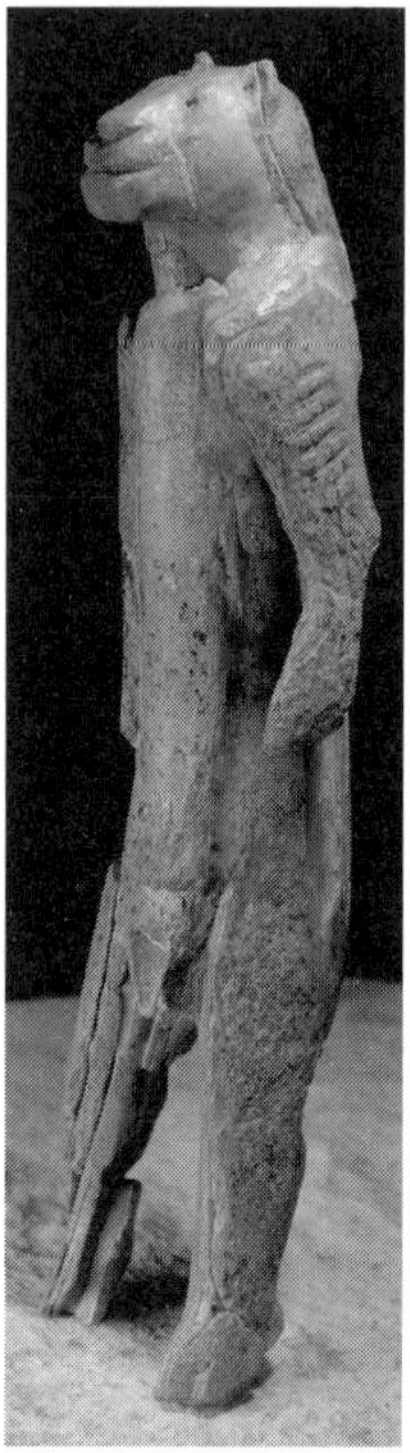
図4　ドイツのシュターデル洞窟で発見された、象牙彫りの「ライオン人間」の像（およそ3万2000年前のもの）。体は人間だが、頭部はライオンになっている。これは、文句なく芸術作品と言えるもののうち、最初期の例。おそらく宗教的な意味を持ち、実際には存在しないものを想像する人類の心の能力を裏づける、議論の余地のない例としても、現時点で最古の部類に入る。

いは科学の会議の休憩時間を、原子物理学者たちはクォークについての話し合いに費やすだろうか？　そういうこともあるだろう。だが、夫の浮気の現場を押さえた教授について、あるいは学部長と上司との口論について、はたまた、同僚が研究助成金を使ってレクサスを買ったという風評について、噂話をすることのほうが多い。噂話はたいてい、悪行を話題とする。噂好きな人というのは、元祖第四階級、すなわち、ずるをする人やたかり屋について社会に知らせ、それによって社会をそうした輩から守るジャーナリストなのだ。

おそらく、「噂話」説と「川の近くにライオンがいる」説の両方とも妥当なのだろう。とはいえ、私たちの言語が持つ真に比類ない特徴は、人間やライオンについての情報を伝達する能力ではない。むしろそれは、まったく存在しないものについての情報を伝達する能力だ。見たことも、触れたことも、匂いを嗅いだこともない、ありとあらゆる種類の存在について話す能力があるのは、私たちの知るかぎりではサピエンスだけだ。

伝説や神話、神々、宗教は、認知革命に伴って初めて現れた。それまでも、「気をつけろ！　ライオンだ！」と言える動物や人類種は多くいた。だがホモ・サピエンスは認知革命のおかげで、「ライオンはわが部族の守護霊だ」と言う能力を獲得した。虚構、すなわち架空の事物について語るこの能力こそが、サピエンスの言語の特徴として異彩を放っている。

現実には存在しないものについて語り、『鏡の国のアリス』ではないけれど、ありえないことを朝食前に六つも信じられるのはホモ・サピエンスだけであるという点には、比較的容易に同意してもらえるだろう。サルが相手では、死後、サルの天国でいくらでもバナナが食べられると請け合ったところで、そのサルが持っているバナナを譲ってはもらえない。だが、これはどうして重要なのか？　なにしろ、虚構は危険だ。虚構のせいで人は判断を誤ったり、気を逸らされたりしかねない。森に妖精やユニコーンを探しに行く人は、キノコやシカを探しに行く人に比べて、生き延びる可能性が低く思える。また、実在しない守護神に向かって何時間も祈っていたら、それは貴重な時間の無駄遣いで、その代わりに狩猟採集や戦闘、密通でもしていたほうがいいのではないか？

だが虚構のおかげで、私たちはたんに物事を想像するだけではなく、集団でそうできるようになった。聖書の天地創造の物語や、オーストラリア先住民の「夢の時代（天地創造の時代）」の神話、近代国家の国民主義の神話のような、共通の神話を私たちは紡ぎ出すことができる。そのような神話は、大勢で柔軟に協力するという空前の能力をサピエンスに与える。アリやミツバチも大勢でいっしょに働けるが、彼らのやり方は融通が利かず、近親者としかうまくいかない。オオカミやチンパンジーはアリよりもはるかに柔軟な形で力を合わせるが、少数のごく親密な個体とでなければ駄目だ。ところがサピエンスは、無数の赤の他人と著しく柔軟な形で協力できる。だからこそサピエンスが世界を支配し、アリは私たちの残り物を食べ、チンパンジーは動物園や研究室に閉じ込められているのだ。

プジョー伝説

私たちの近縁であるチンパンジーはたいてい、数十頭で小さな群れを成して暮らしている。彼らは親密な関係を結び、いっしょに狩りをし、力を合わせてヒヒやチーターや敵対するチンパンジーたちと戦う。彼らの社会構造は階層的になる傾向がある。最も有力なチンパンジー（ほぼ確実にオス）は「アルファオス」と呼ばれる。他のオスやメスは、唸り声を上げながらアルファオスの前で頭を下げて服従の意思を示す。人間界で、臣下が王の前でひれ伏すのによく似ている。アルファオスは、自分の群れの中で社会的調和を保とうと懸命に努力する。喧嘩が起こると、割って入って暴力を止める。だが、みなが特別に欲しがるような食べ物を独占したり、位の低いオスたちがメスと交尾するのを妨げたりといった、思いやりに欠ける面もある。

アルファの座をめぐって二頭のオスが争っているときにはたいてい、集団の中のオスとメスの両方の支持者を集めて広範な連合を形成して競い合う。連合の成員どうしの絆は、ハグ(抱擁)や触れ合い、キス、グルーミング(毛づくろい)、互恵行為といった日々の親密な接触に基づいている。人間の政治家が選挙運動のときに各地を回って握手をし、赤ん坊にキスするのとちょうど同じで、チンパンジーの集団で最上位を目指す者たちは、ハグしたり、背中をぽんと叩いたり、赤ん坊にキスしたりすることにたっぷり時間をかける。アルファオスはたいてい、競争相手よりも身体的に強いからではなく、大きくて安定した連合を率いているから、その地位を勝ち取れる。こうした連合は、アルファの地位をめぐる表立った争いの間だけでなく、日常のほぼすべての活動でも主要な役割を果たす。同じ連合の成員は長い時間をいっしょに過ごし、食べ物を分け合い、困ったときに助け合う。

そのような形で組織し、維持できる集団の大きさには明確な限界がある。一つの集団がうまく機能するには、成員全員が互いを親しく知らなければならない。一度も会ったり、戦ったり、グルーミングし合ったりしたことのないチンパンジーどうしは、信用し合えるかどうかや、助け合う価値があるかどうか、どちらが上位かがわからない。自然状況下では、典型的なチンパンジーの群れは、およそ二〇～五〇頭から成る。群れの個体数が増えるにつれ、社会秩序が不安定になり、いずれ不和が生じて、一部の個体が新しい群れを形成する。一〇〇頭を超える集団を動物学者が観察した例は、ほんの一握りしかない。別々の集団が協力することは稀で、たいていは縄張りと食べ物をめぐって張り合う。研究者たちは、集団間の長期に及ぶ戦争状態を詳細に記録してきた。一つの集団が、近隣の群れの成員のほとんどを計画的に殺害する「大量虐殺」活動さえ、一件記録されている。(2)

同様のパターンが、太古のホモ・サピエンスも含めた初期の人類の社会生活にも、おそらく浸透していただろう。チンパンジーと同じで、人類にも社会的な本能があり、そのおかげで私たちの祖先は親密な関係やヒエラルキーを形成し、いっしょに狩りをしたり戦ったりできた。だが、これまたチンパンジーの場合と同じで、人類の社会的本能も、小さくて親密な集団にしか適応していなかった。集団が大きくなり過ぎると、社会秩序が安定を失い、分裂した。サピエンスが五〇〇人も暮らせるほど肥沃な河川の流域にさえ、それほど多くの赤の他人どうしがいっしょに生活を営むことは望むべくもなかった。誰をリーダーにし、誰がどこで狩りをし、誰が誰の配偶者になるべきかなど、合意のしようがなかっただろう。

認知革命の結果、ホモ・サピエンスは噂話の助けを得て、より大きくて安定した集団を形成した。だが、噂話にも自ずと限界がある。社会学の研究からは、噂話によってまとまっている集団の「自然な」大きさの上限がおよそ一五〇人であることがわかっている。ほとんどの人は、一五〇人を超える人を親密に知ることも、それらの人について効果的に噂話をすることもできないのだ。

今日でさえ、人間の組織の規模には、一五〇人というこの魔法の数字がおおよその限度として当てはまる。この限界値以下であれば、コミュニティや企業、社会的ネットワーク、軍の部隊は、互いに親密に知り合い、噂話をするという関係に主に基づいて、組織を維持できる。秩序を保つために、正式な位や肩書、法律書は必要ない。(3)三〇人の兵から成る小隊、あるいは一〇〇人の兵から成る中隊でさえ、親密な関係を基に、うまく機能でき、正式な規律は最低限で事足りる。人望のある軍曹は、「中隊の王」となり、将校たちにさえ指図できる。小さな家族経営事業は、役員会やＣＥＯ（最高経営責任者）や経理部なしでも生き延びて、繁盛できる。

だが、いったん一五〇人という限界値を超えると、もう物事はそのようには進まなくなる。小隊を指揮するのと同じ方法で、一万を超える兵から成る師団を指揮することはできない。繁盛している家族経営の店も、規模が大きくなり、多くの人を雇い入れると、たいてい危機を迎える。根本から再編できなければ、倒産の憂き目に遭う。

では、ホモ・サピエンスはどうやってこの重大な限界を乗り越え、何万もの住民から成る都市や、何億もの民を支配する帝国を最終的に築いたのだろう？　その秘密はおそらく、虚構の登場にある。厖大な数の見知らぬ人どうしも、共通の神話を信じることによって、首尾良く協力できるのだ。

近代国家にせよ、中世の教会組織にせよ、古代の都市にせよ、太古の部族にせよ、人間の大規模な協力体制は何であれ、人々の集合的想像の中にのみ存在する共通の神話に根差している。教会組織は共通の宗教的神話に根差している。たとえばカトリック教徒が、互いに面識がなくてもいっしょに信仰復興運動に乗り出したり、共同で出資して病院を建設したりできるのは、神の独り子が肉体を持った人間として生まれ、私たちの罪を贖うために、あえて十字架に架けられたと、みな信じているからだ。国家は、共通の国民神話に根差している。たとえばセルビア人が、互いに面識がなくても命を懸けてまで助け合うのは、セルビアという国民やセルビアという祖国、セルビアの国旗が象徴するものの存在を、みな信じているからだ。司法制度は共通の法律神話に根差している。互いに面識がなくても弁護士どうしが力を合わせて、赤の他人の弁護をできるのは、法と正義と人権――そして弁護料として支払われるお金――の存在を信じているからだ。

とはいえこれらのうち、人々が創作して語り合う物語の外に存在しているものは一つとしてない。宇宙に神は一人もおらず、人類の共通の想像の中以外には、国民も、お金も、人権も、法律も、正義も存在しない。

「原始的な人々」は死者の霊や精霊の存在を信じ、満月の晩には毎度集まって焚火の周りでいっしょに踊り、それによって社会秩序を強固にしていることを、私たちは簡単に理解できる。だが、現代の制度がそれとまったく同じ基盤に依って機能していることを、私たちは十分理解できていない。企業の世界を例に取ろう。現代のビジネスマンや法律家は、じつは強力な魔術師なのだ。彼らと部族社会の呪術師《シャーマン》との最大の違いは、現代の法律家のほうが、はるかに奇妙奇天烈《きてれつ》な物語を語る点にある。その格好の例がプジョーの伝説だろう。


シュタ－デルのライオン人間にどことなく似たマークが、パリからシドニーまで、至る所の乗用車やトラック、オートバイについている。それは、ヨーロッパでも老舗の大手自動車メーカー、プジョーの製造した乗り物を飾るボンネットマークだ。プジョーはシュターデル洞窟からわずか三〇〇キロメートルほどの所にあるヴァランティニェの村で、小さな家族経営事業として始まった。同社は今日、世界中で約二〇万の従業員を雇っているが、そのほとんどは、互いにまったく面識がない。だが、彼らはじつに効果的に協力するので、二〇〇八年にプジョーは一五〇万台以上の自動車を生産し、およそ五五〇億ユーロの収益を挙げた。

私たちはどういう意味でプジョーＳＡ（同社の正式名称）が存在していると言えるのだろうか？　プジ

ョー製の乗り物はたくさんあるが、当然ながら、それらの乗り物自体は会社ではない。たとえ、世界中のプジョー製の乗り物がすべて同時に廃車にされ、金属スクラップとして売られたとしても、プジョーSAは消えてなくなりはしない。同社は新しい車を製造し、年次報告書を発行し続けるだろう。同社は工場や機械、ショールームを所有し、機械工や会計士や秘書を雇っているが、これらをすべて合わせてもプジョーにはならない。何かの惨事で従業員が一人残らず亡くなり、製造ラインとオフィスが全滅するかもしれない。それでもなお、同社はお金を借り、新たに従業員を雇い、工場を新設し、新しい機械を買い入れることができる。プジョーには経営陣と株主がいるが、彼らが同社を構成しているわけでもない。経営陣を全員首にし、株式をすべて売却しても、会社自体は元のまま残る。

図5　プジョーのライオン。

これはなにも、プジョーSAが不死身だとか不滅だとかいうわけではない。仮に判事が同社の解散を命じれば、工場は存在し続けるし、従業員や会計士、経営陣、株主は変わらず生き続けるが、プジョーSAはたちまち消えてしまう。要するに、プジョーSAは物理的世界とは本質的に結びついてはいないようだ。それでは、同社は本当に存在しているのだろうか？

プジョーは私たちの集合的想像の生み出した虚構だ。法律家はこれを「法的虚構（法的擬制）」と呼ぶ。それは指で指し示すことができない。有形の存在ではないからだ。だが、法的な主体（法人）としては、たしかに存在する。あなたや私と同じで、プジョーは事業を行なう国々の法に束縛されている。同社は銀行口座を開いたり、資産を所有したりできる。税金を払うし、所有者や従業員の誰とも別個に訴えられることさえある。

プジョーは法的虚構のうちでも、「有限責任会社」という特定の部類に入る。このような会社の背景にある考え方は、人類による独創的発明のうちでも指折りのものだ。ホモ・サピエンスは、有限責任会社なしで幾千年、幾万年とも知れぬ月日を暮らしてきた。有史時代のほとんどの期間、資産を所有できるのは生身の人間、つまり二本の脚で立ち、大きな脳を持った種類の人間に限られていた。もしプジョーの創業者一族のジャンが一三世紀のフランスで荷馬車製造工場《こうば》を開設していたら、いわば彼自身が事業だった。もし彼の製造した荷馬車が購入後一週間で壊れたら、買い手は不満を抱き、ジャンその人を告訴しただろう。もしジャンが金貨一〇〇〇枚を借りて工場を開設し、事業が失敗したら、家や家畜、土地といった自分の個人資産を売却して借金を返済しなければならなかっただろう。我が子まで奴隷として売らざるをえなかったかもしれない。もし借金を返済できなければ、国家によって投獄されるか、債権者によって奴隷にされるかしたかもしれない。彼は、工場のせいで抱え込んだ負債がどれだけの金額にのぼろうとも、すべて支払う全面的な義務を負わされるのだ。

もしあなたが当時生きていたらおそらく、自分の事業を始めるのに二の足を踏んだだろう。そして、このような法律上の状況のせいで、起業家精神が現に抑え込まれていた。人々は新しい事業を始めて経済的な冒険をすることを恐れた。家族を貧困のどん底に突き落とす危険を冒すだけの価値があるとは、とうてい思えなかったからだ。

だからこそ、人々は有限責任会社の存在を集団的に想像し始めた。そのような会社は、それを起こしたり、それに投資したり、それを経営したりする人々から法的に独立していた。その手の会社は、過去数世紀の間に、経済の分野で主役の座を占め、ごく当たり前になったため、私たちはそれが自分たちの想像の中にのみ存在していることを忘れている。アメリカでは、有限責任会社のことを、専門用語では「法人」

と呼ぶ。これは皮肉な話だ。なぜなら「corporation（法人）」という単語はラテン語で「身体」を意味する「corpus」に由来し、それこそ法人には唯一欠けているものだからだ。法人には本物の身体がないにもかかわらず、アメリカでは法人を、まるで血の通った人間であるかのように、法律上は人として扱う。

アルマン・プジョーが、バネや鋸《のこぎり》、自転車を製造していた金属加工工場を親から相続し、自動車製造業に手を染める決断を下した一八九六年当時のフランスの法制度も、同様だった。彼はこの新事業を始めるにあたり、有限責任会社を設立した。そして自分の名字を社名にしたが、会社は彼からは独立していた。製造した車の一台が壊れたら、買い手はプジョーを告訴できるが、アルマン・プジョーは告訴できない。会社が何百万フランも借りた挙句、倒産しても、アルマン・プジョーは債権者たちに対して、たったの一フランも返済する義務はない。つまるところ、お金を借りたのはプジョーという会社であって、ホモ・サピエンスのアルマン・プジョーではないのだ。アルマン・プジョーは一九一五年に亡くなった。だが、会社のプジョーのほうは、今もなお健在だ。

では、人間のアルマン・プジョーは、いったいどうやって会社のプジョーを生み出したのだろう？　それは、聖職者や魔術師が歴史を通して神や悪霊を生み出してきたのと、ほぼ同じやり方で、そして、何千何万というフランスの司祭が日曜ごとに教区教会でキリストの身体を依然として生み出していたのと、ほぼ同じやり方で、だ。すべては、物語を語ることと、人々を説得してその物語を信じさせることにかかっていた。フランスの司祭たちの場合には、肝心要《かなめ》の物語は、カトリック教会が語ったとおりの、キリストの生涯と死の物語だった。この物語によれば、聖なる服に身を包んだカトリックの司祭が適切な瞬間に適切な言葉を厳粛に口にすれば、平凡なパンとブドウ酒が神の肉と血に変わるという。司祭が「ホク・エスト・コルプス・メウム！（「これは私の身体だ！」という意味のラテン語）」と唱えると、あら不思議――

パンはキリストの肉に変わった。司祭がすべての手順を滞りなく熱心に執り行なうのを目にした何百、何千万ものフランスの敬虔なカトリック教徒は、聖別されたパンとブドウ酒の中に神が本当に存在しているかのように振る舞った。

プジョーSAの場合、決定的に重要な物語は、フランスの議会によって定められたフランスの法典だった。フランスの立法府の議員たちによれば、公認の法律家が正規の礼拝手順を踏み、儀式を行ない、見事な装飾の施された書類に必要な呪文や宣誓をすべて書き込み、いちばん下に凝った署名を書き添えれば、あら不思議――新しい会社が法人化された。一八九六年に会社の設立を思い立ったアルマン・プジョーは、法律家を雇って、こうした聖なる手順を一つ残らず踏ませた。その法律家が正しい儀式をすべて執り行ない、必要な呪文と誓いの言葉を残らず口にし終えると、何百、何千万もの廉直なフランス市民が、プジョー社が本当に存在しているかのように振る舞った。

効力を持つような物語を語るのは楽ではない。難しいのは、物語を語ること自体ではなく、あらゆる人を納得させ、誰からも信じてもらうことだ。歴史の大半は、どうやって厖大な数の人を納得させ、神、あるいは国民、あるいは有限責任会社にまつわる特定の物語を彼らに信じてもらうかという問題を軸に展開してきた。とはいえ、この試みが成功すると、サピエンスは途方もない力を得る。なぜなら、そのおかげで無数の見知らぬ人どうしが力を合わせ、共通の目的のために精を出すことが可能になるからだ。想像してみてほしい。もし私たちが、川や木やライオンのように、本当に存在するものについてしか話せなかったとしたら、国家や教会、法制度を創立するのは、どれほど難しかったことか。

人々は長い年月をかけて、信じられないほど複雑な物語のネットワークを織り上げてきた。そのネットワークの中では、プジョーのような虚構はたんに存在するだけではなく厖大な力を蓄積する。この物語のネットワークを通して人々が生み出す種類のものは、学究の世界では「虚構」「社会的構成概念」「想像上の現実」などとして知られている。想像上の現実は嘘とは違う。川のそばにはライオンがいないことを百も承知で、川のそばにはライオンがいると言ったら、それは嘘になる。嘘には特別なところはまったくない。サバンナモンキーやチンパンジーも嘘をつける。たとえばサバンナモンキーは、あたりにライオンがいないときに、「気をつけろ！　ライオンだ！」という意味の鳴き声を上げるところが観察されている。バナナを見つけたばかりの仲間のサルが、これを聞いておびえて逃げ出したので、嘘をついたサルはまんまとそのバナナをせしめた。

想像上の現実は嘘とは違い、誰もがその存在を信じているもので、その共有信念が存続するかぎり、その想像上の現実は社会の中で力を振るい続ける。シュターデル洞窟の彫刻家は、ライオン人間の守護霊の存在を心の底から信じていたかもしれない。魔術師のうちにはペテン師もいるが、ほとんどは神や魔物の存在を本気で信じている。百万長者の大半は、お金や有限責任会社の存在を信じている。人権擁護運動家の大多数が、人権の存在を本当に信じている。二〇一一年に国連がリビア政府に対して自国民の人権を尊重するよう要求したとき、嘘をついている人は一人もいなかった――国連も、リビアも、人権も、すべて私たちの豊かな想像力の産物にすぎないのだが。

サピエンスはこのように、認知革命以降ずっと二重の現実の中に暮らしてきた。一方には、川や木やライオンといった客観的現実が存在し、もう一方には、神や国民や法人といった想像上の現実が存在する。時が流れるうちに、想像上の現実は果てしなく力を増し、今日では、あらゆる川や木やライオンの存続そのものが、神や国民や法人といった想像上の存在物あってこそになっているほどだ。

ゲノムを迂回する

言葉を使って想像上の現実を生み出す能力のおかげで、大勢の見知らぬ人どうしが効果的に協力できるようになった。だが、その恩恵はそれにとどまらなかった。人間どうしの大規模な協力は神話に基づいているので、人々の協力の仕方は、その神話を変えること、つまり別の物語を語ることによって、変更可能なのだ。適切な条件下では、神話はあっという間に現実を変えることができる。たとえば、一七八九年にフランスの人々は、ほぼ一夜にして、王権神授説の神話を信じるのをやめ、国民主権の神話を信じ始めた。このように、認知革命以降、ホモ・サピエンスは必要性の変化に応じて迅速に振る舞いを改めることが可能になった。これにより、文化の進化に追い越し車線ができ、遺伝進化の交通渋滞を迂回する道が開けた。ホモ・サピエンスは、この追い越し車線をひた走り、協力するという能力に関して、他のあらゆる人類種や動物種を大きく引き離した。

他の社会的な動物の行動は、遺伝子によっておおむね決まっている。DNAは専制君主ではない。動物の行動は環境要因や個体差にも影響を受ける。とはいえ、特定の環境では、同じ種の動物はみな、似通った行動を取る傾向がある。一般に、遺伝子の突然変異なしには、社会的行動の重大な変化は起こりえない。たとえばチンパンジーは、アルファオスの率いる階層的集団で暮らす遺伝的傾向を持っている。チンパンジーの近縁種のボノボはたいてい、メスどうしの連合が優勢な、より平等主義的な集団で暮らす。オスのチンパンジーのメスが、親戚のボノボから教訓を得てフェミニスト革命を起こすことはありえない。チンパンジーが憲法制定会議を開いてアルファオスの地位を廃止し、今後はすべてのチンパンジーが平等に扱われると宣言することはありえない。行動におけるそのような劇的変化は、チンパンジーのDNAに変化があったときにしか起こらない。

それと同じような理由で、太古の人類は革命はいっさい起こさなかった。私たちの知るかぎりでは、社会的パターンにおける変化や、新しい技術の発明、馴染みのない生息環境への移住は、文化に主導されてではなく、遺伝子の突然変異や環境からの圧力によって起こった。だからこそ、人類がそれらを成し遂げるのに何十万年もかかったのだ。二〇〇万年前に起こった遺伝子の突然変異のおかげで、ホモ・エレクトスと呼ばれる新しい人類種が現れた。その出現には、新しい石器技術の開発が伴っており、今やその技術は、ホモ・エレクトスの決定的特徴と見なされている。ホモ・エレクトスはその後、新たな遺伝子の突然変異を経験せず、その間ずっと、彼らの石器もほぼ同じままだった――二〇〇万年近くにわたって！

それとは対照的に、サピエンスは認知革命以降、自らの振る舞いを素早く変えられるようになり、遺伝子や環境の変化をまったく必要とせずに、新しい行動を後の世代へと伝えていった。その最たる例として、カトリックの聖職者や仏教の僧侶、中国の宦官《かんがん》といった、子供を持たないエリート層が繰り返し現れたことを考えてほしい。そのようなエリート層の存在は、自然選択の最も根本的な原理に反する。なぜなら、社会の有力な成員である彼らは、子孫をもうけることを自ら進んで断念するからだ。チンパンジーのアルファオスが権力を利用してできるかぎり多くのメスと交尾する（そして、その結果、群れに誕生する子供の多くの父親となる）のに対して、カトリックのアルファオスは、性交や子育てをいっさい控える。この自制は、極度の食糧不足あるいは配偶者候補の不足といった、特殊な環境条件の結果ではない。一風変わった遺伝子の突然変異の結果でもない。カトリック教会は、「独身主義遺伝子」を歴代の教皇が継承することによってではなく、新約聖書とカトリックの教会法という物語を継承することによって、何世紀にもわたって存続してきたのだ。

図6　カトリック教会のアルファオスは、遺伝的あるいは生態学的理由がないにもかかわらず、性交や子育てをいっさい控える。

言い換えれば、太古の人類の行動パターンが何万年間も不変だったのに対して、サピエンスは社会構造、対人関係の性質、経済活動、その他多くの行動を一〇年あるいは二〇年のうちに一変させることができた。たとえば、一九〇〇年に生まれ、一〇〇歳の天寿を全うしたベルリンの女性を想像してほしい。彼女は子供時代をウィルヘルム二世のホーエンツォレルン帝国で過ごし、成人してからはワイマール共和国、ナチスの第三帝国、共産主義の東ドイツで暮らし、再統一された民主主義のドイツの市民として生涯を終えた。彼女は、ＤＮＡが少しも変わらなかったにもかかわらず、五つのまったく異なる社会政治的体制を経験できたのだ。

これこそがサピエンスの成功のカギだった。一対一で喧嘩をしたら、ネアンデルタール人はおそらくサピエンスを打ち負かしただろう。だが、何百人という規模の争いになったら、ネアンデルタール人にはまったく勝ち目がなかったはずだ。彼らはライオンの居場所についての情報は共有できたが、部族の精霊についての物語を語ったり、改訂したりすることは、おそらくできなかった。彼らは虚構を創作する能力を持たなかったので、大人数が効果的に協力できず、急速に変化していく問題に社会的行動を適応させることもできなかった。

私たちはネアンデルタール人の頭の中に入り込んで彼らの思考方法を理解することはできないものの、

ライバルのサピエンスと比べたときに、彼らの認知的能力の限界を示す間接的な証拠はある。ヨーロッパの中心部で三万年前のサピエンスの遺跡を発掘している考古学者は、地中海や大西洋の沿岸から持ち込まれた貝殻をときおり発見する。それらは、サピエンスの異なる集団の間での長距離交易を通して大陸の内奥に至った可能性が非常に高い。ところが、ネアンデルタール人の遺跡では、そうした交易の証拠はまったく見られない。彼らの集団はみなそれぞれが、地元の材料を使って道具を作っていた(4)。

南太平洋からも証拠が得られる。ニューギニアの北にあるニューアイルランド島に住んでいたサピエンスの集団は、黒曜石というガラス状の火山岩を使って大変強靭で鋭利な道具を製作した。ところが、この島には天然の黒曜石鉱床はない。彼らの使っていた黒曜石は、四〇〇キロメートル離れたニューブリテン島の鉱床から運ばれてきたものであることが、研究室での試験で判明した。これらの島の住民の一部は、航海術に熟達しており、島から島へと長距離に及ぶ交易を行なっていたに違いない(5)。

交易は、虚構の基盤を必要としない、とても実際的な活動に見える。ところが、交易を行なう動物は、じつはサピエンス以外にはなく、詳しい証拠が得られているサピエンスの交易ネットワークはすべて虚構に基づいていた。交易は信頼抜きには存在しえない。だが、赤の他人を信頼するのは非常に難しい。今日のグローバルな交易ネットワークは、ドルや連邦準備銀行、企業を象徴するトレードマークといった虚構の存在物に対する信頼に基づいている。部族社会で見知らぬ人どうしが交易しようと思ったときには、共通の神や神話的な祖先、トーテム〔訳註　氏族などの集団が、自らや祖先と結びついていると考えている自然物や事象〕の動物に呼びかける。

もしそのような虚構を信じている太古のサピエンスが貝殻と黒曜石を交換していたとしたら、情報も交換して、ネアンデルタール人ら、他の太古の人類のものよりも格段に濃密で広範な知識のネットワークを

認知革命で何が起こったか？

新しい能力	より広範な結果
ホモ・サピエンスを取り巻く世界について、以前よりも大量の情報を伝える能力	ライオンを避けたり、バイソンを狩ったりするといった、複雑な行動の計画立案と遂行
サピエンスの社会的関係について、以前よりも大量の情報を伝える能力	最大150人から成る、以前より大きく、まとまりのある集団
部族の精霊や国民、有限責任会社、人権といった、現実には存在しないものについての情報を伝える能力	a．非常に多数の見知らぬ人どうしの協力 b．社会的行動の迅速な革新

生み出せたと考えるのは理に適っている。

狩猟の技術も、こうした違いを浮かび上がらせてくれる。ネアンデルタール人はたいてい単独で、あるいは小さな集団で狩りをした。一方サピエンスは、何十人もの協力、ことによると異なる生活集団間の協力にさえ頼る技術を開発した。なかでもとりわけ効果的なのは、野生の馬などの動物を群れごとそっくり取り囲み、それから狭い峡谷に追い込むという手法で、こうすれば楽々一まとめに獲物を殺すことができた。万事計画どおりにいけば、複数の集団がある日の午後の間、協力するだけで、何トンもの肉と脂肪と皮を収穫し、大宴会を開いて肉をたいらげたり、後に食料とするために乾燥させたり、燻製《くんせい》にしたり、（北極地方では）凍らせたりした。毎年そうした方法で動物が群れごと殺戮された跡を、考古学者はいくつも発見してきた。人工的な罠や殺戮の場を設けるために、柵や障害物が築かれている遺跡さえある。

ネアンデルタール人は、自分たちの昔ながらの狩場が、サピエンスの支配する屠殺場に変わるのを目にして、愉快ではなかっただろう。だが、これら二つの人類種の間で暴力的な衝突が勃発したときには、ネアンデルタール人は野生の馬とたいして変わらず、勝ち目がなかった。従来の静的なパターンで協力する五〇人のネアンデルタール人は、融通が利く革新的な五〇〇人のサピエンスには、まったく歯が立たなかった。そして、サピエンスはたとえ初戦を落としても、たちまち新しい戦略を編み出し、次の戦いに勝利を収めることができた。

歴史と生物学

サピエンスが発明した想像上の現実の計り知れない多様性と、そこから生じた行動パターンの多様性はともに、私たちが「文化」と呼ぶものの主要な構成要素だ。いったん登場した文化は、けっして変化と発展をやめなかった。そして、こうした止めようのない変化のことを、私たちは「歴史」と呼ぶ。

したがって、認知革命は歴史が生物学から独立を宣言した時点だ。認知革命までは、すべての人類種の行為は、生物学（あるいは、もしお望みなら先史学と呼んでもいい）の領域に属していた（私は「先史学」という言葉を避ける傾向がある。なぜなら、先史学には、認知革命以前でさえ、人類は独自のカテゴリーだったという、誤った含意があるからだ）。認知革命以降は、ホモ・サピエンスの発展を説明する主要な手段として、歴史的な物語《ナラティブ》が生物学の理論に取って代わる。キリスト教の台頭あるいはフランス革命を理解するには、遺伝子やホルモン、生命体の相互作用を把握するだけでは足りない。考えやイメージ、空想の相互作用も考慮に入れる必要があるのだ。

これは、ホモ・サピエンスと人類の文化が生物学の法則を免れるようになったということではない。私たちは相変わらず動物であり、私たちの身体的、情緒的、認知的能力は、依然としてＤＮＡに定められている。私たちの社会は、ネアンデルタール人やチンパンジーの社会と同じ基本構成要素で構築されており、感覚、情緒、家族の絆といった、これらの要素を詳しく調べれば調べるほど、私たちと他の霊長類の違いは縮まっていく。

とはいえ、個体や家族のレベルでの違いを探すのは誤りだ。一対一、いや一〇対一〇でも、私たちはきまりが悪いほどチンパンジーに似ている。重大な違いが見えてくるのは、一五〇という個体数を超えたときで、一〇〇〇〜二〇〇〇という個体数に達すると、その差には肝を潰す。もし何千頭ものチンパンジーを天安門広場やウォール街、ヴァチカン宮殿、国連本部に集めようとしたら、大混乱になる。それとは対照的に、サピエンスはそうした場所に何千という単位でしばしば集まる。サピエンスはいっしょになると、交易のネットワークや集団での祝典、政治的機関といった、単独ではけっして生み出しようのなかった、整然としたパターンを生み出す。私たちとチンパンジーとの真の違いは、多数の個体や家族、集団を結びつける神話という接着剤だ。この接着剤こそが、私たちを万物の支配者に仕立てたのだ。

もちろん私たちは、道具を製作して使用する能力のような、他の技能も必要としていた。とはいえ、道具製作は、他の大勢の人々と協力する能力と組み合わさらないかぎり、その価値は非常に限られている。三万年前には燧石の穂先をつけた木の槍しか持っていなかった私たちが、今では核弾頭を搭載した大陸間ミサイルを持っているのはどういうわけか？　生理的には、過去三万年間に私たちの道具製作能力に目立った進歩はなかった。アルベルト・アインシュタインは古代の狩猟採集者と比べて、手先の器用さでははなはだ劣っていた。それにもかかわらず、大勢の見知らぬ人どうしが協力するという私たちの能力は、劇的な進歩を遂げた。古代の槍の燧石の穂先は、一人の人間が数分で製作できた。その人は、数人のごく親しい友人の助言と助けに頼っていた。現代の核弾頭を製造するには、地中深くのウラン鉱石を掘り出す人から、亜原子粒子の相互作用を記述する長い数式を書く理論物理学者まで、世界中の何百万もの赤の他人どうしが協力する必要がある。

認知革命以降の生物学と歴史の関係をまとめると、以下のようになる。

a　生物学的特性は、ホモ・サピエンスの行動と能力の基本的限界を定める。歴史はすべてこのように定められた生物学的特性の領域《アリーナ》の境界内で発生する。

b　とはいえ、このアリーナは途方もなく広いので、サピエンスは驚嘆するほど多様なゲームをすることができる。サピエンスは虚構を発明する能力のおかげで、しだいに複雑なゲームを編み出し、各世代がそれをさらに発展させ、練り上げる。

c　その結果、サピエンスがどう振る舞うかを理解するためには、彼らの行動の歴史的進化を記述しなくてはならない。私たちの生物学的な制約にだけ言及するのは、サッカーのワールドカップを観戦しているラジオのスポーツキャスターが、選手たちのしていることの説明ではなく、競技場の詳しい説明を聴取者に提供するようなものだ。

それでは、石器時代の私たちの祖先は、歴史というアリーナでどのようなゲームをしたのだろう？　私たちの知るかぎりでは、およそ三万年前にシュターデル洞窟のライオン人間を彫った人々は、私たちと同じ身体的、情緒的、知的能力を備えていた。彼らは朝目覚めたとき、何をしたのか？　朝食には何を食べらしていたのか？　そして昼食には？　彼らの社会はどのようだったのか？　彼らは一夫一婦制で、核家族で暮らしていたのか？　道徳律を持ち、祭式やスポーツ競技、宗教的儀式を行なっていたのか？　戦争はしたのか？　次章では、長い歳月の帳《とばり》の向こうを覗き、認知革命と農業革命を隔てる数万年間には、どのような生活が営まれていたかを考察する。

第3章　狩猟採集民の豊かな暮らし

私たちの性質や歴史、心理を理解するためには、狩猟採集民だった祖先の頭の中に入り込む必要がある。サピエンスは、種のほぼ全歴史を通じて狩猟採集民だった。過去二〇〇年間は、しだいに多くのサピエンスが都市労働者やオフィスワーカーとして日々の糧を手に入れるようになったし、それ以前の一万年間は、ほとんどのサピエンスが農耕を行なったり動物を飼育したりして暮らしていた。だが、こうした年月は、私たちの祖先が狩猟と採集をして過ごした厖大な時間と比べれば、ほんの一瞬にすぎない。

隆盛を極める進化心理学の分野では、私たちの現在の社会的特徴や心理的特徴の多くは、農耕以前のこの長い時代に形成されたと言われている。この分野の学者は、私たちの脳と心は今日でさえ狩猟採集生活に適応していると主張する。私たちの食習慣や争い、性行動はすべて、私たちの狩猟採集民の心と、現在の脱工業化の環境、具体的には巨大都市や飛行機、電話、コンピューターなどとの相互作用の結果だ。この環境は、これまでのどの世代も享受できなかったほど豊富な物質的資源と長寿を私たちにもたらしたが、しばしば私たちに疎外感や憂鬱な気分を抱かせたり、プレッシャーを感じさせたりもする。その理由を理解するには、私たちを形作り、私たちが今なお潜在意識下で暮らしている狩猟採集民の世界を深く探究する必要がある、と進化心理学者たちは言う。

たとえば、ほとんど身体のためにならないのに、なぜ人は高カロリーの食品をたらふく食べるのか？今日の豊かな社会は肥満の問題と苦闘しており、肥満は発展途上国にも急速に広まりつつある。目につくうちで最も甘い物や脂肪分の多い物をなぜ私たちが貪り食うのかは不思議だが、祖先である狩猟採集民の食習慣を考えると、この謎は解消する。彼らが暮らしていたサバンナや森では、カロリーの高い甘い物はごく稀で、食物は一般に不足していた。熟れた果物だ。もし石器時代の女性が、たわわに実ったイチジクの木を見つけたら、その場で食べられるだけ食べるのが最も理に適っていた。たとえば、あたりに住むヒヒの群れに食べ尽くされる前に。カロリーの高い食べ物を貪り食うという本能は、私たちの遺伝子に刻み込まれているのだ。今日私たちは高層アパートで暮らし、冷蔵庫には食べ物があふれているかもしれないが、DNAは私たちが依然としてサバンナにいると思っている。だから私たちは、冷凍庫にアイスクリームの容器を見つけると、空になるまで中身をせっせとスプーンで口に運び、ラージ・コークで胃袋に流し込む。

この、「大食い遺伝子」説は広く受け容れられている。他にもあれこれ説があるが、はるかに異論が多い。たとえば、次のように主張する進化心理学者もいる。古代の狩猟採集民の集団は、一夫一婦制の男女を中心とする核家族から成っていたわけではなく、彼らは私有財産も、一夫一婦制の関係も持たず、各男性には父権さえない原始共同体《コミューン》で暮らしていた。そのような集団では、女性は同時に複数の男性（および女性）と性的関係を持ち、親密な絆を形成することが可能で、集団の成人全員が協力して子育てに当たった。男性はどれが我が子か断定できないため、どの子供も同等に気遣った。

そのような社会構造は空想上のユートピアではない。動物、とくに私たちに最も近い親戚であるチンパンジーとボノボの間で、詳細に記録されている。現代の人類の文化でも、たとえばベネズエラの先住民バリ族のもののように、集団的父権制が取られているものは多い。そのような社会では、子供は単一の男性の精子からではなく、女性の子宮にたまった精子から生まれると信じられている。良い母親はなるべく複数の男性と性交するようにする。妊娠中はなおさらだ。そうすれば、自分の子供は最も腕の良い猟師だけでなく、最も優れた語り部や、最強の戦士、いちばん思いやりのある恋人の素質（と、彼らによる世話）を享受できるからだ。これが馬鹿らしく思えたら、心に留めておいてほしい。近代的な発生学が発展するまでは、赤ん坊がいつも多数ではなく単数の父親によって母親の胎内に宿るという確証はなかったのだ。

この「古代コミューン」説の支持者によれば、大人も子供も苦しむ多種多様な心理的コンプレックスはもとより、現代の結婚生活の特徴である頻繁な不倫や、高い離婚率はみな、私たちが自分の生物学的ソフトウェアとは相容れない、核家族と一夫一婦の関係の中で生きるように強制された結果だという[1]。

多くの学者は、一夫一婦での暮らしと核家族の形成はともに、人間社会の根幹を成す行動であると断言し、この説を猛然と拒絶する。古代の狩猟採集社会は現代社会よりも共同参加型で平等主義である傾向が強いものの、そうした社会も、それぞれが嫉妬深い夫婦と彼らが共有する子供たちという個別の基本組織から成っていたと、それらの学者は主張する。だから、現代の一夫一婦制の関係と核家族は、大多数の文化で標準的であり、男女はともに自分の伴侶や子供に対する独占欲が非常に強く、北朝鮮やシリアのような現代国家においてさえ、政治権力は父親から息子へと受け継がれる。

この論争にけりをつけ、私たちの性行動や社会、政治を理解するためには、祖先の生活状況について学び、サピエンスが約七万年前の認知革命から、約一万二〇〇〇年前の農業革命の開始までの期間をどう生きたかを考察する必要がある。

あいにく、狩猟採集民だった私たちの祖先の暮らしに関して、確かなことはほとんどわかっていない。「古代コミューン」派と「永遠の一夫一婦制」派との論争は、薄弱な証拠に基づいている。当然ながら、狩猟採集時代の記録文書など皆無であり、考古学的証拠は主に骨の化石と石器から成る。木や竹、革などのもっと朽ちやすい材料で作られた人工物は、特殊な条件の下でしか残らない。農耕以前の人類は石器の時代に生きていたという一般的な印象は、この考古学上の偏りに基づく誤解にすぎない。石器時代は、より正確には「木器時代」と呼ぶべきだろう。なぜなら、古代の狩猟採集民が使った道具の大半は木でできていたからだ。

現代まで残った人工物を手掛かりに、古代の狩猟採集民の暮らしを再現しようとする試みはどんなものであれ、はなはだ問題が多い。古代の狩猟採集民と、農業や工業を営むその子孫との違いでとりわけ顕著なのは、前者がそもそもごくわずかしか人工物を持っておらず、それが彼らの生活で比較的ささやかな役割しか果たさなかった点だ。現代の豊かな社会の典型的な成員は生涯に、自動車や家から紙おむつや牛乳パックまで、数百万もの人工物を所有したり使ったりする。私たちが自ら考案した物が介在していない活動や信念、はては感情さえほとんどない。たとえば食生活には、スプーンやグラスから遺伝子工学の研究所や巨大な外洋航行船まで、気が遠くなるほど多くの物が重要な役割を果たしている。娯楽には、プラスティックのトランプから一〇万人を収容するスタジアムまで、きわめて多くの玩具や施設が使われる。恋愛生活や性的関係には、指輪やベッド、きれいな服、セクシーな下着、コンドーム、洒落たレストラン、安いモーテル、空港のラウンジ、結婚式場、配膳業者などが付き物だ。宗教は、ゴシック様式の教会やイスラム教のモスク、ヒンドゥー教のアーシュラム〔訳註　隠棲所・修行所〕、モーセ五書の巻物、チベット仏教のマニ車〔訳註　経文の入った回転式の礼拝具〕、聖職者の法衣、ロウソク、香《こう》、クリスマスツリー、マッツォーボール〔訳註　粉状にした種なしパンで作る団子〕、墓石、イコンといった神聖なものを私たちの生活にもたらす。

身の回りにどれほど物があふれているか、私たちは普段気にも留めないが、引っ越しするときになってようやくそれを思い知らされる。一方、狩猟採集民は毎月、あるいは毎週、ときによっては毎日、持ち物をすべて背負って移動した。引っ越し業者もいなければ、荷馬車もない。荷を運ぶのを手伝ってくれる動物たちさえいなかった。したがって彼らは、どうしても必要な所持品だけでやりくりするしかなかった。だとすれば、彼らの精神的、宗教的、情緒的生活は、人工物の助けなしで行なわれたと考えるのが理に適っている。今から一〇万年後の考古学者は、モスクの遺跡で発掘された無数の品に基づいて、イスラム教の信仰と慣行を妥当な形で推定できるだろう。だが私たちは、古代の狩猟採集民の信仰や儀式を理解しようとしても、おおむね途方に暮れるばかりだ。それは未来の歴史家が、二一世紀のティーンエイジャーが営む社交生活を、残存する郵便だけ（彼らの電話での会話や電子メール、ブログ、携帯メールの記録はいっさい残っていない）に基づいて描写しようとしたら直面するだろうものと、ほぼ同じ難しさと言える。

このように、人工遺物に頼ると、古代の狩猟採集生活の説明が歪んでしまう。それを正す方法の一つは、現代の狩猟採集社会に目を向けることだ。そのような社会は人類学的観察によって直接研究できる。だが、現代の狩猟採集社会から古代の狩猟採集社会を推測するときには、非常に慎重になるべき理由がいくつもある。そのどれもが正当なものだ。

第一に、現代まで生き延びた狩猟採集社会はみな、近隣の農耕社会や工業社会の影響を受けてきた。その結果、彼らに当てはまることが何万年も前の社会にも当てはまると考えるのは危険だ。

第二に、現代の狩猟採集社会は主に、気候条件が厳しく、住みにくい、農業に適さない土地で生き延びてきた。アフリカ南部のカラハリ砂漠のような極端な環境に適応した社会は、揚子江流域のような肥沃な地域の古代社会を理解するためのモデルとしては、恐ろしく見当違いだろう。とくに、カラハリ砂漠のような地域の人口密度は、古代の揚子江付近の人口密度よりもはるかに低く、そうした違いは、人類の生活集団の大きさと構造や集団どうしの関係にまつわる重要な疑問の数々に、密接にかかわってくるからだ。

第三に、狩猟採集社会の最も注目に値する特徴は、その多様性だ。世界各地で異なるだけでなく、同じ地域の中でさえ違いがある。その好例は、ヨーロッパの最初の植民者がオーストラリア大陸の先住民たちの間で見出した大きな差異だ。イギリスによる征服の直前、この大陸には三〇万～七〇万の狩猟採集民が二〇〇～六〇〇の部族に分かれて暮らしており、それらの部族のそれぞれが、さらにいくつかの集団に分割されていた(2)。各部族には独自の言語、宗教、規範、習慣があった。オーストラリア大陸南部の、現在はアデレードという都市になっているあたりには、父系制の氏族《クラン》（父親の側の血筋に連なる人々の社会集団）がいくつか暮らしていた。これらの氏族は、純粋に縄張りに基づいてまとまり、部族を構成していた。これとは対照的に、オーストラリア大陸北部の部族には、母系の血統を重視するものもあり、そこでは各自の部族のアイデンティティは、自分の縄張りではなく、トーテムに基づいていた。

古代狩猟採集民の間の民族的・文化的多様性も壮観で、農業革命前夜に世界中に住んでいた五〇〇万～八〇〇万の狩猟採集民は何千もの別個の部族に分かれ、何千もの異なる言語と文化を持っていたと考えるのが理に適っている(3)。これはけっきょく、認知革命の主要な遺産の一つだった。同じ遺伝的構造を持ち、類似した生態的条件下に生きている人々でさえ、虚構が登場したおかげで、非常に異なる想像上の現実を生み出すことができ、それが異なる規範や価値観として表れたのだ。

たとえば、現在オックスフォード大学がある場所に三万年前に暮らしていた狩猟採集民の集団が、現在ケンブリッジ大学がある場所で暮らしていた狩猟採集民の集団とは異なる言語を話していたと考えて、まったく問題ないだろう。一方の集団は好戦的、もう一方は平和的だったかもしれない。ケンブリッジの集団は原始共同体を形成し、オックスフォードの集団は核家族を基本としていた可能性もある。ケンブリッジの人々は、自分の守護霊の木像を何時間もかけて彫り、一方、オックスフォードの人々は、踊りながら崇拝していたかもしれない。前者は輪廻転生を信じ、後者はそのような考え方は一笑に付したかもしれない。一方の社会では同性愛は許容され、もう一方ではタブーとされていたかもしれない。

つまり、現代の狩猟採集民を人類学的に観察すれば、古代の狩猟採集民にはどのような可能性があったかをいくらか理解する助けになりうるものの、古代の可能性の地平はそれよりもはるかに広く、その大半が私たちの視野から隠されてしまっているのだ。* ホモ・サピエンスの「自然な生活様式」をめぐる激論は、肝心な点を見落としている。認知革命以降、サピエンスには単一の自然な生活様式などというものは、ついぞなかったのだ。そこには、途方に暮れるほど多様な可能性が並んだパレットからどれを選ぶかという、文化的選択肢があるだけだった。

原初の豊かな社会

そうはいうものの、農耕以前の世界での暮らしについて、どんな一般論が語れるだろうか？　大多数の

＊「可能性の地平」とは、特定の生態、技術、文化上の制約の下で、ある社会の前に開かれている信念や慣行、経験の範囲全体を意味する。個々の社会と個々の人間はたいてい、自らの可能性の地平のうち、ほんの一部しか探求しない。

図7　最初のペットか？　イスラエル北部で発見された１万2000年前の墓。中には、50歳の女性の骨格のそばに、子犬の骨格があった（左下）。子犬は女性の頭のそばに埋葬されていた。女性の左手は、感情的な結びつきを示すかのような形で犬の上に載せられている。もちろん、他の説明も可能だ。たとえば、子犬は来世の門番に対する贈り物だったのかもしれない。

人は、数十、最大でも数百の個体から成る小さな集団で生活しており、それらの個体はすべて人類だったと言って差し支えなさそうだ。「すべて人類だった」点に言及することは重要だ。なぜならそれはおよそ明白とは言い難いからだ。農耕社会と工業社会の成員の過半数は家畜だ。もちろん彼らは自分の主人とは対等ではないが、それでも社会の成員であることに変わりはない。今日、ニュージーランドと呼ばれる社会は、四五〇〇万人のサピエンスと五〇〇〇万頭のヒツジで構成されている。

「すべて人類だった」というこの一般原則には、一つだけ例外があった。犬だ。犬はホモ・サピエンスが真っ先に飼い慣らした動物で、犬の家畜化は農業革命の前に起こった。厳密にはいつだったのかに関して、専門家の意見は分かれるが、およそ一万五〇〇〇年前には飼い慣らされた犬が存在していたという、動かし難い証拠がある。犬が人類の群れに加わったのは、それより何千年も前だったかもしれない。

犬は狩猟や戦いに使われ、野獣や人類の侵入者に対する警報装置の役割も果たした。世代を経るうちに、ヒトとイヌという二つの種は、互いにうまく意思を疎通させるように共進化した。人類という伴侶の必要や感情に最も注意深い犬たちのほうがよく面倒を見てもらい、多く餌を与えられたので、生き延びる可能性が高まった。同時に、犬たちも人間を操って自分の必要を満たす術《すべ》を学んだ。一万五〇〇〇年に及ぶ絆のおかげで、人類と犬の間には、人間と他のどんな動物の間によりもはるかに深い理解と愛情が育まれた(4)。死んだ犬は、人間の場合とほとんど同じぐらい丁重に埋葬されることがあったほどだ。

生活集団の成員は、互いをごく親しく知っており、生涯を通して友人や親族に囲まれていた。孤独やプライバシーは珍しかった。近隣の集団はおそらく、資源を求めて競い合い、戦うことさえあっただろうが、友好的な接触も持っていた。成員をやりとりし、いっしょに狩りをし、稀少な贅沢《ぜいたく》品を交換し、政治的同盟を固め、宗教的な祝祭を執り行なった。そのような協力は、ホモ・サピエンスの重要な特徴の一つで、彼らを他の人類種よりも決定的に優位に立たせた。近隣の集団どうしの関係がとても緊密で、単一の部族を形成し、共通の言語や神話、規範や価値観を持つこともあった。

とはいえ、そうした外面的な関係の重要性を過大評価してはならない。危機に際して近隣の集団が結束したとしても、そして、ときおり集まっていっしょに狩りをしたりご馳走を食べたりしたとしても、やはりそれぞれの集団はほとんどの時間を完全に別個に独立して過ごしていた。交易は主に、貝殻や琥珀、顔料といった「高級品」に限られていた。果物や肉のような主要食料が交換されていたという証拠や、ある集団の存続が別の集団からもたらされる品に依存していたという証拠はない。社会政治的関係も、散発的な傾向にあった。部族は永続的な政治の枠組みとしての役割は果たさなかったし、仮に季節ごとに集まる場があったとしても、永続的な町や制度はなかった。平均的な人は、自分の集団以外の人を見かけたり、その声を聞いたりすることなく何か月も過ごし、一生を通じて出会う人もせいぜい数百人だった。サピエンスは、広大な範囲にまばらに分布していた。農業革命以前には、全地球上の人類の数は、今日のカイロの人口より少なかった。

サピエンスの集団のほとんどは、食べ物を探してあちらへこちらへと歩き回りながら暮らしていた。彼らの動きは季節の変化や、動物の毎年の移動、植物の生長周期の影響を受けた。彼らはたいてい、数十平方キロメートルから、多ければ何百平方キロメートルもの生活領域を行ったり来たりした。

集団は自然災害や暴力的な争い、人口の負荷、カリスマ的なリーダーの先導によって、ときおり縄張りの外に出て新しい土地を探索した。こうした放浪は、世界各地への人類の拡散の原動力だった。狩猟採集民の集団が四〇年ごとに二つに分裂し、一方が一〇〇キロメートル東にある新しい領域に移住したら、東アフリカから中国まで、およそ一万年で到達しただろう。

食料資源が非常に豊かであるという例外的な場合には、集団はそこに一つの季節の間ずっと定住したり、あるいは、永続的な野営地を置いたりすることさえあった。食物を乾燥させたり、燻製にしたり、凍らせたりする技術もやはり、一か所に長く滞在するのに役立った。最も重要なのは、水産食物や水鳥が豊富な海沿いや川沿いに、人類が永続的な漁村を作り上げたことだ。これは歴史上初の永続的定住地の誕生であり、農業革命よりもはるか以前の出来事だった。漁村はインドネシアの島々の海岸に、早くも四万五〇〇〇年前に現れたかもしれない。それらは、ホモ・サピエンスが初めて大洋をまたぐ事業に乗り出した拠点だった可能性もある。その事業とは、オーストラリア大陸への進出だった。

サピエンスの集団はたいていの生息環境では、融通を利かせ、うまく現地に合わせた食生活を送った。シロアリを探し回り、各種のベリーを摘み、さまざまな根を掘り、ウサギに忍び寄り、バイソンやマンモスを狩った。「狩りをする人類」という一般的なイメージに反して、採集こそがサピエンスの主要な活動で、それによって人類は必要なカロリーの大半を得るとともに、燧石や木、竹などの原材料も手に入れていた。

サピエンスは食べ物と材料を採集するだけにとどまらなかった。彼らは知識も漁り回った。生き延びるためには、縄張りの詳しい地図を頭に入れておくことが必要だった。日々の食べ物探しの効率を最大化するためには、個々の植物の生長パターンや、それぞれの動物の習性についての情報が欠かせなかった。どの食べ物に栄養があり、どれを食べると具合が悪くなるかや、治療にはどれをどう使えばいいかを知っておく必要もあった。また、季節がどう進み、雷雨や日照りについてはどんな兆候に注意すればいいかも知らなくてはならなかった。彼らは近辺にある流れや、クルミの木、クマの洞窟、燧石の鉱床を一つ残らず調べた。誰もが、石のナイフの作り方や、裂けた衣服の繕い方、ウサギ用の罠の仕掛け方、雪崩や腹を空かせたライオンに遭遇したりヘビに嚙まれたりしたときの対処の仕方を心得ていなければならなかった。こうした多くの技能のそれぞれを習得するには、何年もの見習いと練習の期間が必要だった。古代の平均的な狩猟採集民は、ほんの数分もあれば燧石で槍の穂先が作れた。この離れ業を私たちが真似ようとすると、たいてい惨めな失敗に終わる。私たちのほとんどは、薄く剝がれやすい燧石や玄武岩の性質に関する専門知識も、精密に加工する手先の器用さも欠いているからだ。

言い換えると、平均的な狩猟採集民は、現代に生きる子孫の大半よりも、直近の環境について、幅広く、深く、多様な知識を持っていたわけだ。今日、産業社会に暮らす人のほとんどは、自然界についてあまり知らなくても生き延びることができる。コンピューターエンジニアや保険代理人、歴史の教師、工場労働者としてやっていくには、いったい何を本当に知る必要があるのか？　自分の狭い専門分野については多くを知らなければならないが、生活必需品の大多数に関しては、何も考えずに他の専門家たちを頼っており、そうした専門家たちの知識も、狭い専門分野のものに限られている。人類全体としては、今日のほうが古代の集団よりもはるかに多くを知っている。だが個人のレベルでは、古代の狩猟採集民は、知識と技能の点で歴史上最も優れていたのだ。

　平均的なサピエンスの脳の大きさは、狩猟採集時代以降、じつは縮小したという証拠がある。[5] 狩猟採集時代に生き延びるためには、誰もが素晴らしい能力を持っている必要があった。農業や工業が始まると、人々は生き延びるためにしだいに他者の技能に頼れるようになり、「愚か者のニッチ」が新たに開けた。凡庸な人も、水の運搬人や製造ラインの労働者として働いて生き延び、凡庸な遺伝子を次の世代に伝えることができたのだ。

　狩猟採集民は、周囲の動植物や物の世界ばかりでなく、自分自身の身体や感覚という内的世界にも精通するようになった。彼らは草陰のほんのわずかな動きにも耳を傾け、そこにヘビが隠れているかどうかを知った。木々を注意深く観察し、果物やハチの巣、鳥の巣を見つけた。ほとんど音を立てず、最小限の労力で動き、最も敏捷で効率的なやり方で座り、歩き、走ることを知っていた。たえずさまざまな形で身体を使っているので、マラソン選手並みに鍛えられていた。今日の人が何年もヨガや太極拳をやった後でさえ達成できないほどの器用な身のこなしを習得していた。

　狩猟採集民は、地域ごと、季節ごとに大きく異なる暮らしをしていたが、後世の農民や牧夫、肉体労働者、事務員よりも、全体として快適で実りの多い生活様式を享受していたようだ。

今日、豊かな社会の人は、毎週平均して四〇～四五時間働き、発展途上国の人々は毎週六〇時間、あるいは八〇時間も働くのに対して、今日、カラハリ砂漠のような最も苛酷な生息環境で暮らす狩猟採集民でも、平均すると週に三五～四五時間しか働かない。狩りは三日に一日で、採集は毎日わずか三～六時間だ。通常、これで集団が食べていかれる。カラハリ砂漠よりも肥沃な地域に暮らしていた古代の狩猟採集民なら、食べ物と原材料を手に入れるためにかける時間は、いっそう短かった可能性が高い。そのうえ、狩猟採集民は家事の負担が軽かった。食器を洗ったり、カーペットに掃除機をかけたり、床を磨いたり、おむつを交換したり、勘定を払ったりする必要がなかったからだ。

狩猟採集経済は、農業や工業と比べると、より興味深い暮らしを大半の人に提供した。今日、中国の工員は朝の七時ごろに家を出て、空気が汚れた道を通り、賃金が安く条件の悪い工場に行き、来る日も来る日も、同じ機械を同じ手順で動かす、退屈極まりない仕事を延々一〇時間もこなし、夜の七時ごろに帰宅し、食器を洗い、洗濯をする。三万年前、中国の狩猟採集民は仲間たちと、たとえば朝八時ごろに野営地を離れたかもしれない。近くの森や草地を歩き回り、キノコを摘み、食べ物になる根を掘り出し、カエルを捕まえ、ときおりトラから逃げた。午後早くには野営地に戻って昼食を作る。そんな調子だから、噂話をしたり、物語を語ったり、子供たちと遊んだり、ただぶらぶらしたりする時間はたっぷりある。もちろん、たまにトラに捕まったり、ヘビに噛まれたりすることもあったが、交通事故や産業公害の心配はなかった。

たいていの場所でたいていのとき、狩猟採集で手に入る食物からは理想的な栄養が得られた。これは意外ではない。何十万年にもわたってそれが人類の常食であり、人類の身体はそれに十分適応していたからだ。化石化した骨格を調べると、古代の狩猟採集民は子孫の農耕民よりも、飢えたり栄養不良になったりすることが少なく、一般に背が高くて健康だったことがわかる。平均寿命はどうやらわずか三〇～四〇歳だったようだが、それは子供の死亡率が高かったのが主な原因だ。危険に満ちた最初の数年を生き延びた子供たちは、六〇歳まで生きる可能性がたっぷりあり、八〇代まで生きる者さえいた。現代の狩猟採集社会では、四五歳の女性の平均余命は二〇年で、人口の五～八パーセントが六〇歳を超えている。(6)

何が狩猟採集民を飢えや栄養不良から守ってくれていたかといえば、その秘密は食物の多様性にあった。農民は非常に限られた、バランスの悪い食事をする傾向にある。とくに近代以前は、農業に従事する人々が摂取するカロリーの大半は、小麦、ジャガイモあるいは稲といった単一の作物に由来し、それらは人間が必要とするビタミン、ミネラルなどの栄養素の一部を欠いている。従来、中国では典型的な農民は、朝食にもご飯、昼食にもご飯、夕食にもご飯を食べた。毎日食事にありつける幸運な人であれば、翌日もやはりご飯が食べられることが見込めた。これとは対照的に、古代の狩猟採集民は、平素から何十種類もの食べ物を口にしていた。農民の古代の祖先である狩猟採集民は、朝食にはさまざまなベリーやキノコを食べ、昼食には果物やカタツムリ、カメを食べ、夕食にはウサギのステーキに野生のタマネギを添えて食べたかもしれない。翌日のメニューは、まったく違っていた可能性がある。このような多様性のおかげで、古代の狩猟採集民は必要な栄養素をすべて確実に摂取することができた。

そのうえ彼らは、何であれ単一の種類の食べ物に頼っていなかったので、特定の食物が手に入らなくなっても、あまり困らなかった。農耕社会は、旱魃《かんばつ》や火災、地震などでその年の稲やジャガイモなどの作物が台無しになれば、飢饉で散々な目に遭った。狩猟採集社会も自然災害と無縁とはおよそ言い難く、ときおり食物の不足や飢えに苦しめられたが、たいていはそうした災難にも農耕社会よりは楽に対処できた。

主な食料の一部が手に入らなくなったら、他のものを採集したり狩ったりできたし、あまり災害の影響が及んでいない地域に移ることもできた。

古代の狩猟採集民は、感染症の被害も少なかった。天然痘や麻疹（はしか）、結核など、農耕社会や工業社会を苦しめてきた感染症のほとんどは家畜に由来し、農業革命以後になって初めて人類も感染し始めた。犬しか飼い慣らしていなかった古代の狩猟採集民は、そうした疫病を免れた。また、農耕社会や工業社会の人の大多数は、人口が密集した不潔な永続的定住地で暮らしていた。病気にとって、まさに理想の温床だ。一方、狩猟採集民は小さな集団で動き回っていたので、感染症は蔓延のしようがなかった。

健康に良く多様な食物、比較的短い労働時間、感染症の少なさを考え合わせた多くの専門家は、農耕以前の狩猟採集社会を「原初の豊かな社会」と定義するに至った。とはいえ、これらの古代人の生活を理想化したら、それは誤りになる。彼らはたしかに農耕社会や工業社会の人の大半よりも良い生活を送っていたが、それでも彼らの世界は厳しく情け容赦のない場所になることもあった。欠乏と苦難の時期は珍しくなく、子供の死亡率は高く、今日ならどうということもない事故であっさり命を落とすこともありえた。ほとんどの人は、ともに歩き回る集団内部の親密な関係をおそらく享受できただろうが、その集団の仲間の敵意や嘲りを招いた不幸な人間は、たぶん非常に苦しんだだろう。現代の狩猟採集民は、歳をとったり障害を負ったりして集団についていけなくなった人を置き去りにしたり、殺しさえしたりすることがある。望まない赤ん坊や子供は殺すかもしれないし、宗教心から人間を生贄《いけにえ》にする場合すらある。

一九六〇年代までパラグアイの密林に暮らしていた狩猟採集民のアチェ族は、狩猟採集生活の暗い側面を垣間見させてくれる。アチェ族の人々は、集団にとって貴重な成員が亡くなると、小さな女の子を一人殺していっしょに埋葬するのが常だった。アチェ族の人々に直接話を聞いた人類学者たちは、以下のような記録を残している。病気になってついてこられなくなった中年の男性を、ある集団が置き去りにした。彼は一本の木の下に残された。たっぷりご馳走にありつけると思ったハゲワシたちが頭上の枝に止まった。だが、その男性は回復し、急ぎ足で集団に追いついた。彼は体がハゲワシたちの糞にまみれていたので、以後、「ハゲワシの糞」というあだ名で呼ばれた。

アチェ族の老女が集団の足手まといになると、若い男性の一人が背後から忍び寄り、頭に斧《おの》を振り下ろして殺害するのだった。アチェ族のある男性は、詮索好きな人類学者たちに、密林で過ごした全盛期の話を語った。「よく老女を殺したものだ。おばたちも殺した……。女たちに恐ろしがられていた……。今ではここで白人たちといっしょに暮らすうちに、すっかり弱くなってしまった」。生まれたときに髪の毛が生えていない赤ん坊は、発育不全と見なされて、ただちに殺された。ある女性は、集団の男性たちがもう女の子を望んでいなかったので、初めて産んだ女の子を殺された思い出を語った。また、別の折には、ある男性が幼い男の子を殺した。自分の「機嫌が悪く、その子が泣いていた」からだという。生き埋めにされた子もいる。「見かけが変で、他の子供たちが笑った」からというのがその理由だ。[7]

とはいえ、慌ててアチェ族を非難してはならない。彼らと何年もいっしょに暮らした人類学者たちは、大人どうしの暴力行為が非常に稀であることを報告している。男性も女性も、自由にパートナーを替えることができた。彼らはたえず微笑み、笑い、リーダーシップのヒエラルキーを持たず、たいてい人に威張り散らすようなことはしなかった。財産は乏しいのに極端なほど気前が良く、成功や富に執着することはなかった。彼らが人生で最も大切にするのは、他者との良好な交流と、質の高い交友関係だった。[8]彼らは、今日多くの人が中絶や安楽死を見るのと同じ目で子供や病人、老人の殺害を眺めていた。これもまた留意するべきだが、アチェ族はパラグアイの農民たちに情け容赦なく追い詰められ、殺された。おそらくアチェ族は、敵から逃れる必要があったために、集団のお荷物になりかねない者にはみな、はなはだ厳しい態度を取るようになったのだろう。

実際には、アチェ族の社会は、あらゆる人間社会がそうであるように、非常に複雑だった。だから私たちは、表面的な知識に基づいて、彼らを悪者扱いにしたり理想化したりしないよう、注意しなければいけない。アチェ族は天使でもなければ悪魔でもなく、人類だった。そして、古代の狩猟採集民にしても同じだったのだ。

口を利く死者の霊

古代の狩猟採集民の霊的生活や精神生活については、何が言えるだろう？　狩猟採集経済の基本は、定量化できる要因や客観的な要因に基づいて、ある程度自信を持って復元できる。たとえば、人は生き延びるためには一日当たり何カロリー摂取する必要があったかや、クルミ一キログラムから何カロリー摂取できたか、一平方キロメートルの森林からはどれだけのクルミが採集できたかは計算できる。そのデータを基に、古代の狩猟採集民の食生活にとってクルミがどれほど重要だったかについて、それなりに根拠のある推測をすることが可能だ。

だが、彼らはクルミをご馳走と考えていたのか、それとも、平凡な基本食品と思っていたのか？　クルミの木には精霊が宿っていると信じていたのか？　クルミの葉はきれいだと思ったのか？　狩猟採集民の男の子が、同じ狩猟採集民の女の子をロマンティックな場所に連れていきたいときには、クルミの木陰で間に合ったのか？　思考や信仰や感情の世界は、当然ながら、解明するのがはるかに難しい。

多くの学者は、古代の狩猟採集民の間では一般にアニミズムが信じられていたと考えている。アニミズム（「魂」や「霊」を表す「アニマ」というラテン語に由来する）とは、ほぼあらゆる場所や動植物、自然現象には意識と感情があり、人間と直接思いを通わせられるという信念だ。たとえば、アニミズムの信奉者は、丘の上の大きな岩には欲望や欲求があると信じているかもしれない。その岩は、人々がしたことに腹を立てたり、何か他の行動には喜んだりする可能性がある。その岩は、人々に注意を与えたり、頼み事をしたりするかもしれない。一方、人間のほうも岩に話しかけ、宥《なだ》めたり脅したりできる。岩ばかりではなく、丘の麓《ふもと》のオークの木にも、丘の下を流れる小川にも、森の空き地の泉にも、その周りに生えた低木にも、空き地に続く小道にも、泉で水を飲む野ネズミやオオカミ、カラスたちにもみな霊が宿っている。アニミズムの世界では、物や生き物だけが霊的存在ではない。死者の霊や、今日私たちが魔物や妖精、天使と呼ぶ類の、友好的なものや悪意に満ちたものもいる。

アニミズムの信奉者は人間と他の存在との間に壁はないと信じている。みな、話し言葉や歌、踊り、儀式を通して直接思いを通わせられる。狩猟師はシカの群れに話しかけ、そのうちの一頭が自らを犠牲にしてくれるように頼むかもしれない。もし狩りがうまくいけば、狩猟師は死んだシカに許しを請うかもしれない。誰かが病気になると、シャーマンはその病気を引き起こした霊に接触し、その霊を宥めようとしたり、脅して追い払ったりしようとする。必要とあれば、シャーマンは他の霊たちの応援を仰ぐこともありうる。こうしたコミュニケーション行為はみな、呼びかける対象が地元の存在であるのが特徴だ。それらは普遍的な神々ではなく、特定のシカや木、小川、死者の霊などだ。

人間と他の存在との間には、障壁がないばかりではなく、厳密なヒエラルキーもない。人間以外の存在物は、人間の必要を満たすためだけにあるわけではない。意のままにこの世界を動かす全能の神でもない。世界は人間や、その他の存在の特定集団を中心に回っているわけではないのだ。

アニミズムは一つの具体的な宗教ではない。何千という、非常に異なる宗教やカルト、信仰の総称だ。それらがみなアニミズムなのは、世界や、そこでの人間の位置に対する、先述のようなアプローチを共有しているからだ。古代の狩猟採集民がおそらくアニミズムの信奉者だったと言うのは、近代以前の農耕民が主に有神論者だったと言うのに等しい。有神論とは、万物の秩序は人間と、神と呼ばれる天上の小さな一集団との、上下関係に基づいているという見方だ。近代以前の農耕民は有神論を信じる傾向にあったというのはたしかに正しいが、そこからは具体的なことはろくにわからない。「有神論者」という一般的範疇には、一八世紀ポーランドのユダヤ教のラビ、一七世紀にマサチューセッツで魔女を火あぶりにした清教徒、一五世紀メキシコのアステカ族の神官、一二世紀イランのイスラム教神秘主義者、一〇世紀のヴァイキングの戦士、二世紀ローマの軍団兵、一世紀中国の官僚がすべて含まれる。彼らのそれぞれが、他者の信仰や慣行は異様で異端と見なした。「アニミズム信奉」の狩猟採集民集団どうしにおける、信仰や慣行の違いも、おそらくそれに劣らず大きかっただろう。彼らの宗教的体験は激動し、論争や改革、革命で満ちていたかもしれない。

だが私たちが導き出せるのは、このような慎重な一般論がせいぜいだ。太古の霊性の具体的な点を記述しようとする試みはすべて、不確実極まりない。頼りになる証拠はほぼ皆無で、かろうじて手元にある証拠（一握りの人工遺物と洞窟壁画）は無数の解釈が可能だからだ。狩猟採集民がどう感じていたかを知っていると主張する学者の説からは、石器時代の宗教よりも、学者自身の偏見がはっきり浮かび上がってくる。

図8　およそ1万5000～2万年前のラスコー洞窟の壁画。ここに描かれているのは正確には何なのか？　そして、この絵にはどのような意味があるのか？　鳥のような頭をし、陰茎を勃起させた男性がバイソンに殺されているところだとする人もいる。男性の下にも鳥がおり、これは死の瞬間に肉体を抜け出した魂を象徴しているのかもしれない。もしそうなら、この絵は狩りの最中の平凡な事故ではなく、この世からあの世への旅を描いていることになる。だが、こうした推量のどれ1つとして、正しいかどうかは知りようがない。これは一種のロールシャッハ検査であり、現代の学者の先入観については多くを明かしてくれるが、古代の狩猟採集民が何を信じていたかについては、ほとんど何も教えてくれない。

わずかな数の墳墓の遺物や洞窟壁画、骨製の小彫像から誇大な説を打ち立てるよりも、古代の狩猟採集民の宗教については曖昧極まりない認識しか持っていないことを正直に認めたほうがいいだろう。彼らはアニミズムの信奉者だったとは思うが、そこからわかることはあまりない。彼らがどの霊に祈っていたのかや、どのような祝祭を催していたのか、あるいは、どのようなタブーを遵守していたのかはわからない。そしてこれが肝心だが、彼らがどのような物語を語っていたかを私たちは知らない。これは人類史の理解に空いた最大級の穴と言え

図9　およそ9000年前、アルゼンチンの「手の洞窟」で狩猟採集民たちがこれらの手形を残した。遠い昔に亡くなったこれらの人々の手は、岩の中から私たちに向かって伸びてくるかのように見える。古代狩猟採集世界の遺物のうちでも、これはとりわけ感動的だ。だが、これが何を意味するのかは、誰にもわからない。

るだろう。

狩猟採集民の社会政治的世界も、私たちがほとんど何も知らない領域だ。すでに説明したように、学者たちは、私有財産や核家族、一夫一婦制の関係が存在したかどうかといった基本的な事柄についてさえ、意見の一致を見ていない。集団ごとに異なる構造があった可能性が高い。このうえなく意地の悪いチンパンジーの集団並みに階層的で、緊張していて、暴力的なものもあれば、ボノボの群れのように呑気で、平和で、好色なものもあっただろう。

一九五五年、ロシアの考古学者がスンギルで、マンモス猟文化に属する三万年前の埋葬地の遺跡を発見した。墓の一つには、マンモスの牙でできた合計三〇〇〇ほどの珠を糸に通したもので覆われた、五〇歳ぐらいの男性の骨格が納まっていた。亡くなった男性の頭には、キツネの歯で飾った帽子が被せられていたようだ。男性の両の手首には、やはりマンモスの牙で作られた腕輪が二五個はめられていた。同じ遺跡の他の墓に納められていた品の数ははるかに少なかった。スンギルのマンモス猟師たちは、階層的な社会で暮らし、例の男性は、一集団の、あるいは複数の集団から成る部族全体のリーダーだったのかもしれないと、学者たちは推定した。単一の集団の数十人の成員が、自分たちだけでそれほど多くの埋葬品を作れたとは思いにくい。

その後、考古学者たちは、なおさら興味深い墓を見つけた。中には二体の骨格が頭と頭を寄せ合うようにして納まっていた。一方は一二、三歳ぐらいの少年、もう一方は九歳か一〇歳ぐらいの少女の骨格だった。少年は、マンモスの牙で作られた五〇〇〇個の珠で覆われていた。そして、キツネの歯で飾られた帽子を被り、キツネの歯二五〇本のついたベルトを締めていたらしい（これだけの歯を手に入れるには、少なくともキツネ六〇頭から抜歯する必要があったはずだ）。少女のほうは、五二五〇個の珠で飾られていた。二人とも、小さな彫像や牙製のさまざまな品に取り巻かれていた。腕の立つ職人でも、牙製の珠を一つ仕上げるのにおそらく四五分ほどはかかっただろう。つまり、他の品は脇に置くとしても、二人の子供を覆っていた一万以上の牙製の珠をこしらえるのに、細心の注意を要する仕事を七五〇〇時間以上行わなければならなかったわけで、これは熟練職人による三年を優に超える労働に匹敵する！

二人のスンギルの子供が、その年齢でリーダーやマンモス猟師として力量を証明できていたとは、およそ考えられない。彼らがこれほど豪勢な埋葬をしてもらえた理由は、文化的信念でしか説明できないだろう。二人は親のおかげでそれだけの身分にあった、というのが一つの説だ。彼らは、家族に備わるカリスマ的資質、あるいは身分継承に関する厳密な規則を信じる文化で暮らす、リーダーの子供たちだったのかもしれない。第二の説は、この子供たちは誕生時に、遠い昔に亡くなった人の霊が蘇ったものと見なされた、というものだ。第三の説によると、二人の埋葬は、生前の身分ではなく、死に方を反映していることになる。彼らは、たとえばリーダーの埋葬儀礼の一環として、しきたりに則って生贄にされ、それから華やかに埋葬されたわけだ(9)。

真相がどうであれ、スンギルの子供たちは、サピエンスが三万年前に、ＤＮＡの命令や、他の人類種と動物種の行動パターンをはるかに超える、社会政治的規準を考案しえたことを示す、有力な証拠の一つだ。

平和か戦争か?

最後に、狩猟採集民社会における戦いの役割という、厄介な疑問がある。古代の狩猟採集社会は平和な楽園だと思い、戦争や暴力は農業革命に伴って、すなわち、人々が私有財産を蓄え始めたときに、初めて現れたと主張する学者がいる。一方、古代の狩猟採集民の世界は並外れて残忍で暴力的だったと断言する学者もいる。だが、どちらの考え方も空中楼閣にすぎず、乏しい考古学的遺物と、現代の狩猟採集民の人類学的観察というか細い糸でかろうじて大地につなぎ止められているだけだ。

人類学的な証拠は興味をそそるものではあっても、非常に多くの問題を孕《はら》んでいる。今日、狩猟採集民は北極圏やカラハリ砂漠など、主に孤立した苛酷な生息条件の地域に住んでいる。人口密度ははなはだ低く、他の人々と戦う機会は限られている。そのうえ最近の世代では、狩猟採集民はしだいに現代国家の支配下に置かれるようになってきており、それらの国家が大規模な争いの発生を防いでいる。ヨーロッパの学者が、比較的密度が高く互いに独立した狩猟採集民の複数の大規模な個体群を観察する機会は、これまで二度しかなかった。一九世紀の北アメリカ大陸北西部で一度、そして、一九世紀から二〇世紀初期にかけて、オーストラリア大陸北部で一度だ。アメリカ先住民とオーストラリア先住民の文化はともに、しばしば武装衝突の舞台となった。とはいえ、これが特定の時代を超越した状態を示しているのか、それともヨーロッパの帝国主義の影響を反映しているのかには、議論の余地がある。

考古学的な発見物は数が少なく、しかも不明瞭だ。どんなものであれ、何万年も前に起こった戦いの明白な手掛かりなどというものが、残りうるだろうか？　当時は要塞や城壁などなかったし、砲弾もなければ、刀剣や盾さえなかった。古代の槍の穂先は戦いに使われたかもしれないが、狩猟で使われていたことも考えられる。化石化した人骨も、やはり解釈が難しい。骨折は戦いでの負傷を示唆しているかもしれないが、事故の可能性もある。逆に、古代の骨格に骨折や切り傷がなくても、その持ち主が横死を遂げなかったという決定的証拠にはならない。骨に何の痕跡も残らないような柔組織への外傷で死に至ることもあるからだ。なおさら重要なのだが、産業化以前の戦いでは、死者の九割以上が武器ではなく飢えや寒さ、病気で命を落とした。次のような筋書きを想像してほしい。三万年前、ある部族が近隣の部族を打ち負かして、狩猟採集場所として垂涎の的だった土地から追い出した。その決戦のとき、負けた側の部族の成員が一〇人死んだ。翌年、その部族では飢えと寒さと病気のせいでさらに一〇〇人が死んだ。一一〇体の骨格を見つけた考古学者は、大半の古代人が何らかの自然災害で命を落としたと、あっさり結論するかもしれない。彼らが全員、無慈悲な戦争の犠牲者だったかどうかは、知りようがないではないか。

いかに慎重を期するべきかがわかったところで、考古学的発見に目を向けてみよう。農業革命直前の時代の四〇〇体の骨格がポルトガルで調査された。明らかに暴力を加えられたことがわかる骨格は二体しかなかった。イスラエルで同時代の骨格四〇〇体を対象とした同様の調査では、人間による暴力が原因かもしれない、ひびが一本だけ入った頭骨が一つだけ見つかるにとどまった。ドナウ川流域の農耕以前のさまざまな遺跡で出土した四〇〇体の骨格を調べた別の調査では、一八体の骨格で暴力の証拠が見つかった。四〇〇体のうちの一八体というのは、たいした数には思えないかもしれないが、じつは非常に大きな割合だ。もし一八人全員が現に暴力によって死んだとしたら、古代ドナウ川流域での死の約四・五パーセントが人間の暴力に起因することになる。今日、戦争と犯罪を合わせても、暴力による死の割合の世界平均は一・五パーセントにしかならない。二〇世紀には、人間の死のうち、人間による暴力が原因のものはわずか五パーセントだった――歴史上、最も血なまぐさい戦争と、最も大規模な組織的大量虐殺が行なわれた世紀であるというのに。もしこの発見が典型的だとすれば、古代ドナウ川流域は二〇世紀と同じぐらい暴力に満ちていたことになる。*

ドナウ川流域での気の滅入るような調査結果は、他の地域でなされた、同じぐらい憂鬱《ゆううつ》な一連の発見によって裏付けを与えられている。スーダンのジェベル・サハバでは、一万二〇〇〇年前の墓地が発見され、五九体の骨格が見つかった。その四割に当たる二四体は、鏃《やじり》や槍の穂先が突き刺さっていたり、そばに落ちていたりした。ある女性の骨格には、一二か所の傷があった。バイエルンのオフネット洞窟では、考古学者は三八人の狩猟採集民の遺骨を発見した。ほとんどが女性と子供で、二つの墓穴に放り込まれていた。子供と赤ん坊のものも含め、これらの骨格の半数には、棍棒やナイフのような人間の武器による損傷の明らかな痕跡があった。数少ない成人男性の骨格には、最もひどい暴力の跡が見られた。おそらく、狩猟採

*一八人の古代ドナウ川人全員が、遺骨から窺われる暴力が原因で死んだわけではないと主張することもできるかもしれない。負傷しただけの人もいた、と。とはいえ、これはおそらく、柔組織への外傷や戦いに伴う目に見えない損失で亡くなった人の数で相殺されるだろう。

集団がオフネットでまるごと一つ虐殺されたのだろう。

ポルトガルやイスラエルの無傷の骨格と、ジェベル・サハバやオフネットの殺戮場のどちらが、古代狩猟採集民の世界の代表としてふさわしいのだろう？　答えは、そのどちらでもない、だ。狩猟採集民が多種多様な宗教と社会構造を示したのと同じで、おそらく彼らの見せる暴力の度合いもさまざまだったのだろう。平和や平穏を享受した場所や時期もあれば、残忍な争いで引き裂かれた場所や時期もあったのだ。(10)

沈黙の帳

古代狩猟採集民の生活の全体像を復元するのが難しいとすれば、具体的な出来事はほぼ回復不能だ。ネアンデルタール人が暮らす平地にサピエンスの生活集団が初めて入り込むと、その後の年月には、息を呑むような歴史劇が演じられたかもしれない。あいにく、そのような出会いの痕跡は、何も残らなかっただろう。よくても例外は、数片の化石化した骨や一握りの石器ぐらいで、しかも、どれほど綿密に研究したところで、それらは何も語ってくれない。こうした遺物からは、人類の解剖学的構造や技術、食生活、ことによれば社会構造についてさえ、情報を引き出せるかもしれない。だが、近隣のサピエンスの集団どうしが結んだ政治的同盟や、その同盟を祝福した死者の霊、その霊の祝福を確保するために地元の呪術師に密かに与えられたマンモスの牙製の珠については、何一つ明らかにならない。

この沈黙の帳が何万年もの歴史を覆い隠している。その長い歳月には、戦争や革命、熱狂的な宗教運動が起こったり、深遠な哲学理論や比類のない芸術の傑作が現れたりした可能性は十分ある。狩猟採集民の間にも、ルクセンブルクの半分ぐらいの帝国を支配した、ナポレオンのような戦《いくさ》上手や、交響楽団こそないものの、竹製の笛の音で人々に感動の涙を流させた、ベートーヴェンのような楽聖、万物の創造主たる神ではなく地元のオークの木の言葉を明らかにしたカリスマ的な預言者がいたかもしれない。だが、これはみな、ただの想像にすぎない。沈黙の帳はあまりに厚く、そのようなことが起こったかどうかすら私たちには確かではなく、ましてやそれらを詳細に記述することなど、望むべくもない。

学者は、自分が答えられる目処の立つ疑問だけを投げかけがちだ。今はまだ入手不可能な研究の道具が発見されないかぎり、古代の狩猟採集民が何を信じ、どのような政治劇を経験したかは、永遠に知りようがないだろう。それでもなお、答えが得られないような問いを発することは不可欠だ。そうしなければ、「当時の人々は重要なことは何もしなかった」などという言い訳をして、人類史七万年のうちの六万年を切り捨てる誘惑に駆られかねない。

実際には、彼らは重要なことを数多く行なった。とくに、彼らは私たちの周りの世界を一変させた。それがどれほど大きな変化だったのかに、ほとんどの人が気づいていない。シベリアのツンドラや、オーストラリア大陸中央部の砂漠、アマゾンの熱帯多雨林を訪れるトレッカーは、人間の手に事実上まったく触れられていない原始のままの領域に入ったとばかり思い込む。だが、それは錯覚だ。そこには狩猟採集民が私たちよりも先に立ち入っており、彼らはどれほど植物の繁茂する密林や、どれほど荒涼とした原野にさえも、劇的な変化をもたらした。次章では、最初の農村ができ上がるよりもはるか以前に、狩猟採集民が私たちの惑星の生態環境をどのようにして完全に作り変えたかを説明する。物語を語るサピエンスの流浪の集団は、動物界が生み出したうちで最も重要かつ破壊的な力だったのだ。

第4章　史上最も危険な種

認知革命以前には、どの人類種ももっぱらアフロ・ユーラシア大陸〔訳註　アフリカ大陸とユーラシア大陸を合わせた大陸〕で暮らしていた。ただし、泳いだり間に合わせの筏《いかだ》に乗ったりして海を渡り、陸に近い島のいくつかに住みつくことは、たしかにあった。たとえばフローレス島には八五万年前にすでに人類が移住していた。とはいえ、彼らはまだ大海原に乗り出すことはできず、アメリカとオーストラリアの両大陸や、日本、台湾、マダガスカル、ニュージーランド、ハワイといった遠い島々にはまったく到達していなかった。

海という障壁は、人類ばかりではなく、アフロ・ユーラシア大陸の他の動植物の多くが、この「外界」に行き着くのを妨げていた。その結果、オーストラリア大陸やマダガスカル島のような遠隔の地の生き物は、厖大な年月にわたって孤立したまま進化を遂げ、アフロ・ユーラシア大陸の遠い親戚たちとは大きく異なる形状や性質を持つようになった。地球という惑星は、いくつかの別個の生態系に分かれており、そのそれぞれが、特有の動植物群から成っていた。このような豊かな生物相に、ホモ・サピエンスが今まさに終止符を打とうとしていた。

サピエンスは認知革命の後、アフロ・ユーラシア大陸から抜け出して「外界」に移住するのに必要な技術や組織力、ことによると先見の明さえも獲得した。彼らの最初の成果は、約四万五〇〇〇年前の、オーストラリア大陸への移住だ。彼らがどうやってこの偉業を成し遂げたのか、専門家は説明に窮している。オーストラリアに到達するには、人類は幅一〇〇キロメートル以上のものも含む幾多の海峡を越え、到着後はほとんど一夜にして、完全に新しい生態系に適応しなければならなかったからだ。

最も妥当な説は以下のとおりだ。約四万五〇〇〇年前、インドネシアの島々（アジア大陸やお互いとは狭い海峡によってのみ隔てられている）に住んでいたサピエンスが、初めて海洋社会を発達させた。彼らは大洋を航海できる船の造り方や操り方を編み出し、彼方まで出かけて漁や交易、探検を行なうようになった。これによって、人類の能力と生活様式に前代未聞の変化がもたらされたことだろう。アザラシやカイギュウ、イルカなど、海に入った他の哺乳動物はみな、途方もない歳月をかけて進化し、特殊化した器官や流体力学的に優れた身体を発達させなければならなかった。ところが、アフリカ大陸のサバンナに暮らす類人猿の子孫であるインドネシアのサピエンスは、太平洋の船乗りになるにあたって、ひれ足を生やすこともなく、クジラのように鼻孔が頭のてっぺんまで移動するのを待つ必要もなかった。その代わりに、船を造り、操縦の仕方を会得したのだ。そして、こうした技能のおかげで、オーストラリアに到達して、仕みつくことができた。

たしかにこれまで、考古学者は四万五〇〇〇年前にまでさかのぼる筏や櫂《かい》、漁村を掘り出したためしがない（発見するのは難しいだろう。海面が上昇し、古代インドネシアの海岸線は一〇〇メートルの深さに没してしまったからだ）。それでも、この説を裏づける有力な間接証拠はある。とくに、サピエンスがオーストラリア大陸に移住してからの数千年間に、その北方にある多数の小さな孤島に移住している事実が挙げられる。そのうち、ブーカ島やマヌス島などは、外洋を挟んで最寄りの陸地から二〇〇キロメートルも離れている。優れた船と高度な航海術なしにマヌス島に到達して住み着けるとは思い難い。すでに述べたとおり、ニューアイルランド島とニューブリテン島のような一部の島々の間で、頻繁に海洋交易が行なわれていたことを示す、確固たる証拠もある[1]。この新しい航海の技能は太平洋の南西部に限られてはいなかった。人類は、約三万五〇〇〇年前に日本に、約三万年前に台湾に、それぞれ初めて到達している。どちらの場合にも、移住者たちはまず外洋の広い海峡を渡らなければならず、彼らの祖先は何十万年にもわたってそれを成し遂げられずにいたのだった。

　人類によるオーストラリア大陸への初の旅は、歴史上屈指の重要な出来事で、少なくともコロンブスによるアメリカへの航海や、アポロ一一号による月面着陸に匹敵する。人類がアフロ・ユーラシア大陸の生態系を離れてのけたのは、これが最初だった。それどころか、大型の陸上哺乳動物がアフロ・ユーラシア大陸からオーストラリア大陸へ渡るのに成功したのは、このときが初めてだ。それに輪をかけて重要なのは、これらの人類の開拓者たちが、この新しい世界でしたことだ。狩猟採集民が初めてオーストラリア大陸に足を踏み入れた瞬間は、ホモ・サピエンスが特定の陸塊で食物連鎖の頂点に立った瞬間であり、それ以降、人類は地球という惑星の歴史上で最も危険な種となった。

　人類はそれまでにも革新的な適応や行動を見せたことはあったが、それが環境に与えた影響は微々たるものだった。彼らはさまざまな生息環境に移動し、順応するという、目覚ましい成功を収めてきたものの、そうした生息環境を劇的に変えることはなかった。ところが、オーストラリアへの移住者、いや、より正確にはオーストラリアの征服者は、ただ適応しただけでなく、この大陸の生態系を、元の面影がないほどまで変えてしまった。

　人類がオーストラリア大陸の砂浜に残した最初の足跡は、たちまち波に掻《か》き消された。だが、侵入者たちが内陸に進んだときには、それとは違う種類の、けっして拭い去ることのできない足跡を残した。彼らが前進するにつれて遭遇した奇妙な世界には、未知の生き物が暮らしていた。体重二〇〇キログラム、体長二メートルのカンガルーや、この大陸最大の捕食者で、現生のトラほど大きい、有袋類のフクロライオンがいた。あまりに大きくて、抱き締めたいともかわいいとも思えないようなコアラが樹上でガサガサと音を立て、ダチョウの二倍もある飛べない鳥たちが平原を疾駆していた。ドラゴンのようなトカゲや長さ五メートルに達するヘビが下草の中を滑るように進んでいった。巨大なディプロトドン（二・五トンもあるウォンバット〔訳註　ウォンバットはオーストラリア大陸の草食性有袋動物〕）が森の中をうろついていた。鳥類と爬虫類《はちゅう》を除けば、これらはみな有袋類で、カンガルー同様、自分では何もできない極小の胎児のような子供を産み、それを腹部の袋の中で母乳で育てた。有袋類の哺乳動物はアフリカやアジアでは非常に珍しかったが、オーストラリアでは我が物顔に振る舞っていた。

その後数千年のうちに、これらの巨大な生き物は事実上すべて姿を消した。体重が五〇キログラム以上あるオーストラリア大陸の動物種二四種のうち、二三種が絶滅したのだ。(2) それより小さい種も、多数が消えた。オーストラリアの生態系の全般にわたって、食物連鎖が断ち切られ、配列替えが行なわれた。何百万年もの間で、これはオーストラリア大陸の生態系における最も重大な変化だった。これはみな、ホモ・サピエンスのせいだったのだろうか？

告発のとおり有罪

気候の気まぐれな変動（このような場合のお決まりの容疑者）に責めを負わせて私たちの種の無実の罪

を晴らそうとする学者もいる。とはいえ、ホモ・サピエンスが完全に潔白とは信じ難い。気候頼みのアリバイを崩し、オーストラリア大陸の大型動物相の絶滅に私たちの祖先が関与していたことを示す証拠が三つある。

第一に、オーストラリア大陸の気候はおよそ四万五〇〇〇年前に変化したとはいえ、それはあまり著しい変動ではなかった。新しい気候パターンだけが、そのような大規模な絶滅を引き起こせたとは考えにくい。今日、何もかも気候変動のせいにする風潮があるが、実際には、地球の気候が現状にとどまり続けることはけっしてない。気候はたえず変動している。歴史上のどの出来事も、何らかの気候変動を背景に起こったのだ。

とくに、私たちの惑星は、寒冷化と温暖化のサイクルを数え切れないほど経験してきた。過去一〇〇万年間には、平均すると一〇万年ごとに氷河時代があった。最後の氷河時代は、およそ七万五〇〇〇年前から一万五〇〇〇年前まで続いた。氷河時代としては特別厳しいものではなく、この間、最初は約七万年前、次は約二万年前の二度にわたってピークを迎えた。巨大なディプロトドンは一五〇万年以上前にオーストラリア大陸に現れ、それ以前の氷河期を少なくとも一〇回、首尾良く切り抜けてきた。また、約七万年前、最後の氷河期の最初のピークも生き延びた。それならばなぜ、四万五〇〇〇年前に消えてしまったのか？もちろん、このころ消えた大型動物がディプロトドンだけだったのなら、ただの偶然の巡り合わせだったかもしれない。だが、ディプロトドンとともに、オーストラリア大陸の大型動物相の九割以上が姿を消した。この証拠は間接的ではあるものの、これらの動物がみな寒さでばたばたと死んでいるまさにそのとき、サピエンスがたまたまオーストラリア大陸に到着したというのは、想像し難い。(3)

第二に、気候変動が大規模な絶滅を引き起こすときにはたいてい、陸上動物と同様に海洋生物にも大きな被害が出る。それなのに、四万五〇〇〇年前に海洋動物相が著しく消失したという証拠はない。人類の関与を考えれば、オーストラリアの大型動物相が陸上では絶滅の波によって根こそぎにされる一方で、近隣の海ではその運命を免れた理由が、簡単に説明できる。ホモ・サピエンスは航海能力を急速に伸ばしていたとはいえ、依然として圧倒的に陸上の脅威だったのだ。

第三に、このオーストラリアでの原初の大量消失に類する大規模な絶滅が、その後の歳月に何度となく繰り返されている。人類が「外界」の新たな部分に住みつくたびに、大絶滅が起こっているのだ。それらの事例では、サピエンスの有罪は動かし難い。たとえば、約四万五〇〇〇年前の「気候変動」と称されるものを無傷で切り抜けたニュージーランドの大型動物相は、人類が最初に上陸した直後に、壊滅的な打撃を被っている。ニュージーランドにおける最初のサピエンスの移住者であるマオリ人は、八〇〇年ほど前に、この島々にやって来た。その後二〇〇年のうちに、地元の大型動物相の大半は、全鳥類種の六割とともに絶滅した。

北極海にあるウランゲリ島(シベリアの海岸から二〇〇キロメートル北)のマンモスの個体群も同じ運命をたどった。北半球のほとんどで、マンモスは何百万年にもわたって栄えてきたが、まずはユーラシア大陸で、続いて北アメリカ大陸でホモ・サピエンスが拡がるのに足並みを揃えるようにして後退した。一万年前までには、世界のどこを探しても、マンモスは一頭も見られなくなった。例外は、北極海に浮かぶいくつかの離島で、なかでも異彩を放っていたのがウランゲリ島だった。この島のマンモスは、さらに何千年も栄え続けたが、約四〇〇〇年前、忽然と姿を消した。これはまさに、人類が初めてこの島にたどり着いたときだった。

仮にオーストラリア大陸の絶滅が特異な出来事であったなら、人類に対して、疑わしきは罰せずの原理を当てはめられるだろう。だが、歴史上の痕跡を眺めると、ホモ・サピエンスは、生態系の連続殺人犯に見えてくる。

オーストラリア大陸の移住者たちが利用できたのは、石器時代の技術だけだ。それなのに、どうやってこのような生態学的大惨事を引き起こすことができたのか？　それには、ぴったり嚙み合う三つの説明がある。

オーストラリア大陸での絶滅の最大の被害者である大型動物は、繁殖に時間がかかる。妊娠期間が長く、一回の妊娠で生まれる子供が少なく、次の妊娠までの期間が長い。その結果、人類が数か月に一度、一頭でもディプロトドンを殺せば、それだけでディプロトドンの死亡数が誕生数を上回ってしまう。数千年のうちに、最後の孤独なディプロトドンが死に、それとともに、種全体が死に絶える。(4)

実際、ディプロトドンやオーストラリア大陸の他の大型動物は、身体が大きい割に、狩るのがおそらくそれほど難しくはなかったはずだ。二本足の攻撃者に完全に不意を衝かれただろうからだ。アフロ・ユーラシア大陸では、さまざまな人類種が二〇〇万年にわたって徘徊し、進化してきた。彼らは少しずつ狩猟の腕を磨き、四〇万年前ごろから大型動物をつけ狙い始めた。アフロ・ユーラシア大陸の大型動物は、人類を避けることを学んだので、新しい大型捕食者、すなわちホモ・サピエンスがアフロ・ユーラシア大陸の舞台に登場したとき、それに似た生き物からは距離を置くべきであることを、すでに知っていた。それとは対照的に、オーストラリア大陸の大きな生き物たちは、逃げることを学ぶ暇がなかった。人類は特別危険そうには見えない。長く鋭い歯も、筋骨逞しく、しなやかな身体も持ってはいない。だから、地上に存在した有袋類のうちで最大のディプロトドンは、このひ弱な外見の霊長類を初めて目にしたとき、ちらっと見遣ったただけで、また葉を食《は》み始めたのだろう。彼らは人類に対する恐れを進化させる必要があったが、そうできる前に消え去った。

第二の説明は、サピエンスはオーストラリア大陸に到達したころにはすでに、焼き畑農業を会得していた、というものだ。馴染みがなく、身の危険を感じる環境に直面した彼らは、通り抜けられない藪や密林を意図的に焼き払い、開けた草地を生み出した。そういう草地は、狩りやすい獲物を惹き寄せたし、サピエンスの生活にも好都合だった。こうして彼らはわずか数千年のうちに、オーストラリア大陸の大部分の生態を完全に変えた。

この説を裏づける証拠として挙げられるのが、植物の化石記録だ。ユーカリの木は、四万五〇〇〇年前にはオーストラリア大陸では珍しかった。だが、ホモ・サピエンスの到着とともに、この木は黄金時代を迎えた。ユーカリの木は火事に非常に強いので、他の高木や低木が姿を消すのを尻目に、広く分布するようになった。

こうした植生の変化は、植物を食べる動物や、それらの草食動物を食べる肉食動物に影響を与えた。もっぱらユーカリの葉を食べて生きるコアラは、嬉々として新たな領土に拡がっていった。だが、他のほとんどの動物はひどい苦難に見舞われた。オーストラリア大陸の食物連鎖の多くが崩壊し、弱い動物は絶滅に追い込まれた(5)。

第三の説明は、狩猟と焼き畑農業が絶滅に重大な役割を果たしたことには同意するが、気候の役割を完全には無視できないことに重点を置く。およそ四万五〇〇〇年前にオーストラリア大陸を襲った気候変動のせいで、生態系が安定を失い、非常に脆弱になった。通常の状況下ならば、その生態系はおそらく回復しただろう。それまでに、何度もそうしたように。ところが、まさにこの決定的な時点で人類が舞台に登場し、脆《もろ》くなっていた生態系を奈落に突き落とした。気候変動と人間による狩猟の組み合わせは、大型動物にとりわけ甚大な被害をもたらした。両者は異なる方面から襲いかかってきたからだ。複数の脅威に対して同時に有効な、優れた生存戦略を見つけるのは容易ではない。

新たな証拠が得られないかぎり、これら三つのシナリオの一つを選ぶことはできない。だが、もしホモ・サピエンスがオーストラリア大陸に行っていなかったなら、フクロライオンやディプロトドンやジャイアントカンガルーが今なおそこで見られただろうと信じるだけの有力な証拠があることは確かだ。

オオナマケモノの最期

オーストラリア大陸の大型動物相の絶滅はおそらく、ホモ・サピエンスがこの惑星に残した最初の重大な痕跡だった。だが、その後には、なおさら大きな生態学的惨事が続いた。次の舞台はアメリカ大陸だった。ホモ・サピエンスは、この西半球の大陸に到達した最初で唯一の人類種で、およそ一万六〇〇〇年前、つまり紀元前一万四〇〇〇年ごろそこに行き着いた。最初は徒歩でだった。当時、海水面が低かったため、シベリアの北東部とアラスカの北西部が地続きになっていたので、歩いて渡れたのだ。もっとも、たやすいことではない。それは困難な旅で、ことによると、オーストラリア大陸への海の移動よりも大変だったかもしれない。アメリカ大陸に渡るには、サピエンスはまず、北シベリアの極端な北極圏の環境に耐える術を学ばなければならなかった。そこでは冬には日がまったく昇らず、気温は零下五〇度まで下がりうる。

北シベリアのような場所には、それまでどんな人類種も進出できなかった。寒さに適応したネアンデルタール人たちでさえ、もっと南のそれほど寒くない地方にとどまった。だがホモ・サピエンスは、雪と氷の土地ではなくアフリカ大陸のサバンナで暮らすのに適応した身体を持っていたにもかかわらず、独創的な解決策を編み出した。サピエンスの狩猟採集民の放浪集団は、前より寒い地方に移り住んだとき、雪の上を歩くための履物や、幾重にも重ね、針を使ってきつく縫い合わせた毛皮や皮革から成る、保温効果の高い衣服の作り方を身につけた。マンモスなど、極北の大きな獲物を追跡して殺すことを可能にする新しい武器と高度な狩猟技術も開発した。保温性のある服と狩猟技術が進歩するにつれ、サピエンスは酷寒地の奥へ奥へと、危険を冒して進んでいった。そして、北への移動の間も、衣服や狩猟戦略、生き延びるためのその他の技能は進歩し続けた。

だが彼らはなぜ、わざわざそんなことをしたのだろう？　どうしてシベリア流刑を自ら選び取ったのか？　戦争や人口増加の圧力、自然災害などで北へ追いやられた集団もあったかもしれない。だが、それよりはもっと前向きな理由、たとえば動物性脂肪などによって北へと誘われた集団もあっただろう。北極圏の土地は、トナカイやマンモスといった、大型で肉付きの良い動物で満ちあふれていた。マンモスを一頭仕留めるごとに、大量の肉（気温を考えれば、冷凍保存しておいて、後日食べることさえ可能だった）や、美味な脂肪、暖かい毛皮、貴重な牙が手に入った。スンギルでの発見が立証しているとおり、マンモス狩猟民は凍てつく北の地方でたんに生き延びただけではない。彼らはおおいに繁栄していたのだ。時が流れるにつれ、サピエンスの集団はマンモスやマストドン、サイ、トナカイを追って広範に散らばっていった。そして紀元前一万四〇〇〇年ごろ、この追跡を続けているうちにシベリア北東部からアラスカへ渡る集団が出てきた。当然ながら、彼らは自分たちが新世界を発見しているとは夢にも思わなかった。マンモスにとっても人類にとっても、アラスカはシベリアの続きにすぎなかったのだ。

当初、アラスカからアメリカ大陸の残りの部分への道は氷河に閉ざされており、南の土地を調べに、稀に先駆者が分け入る程度だった。ところが紀元前一万二〇〇〇年ごろ、地球温暖化によって氷が解け、もっと楽な道が開けた。この新しい通り道をたどって、人々は大挙して南に移り、大陸全体に拡がった。彼らはもともと北極圏で大きな獲物の狩りに適応していたが、驚くほど多様な気候と生態系に間もなく順応した。シベリア人の子孫は、現在のアメリカ合衆国東部の鬱蒼《うっそう》とした森や、ミシシッピ川デルタ地帯の湿地、メキシコの砂漠、中央アメリカのうだるような密林に住みついた。アマゾン川流域の川の世界に落ち着く者もいれば、アンデス山脈の渓谷や、アルゼンチンの開けた大草原《パンパス》に根を下ろす者もいた。そして、これはみな、わずか一〇〇〇年か二〇〇〇年の間に起こったのだ！　紀元前一万年までには、人類はすでにアメリカの南の果てに到達し、大陸最南端の沖のティエラ・デル・フエゴ島でも暮らしていた。アメリカ大陸を席巻した人類の電撃戦は、ホモ・サピエンスの比類のない創意工夫と卓越した適応性の証だ。どこであっても事実上同じ遺伝子を使いながら、これほど短い期間に、これほど多種多様な根本的に異なる生息環境に進出した動物はかつてなかった。(6)

アメリカ大陸への移住も無血だったとはとても言い難い。その後には犠牲者が累々と横たわっていた。一万四〇〇〇年前のアメリカ大陸の動物相は、今日よりもはるかに豊かだった。サピエンスが初めてアラスカから南に進み、現在のカナダやアメリカ西部に入ったときには、マンモスやマストドン、クマほどもある齧歯類《げっしるい》、馬やラクダの群れ、巨大ライオン（アメリカライオン）をはじめとする、今日ではまったく見られない何十もの大型動物種（たとえば、見るからに恐ろしい剣歯虎《けんしこ》［サーベルタイガー］や、体重が最大で八トン、身長が六メートルに達するオオナマケモノ）に出会った。南アメリカ大陸はさらに風変わりで多種多様な大型哺乳類、爬虫類、鳥類が生息していた。南北アメリカ大陸は、進化の実験が行なわれていた巨大な研究室であり、アフリカ大陸とアジア大陸では見られない動植物が進化し、繁栄してきた。

図10　２頭のオオナマケモノ（メガテリウム属）と、その背後にいる２頭のグリプトドン（グリプトドン属）の復元図。今は絶滅してしまったグリプトドンは、体長が３メートルを超え、体重は最大で２トンに達した。一方、オオナマケモノは最大で全長６メートル、体重８トンに達した。

だが、それもはやこれまでだった。サピエンスがやって来てから二〇〇〇年以内に、こうした珍しい種の大半が姿を消した。現在の推定によれば、この短い期間に北アメリカは大型哺乳類四七属のうち、三四属を、南アメリカは六〇属中、五〇属を失ったという。三〇〇〇万年以上にわたって栄えてきた剣歯虎は姿を消し、オオナマケモノも、巨大ライオンも、アメリカ原産の馬も、アメリカ原産のラクダも、巨大な齧歯類も、マンモスもいなくなった。何千種という、もっと小さい哺乳類や爬虫類、鳥類、さらには昆虫や寄生虫さえもが絶滅した（マンモスが死に絶えると、マンモスにたかっていたダニの全種もその後に続いて忘却の彼方へと消え去った）。

動物の遺物を探し、研究する古生物学者や動物考古学者は、古代のラクダの化石化した骨やオオナマケモノの石化した糞便を探して、何十年にもわたって南北アメリカの平地や山々をくまなく調べてきた。お目当てのものを見つけると、そうした宝は注意深く梱包されて研究室に送られ、そこで骨や糞石（化石化した糞を意味する専門用語）が一つひとつ入念に調べられ、年代が推定される。そうした分析からは、繰り返し同一の結果が得られる。最も新しい糞石も、最も新しいラクダの骨も、人間がアメリカ大陸に殺到した時代、すなわちおよそ紀元前一万二〇〇〇～九〇〇〇年にさかのぼるのだ。これより新しい糞石は、一つの地域でしか見つかっていない。カリブ海に浮かぶいくつかの島々、とくにキューバとイスパニョーラ島で、紀元前五〇〇〇年ごろのオオナマケモノの化石化した糞を学者たちが発見した。紀元前五〇〇〇年ごろといえば、人類が初めてカリブ海を渡ってのけ、これら二つの大きな島に移り住んだ、まさにその時期だ。

この場合にも、ホモ・サピエンスの無実の罪を晴らし、気候変動に責めを負わせようとする学者がいる（そうするには、西半球が温暖化するなか、何らかの謎めいた理由により、七〇〇〇年にわたってカリブ海の島々の気候はほとんど変化しなかったと仮定せざるをえない）。だがアメリカ大陸では、糞石からけっして身をかわすことができない。私たちが犯人なのだ。この事実は避けて通れない。仮に気候変動の手助けがあったとしても、人類が関与したことは決定的なのだ。(7)

ノアの方舟《はこぶね》

オーストラリア大陸とアメリカ大陸での大量絶滅を結びつけ、ホモ・サピエンスがアフロ・ユーラシア大陸に拡がったときに起こった、それよりは小規模な絶滅（たとえば、他のあらゆる人類種の絶滅）、さらには古代の狩猟採集民がキューバのような遠隔の島々に移り住んだときに起こった絶滅を考え合わせると、一つの結論に必然的に導かれる。それは、サピエンス移住の第一波は生態学的惨事をもたらし、それは動物界を見舞った悲劇のうちでも、とりわけ規模が大きく、短時間で起こった、というものだ。最大の被害者は毛皮で覆われた大型の動物たちだった。認知革命のころの地球には、体重が五〇キログラムを超える大型の陸上哺乳動物がおよそ二〇〇属生息していた。それが、農業革命のころには、一〇〇属ほどしか残っていなかった。ホモ・サピエンスは、車輪や書記、鉄器を発明するはるか以前に、地球の大型動物のおよそ半数を絶滅に追い込んだのだ。

農業革命の後、この生態系の悲劇は規模を縮小して何度となく再演された。数知れぬ島の考古学的記録が、同じ物語を語っている。この悲劇は、多種多様な大型動物が豊富に見られる場面で幕を開ける。そこには、人類は影も形もない。第二場でサピエンスが登場する。その裏付けは、人骨や槍の穂先、あるいは焼き物の破片のこともある。すぐ後に続く第三場では、人間が舞台の中央を占め、大型動物の大半は、多くの小型動物とともに姿を消している。

アフリカ大陸から約四〇〇キロメートル東にある大きな島マダガスカルが、有名な事例を提供してくれる。何千万年にも及ぶ孤立の間に、この島では独特の動物群が進化した。たとえば、飛ぶことができず、背の高さが三メートル、体重が五〇〇キログラム近い世界最大の鳥リュウチョウや、地球最大の霊長類のメガラダピス（ジャイアントレムール）だ。リュウチョウもメガラダピスも、マダガスカル島の他の大型動物の大半とともに、約一五〇〇年前に忽然と姿を消した。これはまさに、人類が初めてこの島に上陸したときだった。

太平洋では、ポリネシアの農耕民がソロモン諸島、フィジー諸島、ニューカレドニア島に住みついたときに、最大の絶滅の波が起こった。彼らは直接あるいは間接に、何百種もの鳥や昆虫、カタツムリなどの地元特有の動物を全滅させた。絶滅の波はそこから徐々に東と南と北に拡がり、太平洋中央部に達し、その過程でサモアとトンガ（紀元前一二〇〇年）、マルキーズ諸島（マルケサス諸島）（西暦一年）、イースター島とクック諸島とハワイ諸島（西暦五〇〇年）、そして最後にニュージーランド（西暦一二〇〇年）の固有の動物相を跡形もなく拭い去った。

同様の生態系の惨事が、大西洋やインド洋、北極海、地中海に散らばる何千もの島々のほぼすべてで起こった。幾世代となく生きてきた鳥類や昆虫類、カタツムリなどの腹足類が、農耕民が初めてやって来たときに消えてしまった証拠を、考古学者は、ごく小さな島でも発見してきた。ただしほんのわずかながら、近代まで人類に気づかれずにこられた絶海の孤島があり、そこでは固有の動物相が無傷で残っていた。最も有名なのがガラパゴス諸島で、一九世紀になるまで人類が住んでいなかったため、ゾウガメなど、独特の動物たちが生き延びてきた。ゾウガメは古代のディプロトドンと同様、人間をまったく恐れない。

狩猟採集民の拡がりに伴う絶滅の第一波に続いて、農耕民の拡がりに伴う絶滅の第二波が起こった。この絶滅の波は、今日の産業活動が引き起こしている絶滅の第三波を理解する上で、貴重な視点を与えてくれる。私たちの祖先は自然と調和して暮らしていたと主張する環境保護運動家を信じてはならない。産業革命のはるか以前に、ホモ・サピエンスはあらゆる生物のうちで、最も多くの動植物種を絶滅に追い込んだ記録を保持していた。私たちは、生物史上最も危険な種であるという、芳しからぬ評判を持っているのだ。

もっと多くの人が、絶滅の第一波と第二波について知っていたら、自分たちが起こしている第三波についてこれほど無関心ではいないかもしれない。私たちがすでにどれほど多くの種を根絶してしまったかを知っていたら、今なお生き延びている種を守ろうという動機が強まるかもしれない。これは大型の海洋動物については、とくに重要だ。陸上の大型動物と違って、海の大型動物は、認知革命と農業革命の害はあまり受けずに済んだ。だが、産業公害と、人間による海洋資源の濫用のせいで、今やその多くが絶滅寸前になっている。もしこのままいけば、クジラやサメ、マグロ、イルカは、ディプロトドンやオオナマケモノ、マンモスと同じ運命をたどって姿を消す可能性が高い。世界の大型生物のうち、人類の殺到という大洪水を唯一生き延びるのは人類そのものと、ノアの方舟を漕ぐ奴隷の役割を果たす家畜だけということになるだろう。

第2部　農業革命

図11　およそ3500年前のエジプトの墳墓の壁画。典型的な農作業の風景が描かれている。

第5章　農耕がもたらした繁栄と悲劇

人類は二五〇〇万年にわたって、植物を採集し、動物を狩って食料としてきた。そして、これらの動植物は、人間の介在なしに暮らし、繁殖していた。ホモ・エレクトスやホモ・エルガステル、ネアンデルタール人は、野生のイチジクを摘み、野生のヒツジを狩り、どこでイチジクの木が根づくかや、どの草地でヒツジの群れが草を食むべきか、どのオスヤギがどのメスヤギを孕ませるかなどを決めることはなかった。ホモ・サピエンスは、東アフリカから中東へ、ヨーロッパ大陸とアジア大陸へ、そして最後にオーストラリア大陸とアメリカ大陸へと拡がったが、サピエンスもどこへ行こうが、野生の植物を収集し、野生の動物を狩ることで暮らし続けた。他のことなどする理由があるだろうか？　なにしろ、従来の生活様式でたっぷり腹が満たされ、社会構造と宗教的信仰と政治的ダイナミクスを持つ豊かな世界が支えられているのだから。

だが、一万年ほど前にすべてが一変した。それは、いくつかの動植物種の生命を操作することに、サピエンスがほぼすべての時間と労力を傾け始めたときだった。人間は日の出から日の入りまで、種を蒔き、作物に水をやり、雑草を抜き、青々とした草地にヒツジを連れていった。こうして働けば、より多くの果物や穀物、肉が手に入るだろうと考えてのことだ。これは人間の暮らし方における革命、すなわち農業革命だった。

農耕への移行は紀元前九五〇〇〜八五〇〇年ごろに、トルコの南東部とイラン西部とレヴァント地方の丘陵地帯で始まった。それは地理的に限られた範囲でゆっくりと始まった。紀元前九〇〇〇年ごろまでに小麦が栽培植物化され、ヤギが家畜化された。エンドウ豆とレンズ豆は紀元前八〇〇〇年ごろに、オリーブの木は紀元前五〇〇〇年までに栽培化され、馬は紀元前四〇〇〇年までに家畜化され、ブドウの木は紀元前三五〇〇年に栽培化された。ラクダやカシューナッツなど、さらにその後、家畜化されたり栽培化されたりした動植物もあったが、紀元前三五〇〇年までには、家畜化・栽培化のピークは過ぎていた。今日でさえ、先進的なテクノロジーのいっさいをもってしても、私たちが摂取するカロリーの九割以上は、私たちの祖先が紀元前九五〇〇年から紀元前三五〇〇年にかけて栽培化した、ほんの一握りの植物、すなわち小麦、稲、トウモロコシ、ジャガイモ、キビ、大麦に由来する。過去二〇〇〇年間に家畜化・栽培化された動植物にめぼしいものはない。私たちの心が狩猟採集民のものであるなら、料理は古代の農耕民のものと言える。

かつて学者たちは、農耕は中東の単一の発祥地から世界各地へ拡がったと考えていた。だが今日では、中東の農耕民が自らの革命を輸出したのではなく、他のさまざまな場所でもそれぞれ完全に独立した形で発生したということで、学者たちの意見は一致している。中央アメリカの人々は、中東での小麦とエンドウマメの栽培については何も知らずに、トウモロコシとマメを栽培化した。南アメリカの人々は、メキシコやレヴァントで何が起こっているのかを知らずに、ジャガイモとラマの育成の仕方を身につけた。中国の最初の革命家たちは、稲とキビを栽培化し、ブタを家畜化した。北アメリカの最初の園芸家たちは、下草を搔き分けて食用になるウリ科の植物の実を探すのにうんざりして、カボチャを栽培することにした。

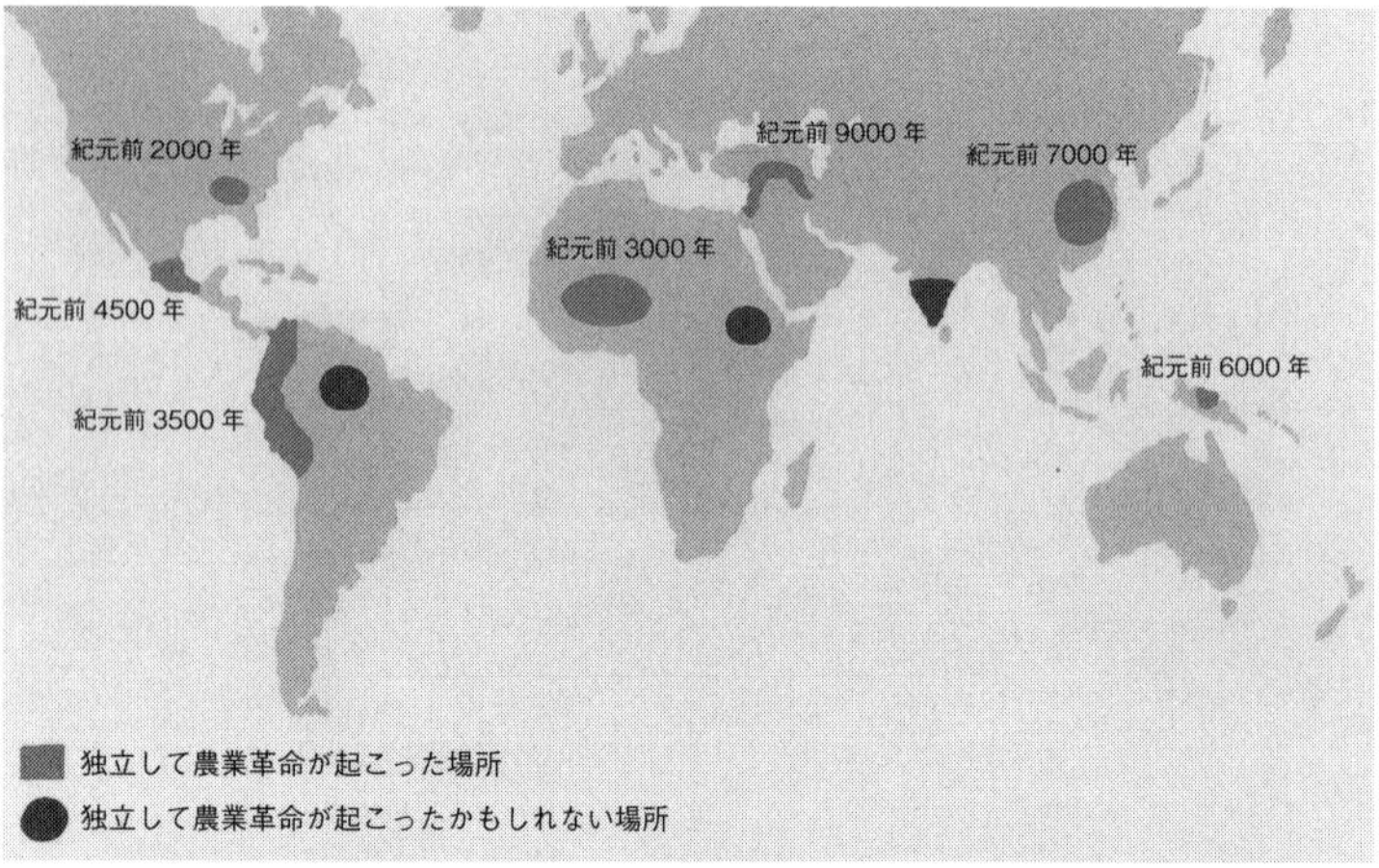

地図２　農業革命が起こった場所と年。このデータには異論があり、この地図は、最新の考古学的発見を組み込むために、たえず改変されている(1)。

ニューギニアの人々はサトウキビとバナナを栽培化し、一方、西アフリカの農耕民はトウジンビエやアフリカ米、モロコシ、小麦を自分たちの必要性に適合させた。これらの初期の各中心点から、農耕は至る所に拡がっていった。一世紀までには、世界の大半の地域で、大多数の人が農耕民になっていた。

では、農業革命はなぜオーストラリアやアラスカや南アフリカではなく、中東と中国と中央アメリカで勃発したのか？　その理由は単純で、ほとんどの動植物種は家畜化や栽培化ができないからだ。サピエンスは美味しいトリュフを掘り出したり、ケナガマンモスを狩ったりすることはできたが、その栽培化や家畜化は問題外だった。菌類はあまりに捕らえにくく、巨獣はあまりに獰猛だった。私たちの祖先が狩猟採集した何千もの種のうち、農耕や牧畜の候補として適したものはほんのわずかしかなかった。それらは特定の地域に生息しており、そこが農業革命の舞台となったのだ。

かつて学者たちは、農業革命は人類にとって大躍進だったと宣言していた。彼らは、人類の頭脳の力を原動力とする、次のような進歩の物語を語った。進化により、しだいに知能の高い人々が生み出された。そしてとうとう、人々はとても利口になり、自然の秘密を解読できたので、ヒツジを飼い慣らし、小麦を栽培することができた。そして、そうできるようになるとたちまち、彼らは身にこたえ、危険で、簡素なことの多い狩猟採集民の生活をいそいそと捨てて腰を落ち着け、農耕民の愉快で満ち足りた暮らしを楽しんだ。

だが、この物語は夢想にすぎない。人々が時間とともに知能を高めたという証拠は皆無だ。狩猟採集民は農業革命のはるか以前に、自然の秘密を知っていた。なぜなら、自分たちが狩る動物や採集する植物についての深い知識に生存がかかっていたからだ。農業革命は、安楽に暮らせる新しい時代の到来を告げるにはほど遠く、農耕民は狩猟採集民よりも一般に困難で、満足度の低い生活を余儀なくされた。狩猟採集民は、もっと刺激的で多様な時間を送り、飢えや病気の危険が小さかった。人類は農業革命によって、手に入る食糧の総量をたしかに増やすことはできたが、食糧の増加は、より良い食生活や、より長い余暇には結びつかなかった。むしろ、人口爆発と飽食のエリート層の誕生につながった。平均的な農耕民は、平均的な狩猟採集民よりも苦労して働いたのに、見返りに得られる食べ物は劣っていた。農業革命は、史上最大の詐欺だったのだ(2)。

では、それは誰の責任だったのか？　王のせいでもなければ、聖職者や商人のせいでもない。犯人は、小麦、稲、ジャガイモなどの、一握りの植物種だった。ホモ・サピエンスがそれらを栽培化したのではなく、逆にホモ・サピエンスがそれらに家畜化されたのだ。

ここで小麦の立場から農業革命について少し考えてほしい。一万年前、小麦はただの野生の草にすぎず、中東の狭い範囲に生える、多くの植物の一つだった。ところがほんの数千年のうちに、突然小麦は世界中で生育するまでになった。生存と繁殖という、進化の基本的基準に照らすと、小麦は植物のうちでも地球の歴史上で指折りの成功を収めた。一万年前には北アメリカの大草原地帯グレートプレーンズのような地域には小麦は一本も生えていなかったが、今日そこでは何百キロメートルも歩いても他の植物はいっさい目に入らないことがある。世界全体では、小麦は二二五万平方キロメートルの地表を覆っており、これは、日本の面積の約六倍に相当する。この草は、取るに足りないものから至る所に存在するものへと、どうやって変わったのか？

小麦は自らに有利な形でホモ・サピエンスを操ることによって、それを成し遂げた。この霊長類は、およそ一万年前までは狩猟採集によってかなり快適な暮らしを送ってきたが、やがて小麦の栽培にしだいに多くの労力を注ぎ込み始めた。二〇〇〇年ほどのうちに、人類は世界の多くの地域で、朝から晩までほとんど小麦の世話ばかりを焼いて過ごすようになっていた。楽なことではなかった。小麦は非常に手がかかった。岩や石を嫌うので、サピエンスは汗水垂らして畑からそれらを取り除いた。小麦は場所や水や養分を他の植物と分かち合うのを嫌ったので、人々は焼けつく日差しの下、来る日も来る日も延々と草取りに勤《いそ》しんだ。小麦はよく病気になったので、サピエンスは虫や疫病が発生しないか、いつも油断ができなかった。小麦は、ウサギやイナゴの群れなど、それを好んで餌にする他の生き物に対して無防備だったので、農耕民はたえず目を光らせ、守ってやらなければならなかった。小麦は多くの水を必要としたので、人類は泉や小川から苦労して運び、与えてやった。小麦は養分を貪欲に求めたので、サピエンスは動物の糞便まで集めて、小麦の育つ地面を肥やしてやることを強いられた。

ホモ・サピエンスの身体は、そのような作業のために進化してはいなかった。石を取り除いたり水桶を運んだりするのではなく、リンゴの木に登ったり、ガゼルを追いかけたりするように適応していたのだ。

人類の脊椎《せきつい》や膝、首、土踏まずにそのつけが回された。古代の骨格を調べると、農耕への移行のせいで、椎間板《ついかんばん》ヘルニアや関節炎、ヘルニアといった、じつに多くの疾患がもたらされたことがわかる。そのうえ、新しい農業労働にはあまりにも時間がかかるので、人々は小麦畑のそばに定住せざるをえなくなった。そのせいで、彼らの生活様式が完全に変わった。このように、私たちが小麦を栽培化したのではなく、小麦が私たちを家畜化したのだ。栽培化や家畜化を表す「domesticate」という英語は、ラテン語で「家」を意味する「domus」という単語に由来する。では、家に住んでいるのは誰か？　小麦ではない。サピエンスにほかならないではないか。

　それでは小麦は、どうやってホモ・サピエンスを説得し、素晴らしい生活を捨てさせ、もっと惨めな暮らしを選ばせたのか？　見返りに何を提供したのか？　より優れた食生活は提供しなかった。思い出してほしい。人類は多種多様な食べ物を食べて栄える、雑食性の霊長類だ。農業革命以前は、穀物は人類の食べ物のほんの一部を占めていたにすぎない。穀類に基づく食事は、ミネラルとビタミンに乏しく、消化しにくく、歯や歯肉に非常に悪い。

　小麦は経済的安心を与えてはくれなかった。農耕民の暮らしは、狩猟採集民の暮らしほど安定していなかった。狩猟採集民は何十もの種に頼って生きており、したがって、たとえ保存食品の蓄えがなくても、困難な年を乗り切ることができた。一つの種が手に入りにくくなっても、他の種をその分多く狩ったり採集したりできた。一方、農耕社会はごく最近まで、カロリー摂取の大半をわずかな種類の栽培化された品種に頼っていた。小麦やジャガイモ、米など、単一の主要食料だけに依存している地域も多かった。もし雨が十分降らなかったり、イナゴの大群が来襲したり、その主要食料の品種をある種の菌類が冒すようになったりすると、農耕民は何千から何百万という単位で命を落とした。

図12　ニューギニアにおける、2つの農耕コミュニティの間の部族戦争（1960年）。農業革命後、おそらくこうした場面は数千年にわたって各地で展開したことだろう。

小麦はまた、人類どうしの暴力から守られるという安心も与えてくれなかった。初期の農耕民は、祖先の狩猟採集民以上とは言わないまでも、彼らに劣らず暴力的だった。農耕民のほうが所有物が多く、栽培のための土地も必要とした。放牧に適した草地を近隣の人々に襲われて奪い取られれば、生存が脅かされ、飢え死にしかねなかったので、妥協の余地はずっと少なかった。狩猟採集民の生活集団が、自らより強力な集団に圧倒されたら、たいていよそへ移動できた。それは困難で危険ではあったが、実行可能だった。ところが、農村が強力な敵に脅かされた場合には、避難すれば畑も家も穀倉も明け渡すことになった。そのため、多くの場合、避難民は飢え死にした。したがって、農耕民はその場に踏みとどまり、あくまで戦いがちだった。

村落や部族以上の政治的枠組みを持たない単純な農耕社会では、暴力は全死因の一五パーセント、男性の死因の二五パーセントを占めていたとする、人類学や考古学の研究が多数ある。現代のニューギニアでは、ダニ族の農耕部族社会での男性の死因の三〇パーセント、エンガ族の社会では三五パーセントが暴力に帰せられる。エクアドルのワオラニ族の場合、ことによると成人の半数が別の人間の手にかかって横死を遂げているかもしれない(3)！　やがて、都市や王国、国家といった、より大きな社会的枠組みの発達を通して、人類の暴力は抑え込まれた。だが、そのような巨大で効果的な政治構造を築くには、何千年もの月日がかかった。

たしかに村落の生活は、野生動物や雨、寒さなどから前よりもよく守られるといった恩恵を、初期の農耕民にただちにもたらした。とはいえ、平均的な人間にとっては、おそらく不都合な点のほうが好都合な点より多かっただろう。これは、繁栄している今日の社会の人々にはなかなか理解し難い。私たちは豊かさや安心を享受しており、その豊かさや安心は農業革命が据えた土台の上に築かれているので、農業革命は素晴らしい進歩だったと思い込んでいる。だが、今日の視点から何千年にも及ぶ歴史を判断するのは間違っている。それよりもはるかに典型的な視点は、一世紀の中国で、父親の作物が収穫できなかったために栄養不良で死にかけている三歳の女の子のものだろう。はたして彼女はこんなことを言っただろうか？「私は栄養失調で死んでいくけれど、二〇〇〇年後には、人々はたっぷり食料があって、空調の効いた大きな家で暮らすだろうから、私の苦しみは価値ある犠牲だ」

それでは、いったいぜんたい小麦は、その栄養不良の中国人少女を含めた農耕民に何を提供したのか？　じつは、個々の人々には何も提供しなかった。だが、ホモ・サピエンスという種全体には、授けたものがあった。小麦を栽培すれば、単位面積当たりの土地からはるかに多くの食物が得られ、そのおかげでホモ・サピエンスは指数関数的に数を増やせたのだ。野生の植物を採集し、野生の動物を狩って食いつないでいた紀元前一万三〇〇〇年ごろ、パレスティナのエリコのオアシス周辺地域では、比較的健康で栄養状態の良い人々およそ一〇〇人から成る放浪の集団を一つ維持するのがせいぜいだった。ところが、紀元前八五〇〇年ごろ、野生の草が小麦畑に取って代わられたときには、そのオアシスでは、もっと大きいものの窮屈な、一〇〇〇人規模の村がやっていけた。ただし、人々は病気や栄養不良にはるかに深刻に苦しんでいた。

進化の通貨は飢えでも痛みでもなく、DNAの二重螺旋《らせん》の複製だ。企業の経済的成功は、従業員の幸福度ではなく銀行預金の金額によってのみ測られるのとちょうど同じで、一つの種の進化上の成功は、DNAの複製の数によって測られる。DNAの複製が尽き果てれば、その種は絶滅する。資金が尽きた企業が倒産するのとまったく同じだ。ある種が多数のDNAの複製を誇っていれば、それは成功であり、その種は繁栄する。このような視点に立つと、一〇〇〇の複製は一〇〇の複製につねに優る。これ、すなわち以前より劣悪な条件下であってもより多くの人を生かしておく能力こそが農業革命の神髄だ。

とはいえ、この進化上の算盤勘定など、個々の人間の知ったことではないではないか。正気の人間がなぜわざわざ自分の生活水準を落としてまで、ホモ・サピエンスのゲノムの複製の数を増やそうとするのか？　じつは、誰もそんな取引に合意したわけではなかった。農業革命は罠《わな》だったのだ。

贅沢の罠

農耕の台頭は、何百年、何千年にもわたる、非常に漸進的な出来事だった。キノコや木の実を採集し、シカやウサギを狩っていたホモ・サピエンスの生活集団は、突然恒久的な村落に定住し、畑を耕し、小麦を蒔き、川から水を運んでくるようになったわけではない。この変化は段階を追うもので、各段階では、日々の生活がわずかに変わるだけだった。

ホモ・サピエンスは、七万年ほど前に中東に到達した。その後の五万年間、私たちの祖先はそこで農耕をせずに繁栄した。そのあたりの天然資源は、そこの人口を十分支えられた。潤沢な時期には、人々は少し多く子供を産み育て、欠乏の時期には、逆に子供の数が減った。他の多くの哺乳動物と同じで、人類は繁殖を制御するのを助けるホルモンや遺伝子の仕組みを持っている。条件の良い時期には女性は早く思春期に達し、妊娠する可能性が少し高まる。条件の悪い時期には思春期の到来が遅れ、繁殖力が落ちる。

こうした自然の人口制御に、文化的な仕組みが加わった。移動が遅く、世話が焼ける乳幼児は、放浪の狩猟採集民には重荷だった。そこで人々は子供と子供の間隔を三、四年置こうとした。女性は、四六時中授乳し、子供がかなり大きくなるまでそれを続けた（たえず乳を飲ませていると、妊娠する可能性が大幅に減る）。他にも、完全な、あるいは部分的な性的禁欲（文化的タブーの後押しがあったかもしれない）、妊娠中絶、ときおりの間引きといった方法も採られた[4]。

この何万年という間に、人々はたまに小麦を食べたが、それは彼らの食生活にとっては、ごく一部にすぎなかった。およそ一万八〇〇〇年前、最後の氷河期が終わって温暖化の時代が始まった。気温が上がるにつれ、降雨も増した。この新しい気候は、中東の小麦その他の穀類には理想的で、それらが増えて一気に拡がった。人々は以前より多くの小麦を食べ、それと引き換えに、図らずも小麦の生育を広めた。野生の穀物は選り分け、挽き、調理してからでないと食べられないので、これらの穀物を採集した人々は、一時的な野営地に持ち帰って処理した。小麦の穀粒は小さくて数が多いので、野営地に戻る途中で必ずこぼれ落ち、失われた。やがて、人間が好んで通る道や野営地のそばには、しだいに多くの小麦が生えてきた。

人間が森や藪を焼き払ったときにも、それが小麦に有利に働いた。大小の木々が燃えてなくなり、小麦などの草が日光や水や養分を独占できた。小麦が繁茂し、狩猟の獲物やその他の食料源も豊富な場所では、人間の集団は放浪の生活様式を少しずつ捨て、季節的な野営地に、さらには永続的な野営地さえ作って住み着くことができた。

最初のうちは、収穫期に四週間ほど野営していたかもしれない。二、三〇年すると、小麦が増えて拡がり、収穫の野営も五週間、六週間と延び、ついには永続的な村落になった。そのような定住地の証拠は、中東、とくに紀元前一万二五〇〇年から紀元前九五〇〇年にかけてナトゥーフ文化が栄えたレヴァント地方で発見されている。ナトゥーフ人は何十もの野生種を食べて暮らしていた狩猟採集民だが、永続的な村落に住み、労働時間の多くをかけて、野生の穀類を集中的に採集・処理していた。彼らは石造りの家や穀倉を建てた。いざというときのために、穀物を蓄えておいた。野生の小麦を刈り取るための石の鎌や、小麦を挽くための石のすりこぎとすり鉢などの新しい道具を発明した。

紀元前九五〇〇年以降も、ナトゥーフ人の子孫は穀類を採集して処理し続けたが、しだいに手の込んだやり方で栽培も始めた。野生の穀物を採集するときには、わざわざ収穫の一部をとっておき、翌年畑に蒔いた。地面にでたらめにばらまくよりも、地中深くに埋めたほうが、ずっと良い結果が得られることを発見した。そこで彼らは、地面を掘り返したり耕したりし始めた。また、畑の除草をしたり、寄生生物から守ったり、水や肥料をやったりすることも始めた。労力の大半が穀類の栽培に向けられたので、野生種の採集や狩猟の時間が減った。こうして狩猟採集民は農耕民になった。

野生の小麦を採集していた人と、栽培化した小麦を育てていた人とは、何であれ単一のステップで隔てられているわけではないので、農耕への決定的な移行がいつ起こったかを正確に言うのは難しい。だが、紀元前八五〇〇年には、中東にはエリコのような永続的村落が点在しており、その住民は栽培化したいくつかの種を育てるのに、時間の大半を費やしていた。

永続的な村落に移り、食糧の供給量が増えると、人口が増加し始めた。放浪の生活様式を放棄したおかげで、女性は毎年子供を産めるようになった。赤ん坊は幼くして離乳させられた。お粥で育てることができたからだ。畑では、少しでも多くの働き手が必要とされた。だが、食べさせてやらなければならない人が増えたので、余剰の食物はたちまち消えてなくなり、さらに多くの畑で栽培を行なわなければならなかった。人々が病気の蔓延する定住地で暮らし始め、子供が母乳よりも穀類を摂取する量が増え、どの子供もしだいに数を増す兄弟姉妹と競い合ってお粥を手に入れようとするうちに、子供の死亡率が急上昇した。ほとんどの農耕社会では、少なくとも三人に一人の子供が二〇歳になる前に命を落とした。[5] それでも依然として、死亡率の増加を出生率の増加が上回り、人類はさらに多くの子供を産み育て続けた。

時がたつにつれて、「小麦取引」はますます負担が大きくなっていった。子供が大量に死に、大人は汗水垂らしてようやく食いつないだ。紀元前八五〇〇年にエリコに住んでいた平均的な人の暮らしは、同じ場所に紀元前九五〇〇年あるいは一万三〇〇〇年に住んでいた平均的な人の暮らしよりも厳しかった。だが、何が起こっているのか気づく人は誰もいなかった。各世代は前の世代と同じように暮らし、物事のやり方に小さな改良を加える程度だった。皮肉にも一連の「改良」は、どれも生活を楽にするためだったはずなのに、これらの農耕民の負担を増やすばかりだった。

人々はなぜ、このような致命的な計算違いをしてしまったのか？　それは、人々が歴史を通じて計算違いをしてきたのと同じ理由からだ。人々は、自らの決定がもたらす結果の全貌を捉え切れないのだ。種を地面にばらまく代わりに、畑を掘り返すといった、少しばかり追加の仕事をすることに決めるたびに、人々は、「たしかに仕事はきつくなるだろう。だが、たっぷり収穫があるはずだ！　不作の年のことを、もう心配しなくて済む。子供たちが腹を空かせたまま眠りに就くようなことは、金輪際なくなる」と考えた。それは道理に適っていた。前より一生懸命働けば、前より良い暮らしができる。それが彼らの胸算用だった。

そのもくろみの前半は順調にいった。人々は実際、以前より一生懸命働いた。だが、彼らは子供の数が増えることを予想していなかった。子供が増えれば、余剰の小麦はより多くの子供が分け合わなければならなくなる。また、初期の農耕民は、子供に前より多くお粥を食べさせ、母乳を減らせば、彼らの免疫系が弱まることも、永続的な定住地が感染症の温床と化すだろうことも理解していなかった。単一の食糧源への依存を強めれば、じつは旱魃の害にますます自分をさらすことになるのを予見できなかった。また、豊作の年に穀倉が膨れ上がれば、盗賊や敵がそれに誘われて襲ってきかねないので、城壁の建設と見張り番を始めざるをえなくなることも、農耕民たちは見越せなかった。

それでは、もくろみが裏目に出たとき、人類はなぜ農耕から手を引かなかったのか？　一つには、小さな変化が積み重なって社会を変えるまでには何世代もかかり、社会が変わったころには、かつて違う暮らしをしていたことを思い出せる人が誰もいなかったからだ。そして、人口が増加したために、もう引き返せなかったという事情もある。農耕の導入で村落の人口が一〇〇人から一一〇人へと増えたなら、他の人々が古き良き時代に戻れるようにと、進んで飢え死にする人が一〇人も出るはずがなかった。後戻りは不可能で、罠の入口は、バタンと閉じてしまったのだ。

より楽な暮らしを求めたら、大きな苦難を呼び込んでしまった。しかも、それはこのとき限りのことではない。苦難は今日も起こる。どれだけ多くの若い大学卒業生が、がむしゃらに働いてお金を稼ぎ、三五歳になったら退職して本当にやりたいことをやるのだと誓い、忙しい会社できつい仕事に就くことだろう。

ところが、三五歳になったころには、多額のローンを抱え、子供たちを学校にやらねばならず、郊外の暮らしには一世帯に少なくとも二台の自動車が必要で、本当に良いワインと国外での高価なバカンス抜きでは人生は送り甲斐がないという感覚につきまとわれている。彼らはいったいどうしたらいいのか？　植物の根を掘り返す生活に戻るのか？　とんでもない。彼らはなおさら一生懸命取り組み、あくせく働くのだ。

歴史の数少ない鉄則の一つに、贅沢品は必需品となり、新たな義務を生じさせる、というものがある。人々は、ある贅沢品にいったん慣れてしまうと、それを当たり前と思うようになる。そのうち、それに頼り始める。そしてついには、それなしでは生きられなくなる。私たちの時代から、別の馴染み深い例を引こう。私たちは過去数十年間に、洗濯機、電気掃除機、食器洗い機、電話、携帯電話、コンピューター、電子メールなど、時間を節約して生活にゆとりをもたらしてくれるはずの、無数の機械や手段を発明した。以前は、手紙を書き、封筒に宛先を書いて切手を貼り、ポストまで持っていくのはけっこうな手間だった。そして、返事がくるまで何日も、何週間も、ことによると何か月もかかることがあった。それが今では、電子メールを地球の裏側までさっと送り、（相手がオンラインならば）一分後には返事が受け取れる。私は以前の手間と暇をすべて省けたわけだが、前よりもゆとりある生活を送っているだろうか？

残念ながら、違う。普通の郵便だけだった時代には、人々は何か大切な用事があるときにだけ手紙を書いた。頭に浮かんだことをそのまま書くのではなく、自分の言いたいことをどのような言葉で言い表すかを慎重に考えた。そして、相手からも同様に、よく考えた返事が戻ってくるものと思っていた。ほとんどの人は、月に数通しか手紙を書いたり受け取ったりしなかったし、ただちに返事をしなければならないと感じることは稀だった。ところが今日では、私は毎日何十通も電子メールを受け取り、相手はみな、迅速な返答を期待している。私たちは時間が節約できると思っていたのに、逆に人生の踏み車《トレッドミル》を以前の一〇倍の速さで踏み続ける羽目になり、日々を前より落ち着かず、いらいらした思いで過ごしている。

技術革新に抵抗する人もちらほら見られ、電子メールアカウントを開設するのを拒んでいるが、それと同じで、何千年も前に人類の集団のうちには農耕を始めるのを拒み、贅沢の罠にはまるのを免れたものもあった。だが農業革命は、特定地域の全集団の参加を必要とはしなかった。一つでも参加する集団があれば事足りた。中東であろうと、中央アメリカであろうと、ある集団が定住して土地を耕し始めれば、農業の魅力には抗《あらが》いようがなかった。農耕を行なうと急速な人口増加の条件が整うので、農耕民はたいてい、狩猟採集民を純粋に数の力で圧倒できた。狩猟採集民は逃げ去り、縄張りが畑や牧草地に変わるのを許すか、あるいは自らも鋤《すき》を手に取るかのどちらかだった。いずれにしても、昔ながらの生活は消える運命にあった。

贅沢の罠の物語には、重要な教訓がある。より楽な生活を求める人類の探求は、途方もない変化の力を解き放ち、その力が、誰も想像したり望んだりしていなかった形で世界を変えた。農業革命を企てた人もいなければ、穀類の栽培に人類が依存することを求めた人もいなかった。数人の腹を満たし、少しばかりの安心を得ることを主眼とする些細な一連の決定が累積効果を発揮し、古代の狩猟採集民は焼けつくような日差しの下で桶に水を入れて運んで日々を過ごす羽目になったのだ。

聖なる介入

以上の筋書きは、農業革命を計算違いとして説明するものだった。じつに説得力がある。歴史はそれよりはるかに馬鹿げた計算違いに満ちあふれている。だが、計算違い以外の可能性もある。農耕への移行をもたらしたのは、楽な生活の探求ではなかったかもしれない。サピエンスは他にも強い願望を抱いており、それらを達成するためには、生活が厳しくなるのも厭わなかったかもしれないのだ。

科学者はたいてい、歴史の展開の原因を経済と人口動態の客観的要因に求める。そのほうが、彼らの合理的で数学的な手法に適しているからだ。近代史の場合、学者はイデオロギーや文化といった非物質的要因を考慮に入れざるをえない。証拠書類があるので、嫌でもそうするしかない。文書や書簡、回想録がたっぷり残っているので、第二次大戦が食糧不足あるいは人口増加による圧力によって引き起こされたわけではないことを立証できる。だが、たとえばナトゥーフ文化の文書などないので、古代に取り組むときには、物質的側面が最も重視される。文字を持たない人々が、経済的な必要性ではなく信仰心に動機づけられていたことを証明するのは難しい。

それでもごく稀には、歴然とした手掛かりが運良く見つかることもある。一九九五年、考古学者たちはトルコ南東部のギョベクリ・テペと呼ばれる場所で遺跡の発掘を始めた。最も古い層では定住地や家、日常的活動の形跡はまったく見られなかった。ところが、見事な彫刻を施した石柱から成る記念碑的構造物がいくつも出てきた。一つひとつの石柱は、最大で七トンあり、高さは五メートルに達した。近くの採石場では、削り出しかけの石柱が一つ発見された。重さは五〇トンもあった。全部で一〇を超える記念碑的構造物が発掘され、最大のものは差し渡しが三〇メートル近くあった。

考古学者たちにとって、その手の記念碑的建造物は世界中の遺跡でお馴染みで、最も有名な例はイギリスのストーンヘンジだ。だが、ギョベクリ・テペを調べた考古学者たちは、驚くべき事実を発見した。ストーンヘンジは紀元前二五〇〇年にさかのぼり、発展した農耕社会によって建設された。ところがギョベクリ・テペの構造物は、紀元前九五〇〇年ごろまでさかのぼり、得られる証拠はみな、狩猟採集民が建設

図13　（右）ギョベクリ・テペで出土した記念碑的建造物の遺物。（左）装飾を施した石柱の１つ（高さ約５メートル）。

したことを示している。考古学界はこの発見をにわかには受け容れられなかったが、これらの構造物がこれほど早い時期までさかのぼり、農耕以前の社会がそれを建設したことを確証する検査結果が相次いだ。古代の狩猟採集民の能力と、彼らの文化の複雑さは、従来考えられていたよりもはるかに目覚ましかったようだ。

狩猟採集社会が、なぜそのような構造物を建設したりするのか？　それらには、明白な実用的目的はなかった。マンモスの屠殺場でも、雨宿りしたり、ライオンから身を隠したりする場所でもなかった。そこで残るのが、考古学者には解明の難しい、何らかの謎めいた文化的目的のために建設されたという説だ。それが何であるにせよ、狩猟採集民たちは莫大な手間と暇をかける価値があると考えたのだ。ギョベクリ・テペの構造物を建設するには、異なる生活集団や部族に所属する何千もの狩猟採集民が長期にわたって協力する以外になかった。そのような事業を維持できるのは、複雑な宗教的あるいはイデオロギー的体制しかない。

ギョベクリ・テペは、他にもあっと驚くような秘密を抱えていた。遺伝学者たちは長年にわたって、栽培化された小麦の起源をたどっていた。最近の発見からは、栽培化された小麦の少なくとも一種、ヒトツブコムギがカラカダ丘陵に由来することが窺える。この丘陵は、ギョベクリ・テペから約三〇キロメートルの所にある。(6)

これはただの偶然のはずがない。ギョベクリ・テペの文化的中心地は、人類による最初の小麦の栽培化や小麦による人類の最初の家畜化に、何らかの形で結びついている可能性が高い。この記念碑的建造物群を建設し、使用した人々を養うためには、厖大な量の食べ物が必要だった。野生の小麦の採集から集約的な小麦栽培へと狩猟採集民が切り替えたのは、通常の食糧供給を増やすためではなく、むしろ、神殿の建設と運営を支えるためだったことは、十分考えられる。従来の見方では、開拓者たちがまず村落を築き、それが繁栄したときに、中央に神殿を建てたということになっていた。だが、ギョベクリ・テペの遺跡は、まず神殿が建設され、その後、村落がその周りに形成されたことを示唆している。

革命の犠牲者たち

人間と穀物とのファウスト的な取引は、私たちサピエンスが行なった唯一の取引ではなかった。ヒツジやヤギ、ブタ、ニワトリといった動物の運命に関して行なった取引もある。野生のヒツジを追い回していた放浪の生活集団は、餌食にしていた群れの構成を少しずつ変えていった。おそらくこの過程は、選択的な狩猟とともに始まったのだろう。人類は大人の雄ヒツジや、歳取ったヒツジ、病気のヒツジだけを狩ると自分に有利であることを学んだ。子供を産むメスや子ヒツジは、地元の群れが長く存続することを保障するために、見逃した。第二の段階では、狩猟採集民の集団はライオンやオオカミ、競争相手の人間集団を追い払って、積極的に地元の群れを守るようになったかもしれない。次の段階では、この集団は地元の群れをもっとうまく制御し、守るために、狭い峡谷に追い込んだかもしれない。そして最後に、より念入りにヒツジを選別し、人間の必要性に合わせ始めた。人間による管理に最も強く反抗する、いちばん攻撃的な雄ヒツジが真っ先に殺された。最も痩《や》せたメスや、やたらに好奇心旺盛なメスも殺された（ヒツジ飼いたちは、好奇心から群れを遠く離れてしまうヒツジは好まない）。世代を経るうちに、ヒツジは肥え、従順になり、好奇心を失った。こうして、メアリーの行く所ならどこへでもついていく子ヒツジが誕生した。

別の筋書きもある。狩猟者が子ヒツジを捕まえて「養子」にし、食べ物が潤沢な季節の間に太らせ、食べ物が乏しくなると殺したかもしれない。やがて、ずっと多くの子ヒツジを手元に置くようになった。その一部が大人になって子供を産み始めた。最も攻撃的で御し難い子ヒツジが真っ先に殺された。最も従順で魅力的な子ヒツジはもっと長く生かされ、子供を産んだ。その結果が、家畜化された従順なヒツジの群れだったわけだ。

ヒツジ、ニワトリ、ロバなど、これらの家畜化された動物は、食料（肉、乳、卵）や、原料（皮革、羊毛）、労力を提供した。従来は人力で行なわれていた、物を運んだり、畑を耕したり、穀物を挽いたりといった作業は、しだいに動物がやるようになった。ほとんどの農耕社会では、人々は植物の栽培に的を絞り、動物の飼育は副次的な活動だった。だが、一部の場所では主に動物の利用に基づく新しい種類の社会も現れた。大規模な牧畜を行なう部族だ。

人類が世界中に拡がるのに足並みを揃えて、人類が家畜化した動物たちも拡がっていった。一万年前には、アフロ・ユーラシア大陸の限られたニッチに、せいぜい数百万程度のヒツジ、牛、ヤギ、ブタ、ニワトリが住んでいた。だが今日の世界には、ヒツジが一〇億頭、ブタが一〇億頭、牛が一〇億頭以上、ニワトリが二五〇億羽以上いる。それに、彼らは世界中で見られる。ニワトリほど広く行き渡った家禽《かきん》はこれまでいなかった。広範に分布した大型哺乳動物の順位付けをすると、第一位のホモ・サピエンスに続いて、第二位が家畜化された牛、第三位が家畜化されたブタ、第四位が家畜化されたヒツジだ。進化の狭い視点に立つと、種の成功はＤＮＡの複製の数で決まるので、農業革命はニワトリや牛、ブタ、ヒツジにとって、素晴らしい恵みだった。

あいにく、進化の視点は、成功の物差しとしては不完全だ。この視点に立つと、個体の苦難や幸福はいっさい考慮に入らず、生存と繁殖という基準ですべてが判断される。家畜化されたニワトリと牛は、進化の上では成功物語の主人公なのだろうが、両者はこれまで生を受けた生き物のうちでも、極端なまでに惨めなのではないか。動物の家畜化は、一連の残酷な慣行の上に成り立っており、そうした慣行は、歳月が過ぎるうちに酷さを増す一方だった。

野生のニワトリの自然な寿命は七〜一二年ぐらいで、牛の場合は二〇〜二五年ほどだ。自然界ではほとんどのニワトリと牛はそれよりずっと前に死んだとはいえ、まずまずの年月を生きる見込みは十分あった。それとは対照的に、家畜化されたニワトリや牛の大多数は、生後数週間から数か月で殺される。経済の視点からはこれまでずっと、殺すにはそれが最適だったからだ（もしオンドリが三か月で体重の上限にすでに達するのなら、三年も餌をやり続けてもしかたないではないか）。

卵を産むメンドリと乳牛と役畜《えきちく》は、何年も殺されずに済むことがある。だが、その代償として、本来の衝動や欲望とは完全に無縁の生活様式に甘んじる羽目になる。たとえば、雄牛にとっては他の雄牛や雌牛とともに、広々とした草原を歩き回る日々を過ごすほうが、鞭《むち》を振り回す霊長類の下で荷車や鋤を引くよ

図14　紀元前1200年ごろのエジプトの墳墓で発見された絵画。２頭の雄牛が鋤で畑を耕している。自然状態では、牛は複雑な社会構造を持つ群れを作って、好き勝手に歩き回っていた。去勢され、家畜化された雄牛は鞭打たれ、狭い囲いに押し込まれ、自分の身体にも、社会的・感情的欲求にも適さない形で、単独で、あるいは２頭１組で働かされ、あくせくと生涯を送った。雄牛はもう鋤を引けなくなると殺された（描かれている農耕民の前屈みの姿勢に注意してほしい。彼も雄牛と同様、身体や心や社会的関係にとって苛酷な重労働に明け暮れて生涯を送った）。

りも好ましいと考えるのは妥当だろう。

牛や馬、ロバ、ラクダを従順な役畜にするには、彼らの生まれながらの本能や社会的絆を無効にし、攻撃性や性衝動を抑え込み、動きの自由を削減する必要がある。農耕民は、檻《おり》や囲いに動物を閉じ込めたり、引き具や引き綱につないだり、鞭や突き棒で訓練したり、彼らの体を傷つけたりする技術を開発した。飼い慣らす過程には、オスの去勢がほぼ例外なく含まれている。去勢するとオスの攻撃性が抑えられ、人間は動物の繁殖を選択的に制御できるようになるからだ。

ニューギニアの多くの社会では、人の豊かさは昔から、所有しているブタの数で決まる。ニューギニア北部の農耕民は、ブタが逃げ出さないように、鼻先を削ぎ落とす。こうすると、ブタは匂いを嗅ごうとするたびに、激しい痛みを覚える。

ブタは匂いを嗅げないと食べ物を見つけられないし、ろくに歩き回ることさえできないので、鼻先を削ぎ落とされると、所有者の人間に完全に頼るしかない。ニューギニアの別の地域では、行き先が見えないように、ブタの目をえぐる習慣がある。(7)

酪農業は酪農業なりのやり方で、動物たちを思いどおりにしてきた。牛やヤギ、ヒツジは、子を産んだ後、子の授乳期間にだけ乳を出す。農民は、動物たちに乳を出し続けさせるために、子を産ませる必要があるが、子供たちに乳を独占させるわけにはいかない。歴史を通じて広く採られてきた方法は、生まれた直後にあっさり子を殺し、母親から搾れるだけ乳を搾り、それからまた妊娠させるというものだ。これは今なお一般的な手法だ。現代の多くの酪農場では、雌牛はたいてい五年ほど飼育された後、殺される。乳の生産量を最大化するために、その五年のうち、ほとんどの期間、雌牛は妊娠しており、出産後は六〇～一二〇日以内に受精させる。子牛は生まれて間もなく母親から引き離される。メスの子牛は飼育して次世代の乳牛にし、オスの子牛は食肉産業の手に委ねられる。(8)

子供を母親のそばに置いておくが、あの手この手を使ってあまり乳を吸わせないという方法もある。最も単純なのは、子供が乳を吸い始めることを許し、乳が出始めたら、子供を追い払うというやり方だ。だが、そうするとたいてい子供と母親の両方の抵抗を受ける。子ヒツジを殺して肉を食べてから、残った皮に詰め物をする牧畜部族もあった。詰め物をした子ヒツジを母親に見せ、乳の出を良くするのだ。スーダンのヌエル族は、詰め物をした子供に母親の尿を塗りつけ、偽物の子供に、馴染みのある、生きている動物ならではの匂いを与えることまでした。ヌエル族は、棘《とげ》のある植物を輪にして子供の口の周りに縛りつけ、棘が当たった母親が授乳を嫌がるように仕向けるという手も使った。(9) サハラ砂漠のトゥアレグ族のラクダ飼育者はかつて、幼いラクダの鼻と上唇に穴を空けたり、その一部を切り取ったりし、乳を吸うと痛

図15　工場式食肉農場の現代の子牛。子牛は誕生直後に母親から引き離され、自分の身体とさほど変わらない小さな檻に閉じ込められる。そして、そこで一生（平均でおよそ4か月）を送る。檻を出ることも、他の子牛と遊ぶことも、歩くことさえも許されない。すべて、筋肉が強くならないようにするためだ。柔らかい筋肉は、柔らかくて肉汁がたっぷりのステーキになる。子牛が初めて歩き、筋肉を伸ばし、他の子牛たちに触れる機会を与えられるのは、食肉処理場へ向かうときだ。進化の視点に立つと、牛はこれまで登場した動物種のうちでも、屈指の成功を収めた。だが同時に、牛は地球上でも最も惨めな部類の動物に入る。

むようにして、あまり多くの乳を飲ませないようにしていた[10]。

すべての農耕社会が家畜に対してそこまで残酷だったわけではない。家畜化された動物の一部は、かなり恵まれた生涯を送った。羊毛を取るために育てられているヒツジ、ペットの犬や猫、軍馬や競走馬は、快適な境遇を享受することが多かった。ローマ皇帝カリグラは、愛馬インキタトゥスを執政官《コンスル》に任命することを考えていたとされている。家畜飼育者と農耕民は歴史を通して、飼っている動物たちへの愛情を示し、大切に世話をした。それはちょうど、多くの奴隷所有者が奴隷に対して愛情を抱き、気遣いを見せたのと同じだ。王や預言者が自らヒツジ飼いと称し、自分や神が民を気遣う様子を、ヒツジ飼いがヒツジたちを気遣う様子になぞらえたのは、けっして偶然ではない。

とはいえ、ヒツジ飼いではなくヒツジたちの視点に立てば、家畜化された動物の大多数にとって、農業革命は恐ろしい大惨事だったという印象は免れない。彼らの進化上の「成功」は無意味だ。絶滅の瀬戸際にある珍しい野生のサイのほうが、肉汁たっぷりのステーキを人間が得るために小さな箱に押し込められ、太らされて短い生涯を終える牛よりも、おそらく満足しているだろう。満足しているサイは、自分が絶滅を待つ数少ない生き残りだからといって、その満足感に水を差されるわけではない。そして、牛という種の数の上での成功は、個々の牛が味わう苦しみにとっては、何の慰めにもならない。

進化上の成功と個々の苦しみとのこの乖離は、私たちが農業革命から引き出しうる教訓のうちで最も重要かもしれない。小麦やトウモロコシといった植物の物語《ナラティブ》を検討する際には、純粋な進化の視点に立つことは理に適っているかもしれない。だが、それぞれが感覚や感情の複雑な世界を持つ牛やヒツジ、サピエンスといった動物の場合には、進化上の成功が個体の経験にどのように結びつくかを考えなくてはならない。サピエンスの集合的な力の劇的な増加と、表向きの成功が、個体の多大な苦しみと密接につながっていたことを、私たちは今後の章で繰り返し目にすることになるだろう。

第6章　神話による社会の拡大

農業革命は歴史上、最も物議を醸す部類の出来事だ。この革命で人類は繁栄と進歩への道を歩み出したと主張する、熱心な支持者がいる。一方、地獄行きにつながったと言い張る人もいる。彼らによれば、これを境にサピエンスは自然との親密な共生関係を捨て去り、強欲と疎外に向かってひた走りに走り始めたという。たとえその道がどちらに向かっていようと、もはや引き返すことはできなかった。農耕のおかげで人口が急激に増大したので、複雑な農耕社会はどれも、狩猟採集に戻っても自らを維持できることは二度となかった。農耕へ移行する前の紀元前一万年ごろ、地上には放浪の狩猟採集民が五〇〇万〜八〇〇万ほどいた。それが、一世紀になると、狩猟採集民は（主にオーストラリアと南北アメリカとアフリカに）一〇〇万〜二〇〇万人しか残っておらず、それをはるかに上回る二億五〇〇〇万もの農耕民が世界各地で暮らしていた。(1)

農耕民の大多数は永続的な定住地に住んでおり、遊牧民はほんのわずかだった。定住すると、ほとんどの人々の縄張りは劇的に縮小した。古代の狩猟採集民はたいてい、何十平方キロメートル、あるいは何百平方キロメートルにさえ及ぶ縄張りに住んでいた。「住み処」はその縄張り全体で、丘もあれば小川もあり、森や頭上に広がる大空もそれに含まれた。一方、農耕民はほとんどの日々を小さな畑か果樹園で過ごし、家庭生活は、木、石、あるいは泥でできた、間口も奥行きも数メートル程度の狭苦しい構造物、すなわち「家」を中心に営まれた。典型的な農耕民はその構造物に対して、非常に強い愛着を育んだ。これは広範に影響の及ぶ革命で、その影響は建築上のものであると同時に、心理的なものでもあった。以後、「我が家」への愛着と、隣人たちとの分離は、以前よりずっと自己中心的なサピエンスの心理的特徴となった。

新しい農耕民の縄張りは、古代の狩猟採集民の縄張りよりもはるかに狭かっただけではなく、はるかに人工的でもあった。火の使用を別にすれば、狩猟採集民は自分たちが歩き回る土地に意図的な変化はほとんどもたらさなかった。一方、農耕民は、周囲の未開地から苦労して切り分けた人工的な人間の「島」に住んでいた。彼らは森林を伐採し、水路を掘り、野を切り拓き、家を建て、鋤で耕し、果樹をきれいに並べて植えた。でき上がった生息環境は、人間と「彼らの」動植物だけのためのものであり、塀や生垣で囲われていることが多かった。農耕民の家族は、気まぐれな雑草や野生の動物を、全力を挙げて締め出した。そのような侵入者が入り込むと、追い出された。しつこく居座ろうとすると、宿敵である人間たちは駆除する手立てを探した。家の周りにはとりわけ強力な防御体制が築かれた。農耕の黎明《れいめい》から今現在に至るまで、枝やハエ叩き、靴、有毒スプレーなどで武装した何十億という人間が、たえず人間の住まいに入り込んでくる勤勉なアリや、こそこそ動き回るゴキブリ、冒険心あふれるクモ、道を間違えた甲虫に対する容赦ない戦いを展開してきた。

歴史の大半を通じて、こうした人工の「孤島」は非常に小さいままで、広大な未開の自然に囲まれていた。地表はおよそ五億一〇〇〇万平方キロメートルあり、そのうち約一億五五〇〇万平方キロメートルが陸地だ。西暦一四〇〇年になっても、農耕民の大多数は、彼らの動植物とともに、わずか一一〇〇万平方キロメートル、つまり地表の二パーセントに身を寄せ合っていた(2)。それ以外の場所はすべて、寒過ぎたり、暑過ぎたり、乾燥し過ぎたり、湿潤過ぎたりしていて、農耕に適さなかった。したがってこの、地上のわずか二パーセントが、歴史の展開する舞台を形成していた。

人々は自らの人工の島を離れ難かった。重大な損失の危険を冒さずに、自分の家や畑、穀倉を放棄することはできなかった。そのうえ、時がたつにつれ、物がどんどん増えていった。簡単には運べない物が増え、それに縛りつけられた。古代の農耕民は、私たちの目には貧困の極みにあったかのように映るかもしれないが、典型的な家庭は狩猟採集民の一部族よりも多くの人工物を所有していた。

未来に関する懸念

農耕民の空間が縮小する一方で、彼らの時間は拡大した。狩猟採集民はたいてい、翌週や翌月のことを考えるのに時間をかけたりしなかった。だが農耕民は、想像の中で何年も何十年も先まで、楽々と思いを馳せた。

狩猟採集民が未来を考慮に入れなかったのは、彼らがその日暮らしで、食べ物を保存したり、所有物を増やしたりするのが難しかったからだ。もちろん、明らかに彼らも先のことを多少は考えていた。ショーヴェやラスコー、アルタミラの洞窟壁画の描き手たちが、何世代も後まで自らの作品を残すつもりだったことは、ほぼ確実だろう。社会的同盟や政治的対立は、長期的なものだ。恩恵に報いたり、不当な行為に報復したりするには、何年もかかることが多かった。とはいえ、自給自足の狩猟採集社会では、そのような長期的計画には自ずと限界があった。矛盾するようだが、そのおかげで狩猟採集民は多くの心配事を免れた。自分にはどうしようもないことを悩んでもしかたがなかったからだ。

ところが農業革命のせいで、未来はそれ以前とは比べようもないほど重要になった。農耕民は未来を念頭に置き、未来のために働く必要があった。農耕経済は、何か月にも及ぶ耕作に短期の収穫繁忙期が続くという、季節の流れに沿った生産周期に基づいていた。豊作の年には、収穫期の終わりの晩に、農耕民たちは思い切り祝うこともあったかもしれないが、一週間ほどで、早朝から日がな一日畑で働く生活に戻るのだった。その日、翌週、さらには翌月分の食べ物は十分あったものの、翌年や翌々年については心配せざるをえなかった。

未来に関する懸念の根本には、季節の流れに沿った生産周期だけではなく、そもそも農耕につきまとう不確実性もあった。ほとんどの村落は、育てていた作物や家畜の種類が非常に限られていたので、旱魃や洪水、悪疫に翻弄された。農耕民は、蓄えを残すために、自分が消費する以上のものを生み出さなければならなかった。サイロの穀物や、地下蔵の壺に入ったオリーブ油、食料品棚のチーズ、梁《はり》に吊るしたソーセージがなければ、不作の年に飢え死にしてしまう。そして、不作の年は遅かれ早かれ、必ず訪れた。不作の年が来ないと決めつけて暮らしている農耕民は、長くは生きられなかった。

したがって、農耕が始まったまさにそのときから、未来に対する不安は、人間の心という舞台の常連となった。畑に撒く水を雨に頼っている場所では、雨季の始まりには、農耕民は毎朝地平線を見遣り、風の匂いを嗅ぎ、目を凝らした。あれは雲か？　雨は遅れずにやって来るだろうか？　十分降るだろうか？　激しい嵐で畑から種が押し流され、苗が倒されはしないか？　一方、ユーフラテス川やインダス川、黄河の流域では、農耕民たちが同じぐらいおののきながら、水位を見守っていた。山岳地方から運ばれてくる肥沃な表土が広く散らばり、広大な灌漑《かんがい》用水路網が水で満たされる程度まで、川の水位が上がってくれる必要があった。だが、あまりに急激に水嵩《みずかさ》が増すような大水や、不都合な時期の洪水は、旱魃に劣らないほどの害を畑に及ぼした。

農耕民が未来を心配するのは、心配の種が多かったからだけでなく、それに対して何かしら手が打てたからでもある。彼らは、開墾してさらに畑を作ったり、新たな灌漑水路を掘ったり、追加で作物を植えつけたりできた。不安でしかたがない農耕民は、夏場の収穫アリさながら、狂ったように働きまくり、汗水垂らしてオリーブの木を植え、その実を子供や孫が搾り、すぐに食べたいものも、冬や翌年まで我慢した。

農耕のストレスは、広範な影響を及ぼした。そのストレスが、大規模な政治体制や社会体制の土台だった。悲しいかな、勤勉な農耕民は、現在の懸命な労働を通してなんとしても手に入れようと願っていた未来の経済的安心を達成できることは、まずなかった。至る所で支配者やエリート層が台頭し、農耕民の余剰食糧によって暮らし、農耕民は生きていくのが精一杯の状態に置かれた。

こうして没収された食糧の余剰が、政治や戦争、芸術、哲学の原動力となった。余剰食糧のおかげで宮殿や砦、記念碑や神殿が建った。近代後期まで、人類の九割以上は農耕民で、毎朝起きると額に汗して畑を耕していた。彼らの生み出した余剰分を、王や政府の役人、兵士、聖職者、芸術家、思索家といった少数のエリート層が食べて生きており、歴史書を埋めるのは彼らだった。歴史とは、ごくわずかの人の営みであり、残りの人々はすべて、畑を耕し、水桶を運んでいた。

想像上の秩序

農耕民が生み出した余剰食糧と新たな輸送技術が組み合わさり、やがてしだいに多くの人が、最初は大さな村落に、続いて町に、最終的には都市に密集して暮らせるようになった。そして、それらの村落や町や都市はすべて、新しい王国や商業ネットワークによって結びつけられた。

とはいえ、こうした新しい機会を活用するためには、余剰食糧と輸送の改善だけでは不十分だった。一つの町で一〇〇〇人を養えたり、一つの王国で一〇〇万人を養えたりするだけでは、人々が土地や水をどう分け合い、対立や紛争をどう解決するか、旱魃や戦争のときにどうするかについて、全員が同意できるとはかぎらない。そして、合意に至ることができなければ、たとえ倉庫にあり余るほど物があっても、不和が拡がってしまう。歴史上の戦争や革命の大半を引き起こしたのは食糧不足ではない。フランス革命の先頭に立ったのは、飢えた農民ではなく、豊かな法律家たちだった。古代ローマ共和国（共和制ローマ）は、地中海全域から艦隊が財宝を積んできて、祖先が夢にも思わなかったほど豊かになった紀元前一世紀に権力の頂点に達した。だが、そうして豊かさを極めたまさにそのとき、ローマの政治体制は崩壊して一連の致命的な内戦が勃発した。一九九一年のユーゴスラヴィアは、住民全員を養って余りある資源を持っていたにもかかわらず、分裂して恐ろしい流血状態に陥った。

こうした惨事の根本には、人類が数十人から成る小さな生活集団で何百万年も進化してきたという事実がある。農業革命と、都市や王国や帝国の登場を隔てている数千年間では、大規模な協力のための本能が進化するには、短過ぎたのだ。

そのような生物学的本能が欠けているにもかかわらず、狩猟採集時代に何百もの見知らぬ人どうしが協力できたのは、彼らが共有していた神話のおかげだ。だが、この種の協力は緩やかで限られたものだった。どのサピエンスの集団も、独立した生活を営み、自らの必要の大半を自ら満たし続けた。二万年前に社会学者が住んでいたなら、農業革命以降の出来事をまったく知らないから、神話が威力を発揮できる範囲はかなり限られていると結論づけるのではないか。祖先の霊や部族のトーテムについての物語は、五〇〇人が貝殻を交換し、風変わりな祭りを祝い、力を合わせてネアンデルタール人の集団を一掃できるほど強力ではあったが、それが限度だった。神話は何百万もの見知らぬ人どうしが日常的に協力することを可能にしうるとは、例の古代の社会学者は、けっして思わなかったことだろう。

だが、彼の考えは間違っていた。じつは、神話は誰一人想像できなかったほど強力だったのだ。農業革命によって、混雑した都市や無敵の帝国を打ち立てる機会が開かれると、人々は偉大なる神々や母国、株式会社にまつわる物語を創作し、必要とされていた社会的つながりを提供した。人類の進化がそれまでどおりの、カタツムリの這うようなペースで続くなか、人類の想像力のおかげで、地球上ではかつて見られなかった類の、大規模な協力の驚くべきネットワークが構築されていた。

紀元前八五〇〇年ごろ、世界で最大級の定住地はエリコのような村落で、数百人が住んでいた。紀元前七〇〇〇年には、アナトリアのチャタル・ヒュユクの町の住民は、五〇〇〇〜一万を数えた。当時そこは、世界最大の定住地だったかもしれない。紀元前五〇〇〇年紀と四〇〇〇年紀には、肥沃な三日月地帯〔訳註　パレスティナ地方からペルシア湾に及ぶ、弧状の農業地帯〕には、何万もの住民を擁する都市が続々とでき、そのそれぞれが、近隣の多くの村落を支配下に置いていた。紀元前三一〇〇年には、ナイル川下流域全体が統一され、最初のエジプト王国となった。歴代のファラオは、何千平方キロメートルもの土地と、何十万もの人を支配した。紀元前二二五〇年ごろには、サルゴン一世が世界初の帝国、アッカドを打ち立てた〔訳註　本書では、通常は「王国」「王朝」などと呼ばれる国家体制も、著者の語の選択に準拠して「帝国」と訳してある〕。この帝国は、一〇〇万を超える臣民と、五四〇〇の兵から成る常備軍を誇った。紀元前一〇〇〇年から紀元前五〇〇年にかけて、中東では初期の巨大帝国が現れ始めた。後期アッシリア帝国、バビロニア帝国、ペルシア帝国だ。これら三国はみな、何百万もの臣民を支配し、何万もの兵士を擁していた。紀元前二二一年、秦朝が中国を統一し、その後間もなく、ローマが地中海沿岸を統一した。秦は四〇〇万の臣民から取り立てた税で、何十万もの兵から成る常備軍と、一〇万以上の役人を抱える複雑な官僚制を賄った。ローマ帝国はその全盛期には、最大一億の臣民から税を徴収した。この歳入が、二五万〜五〇万の兵から成る常備軍や、一五〇〇年後になっても使われていた道路網、今日でも大がかりな出し物の舞台となる劇場や円形劇場の資金に充てられた。

見事であることに疑いはないが、ファラオのエジプトやローマ帝国で機能していた「大規模な協力のネットワーク」についてバラ色の幻想を抱いてはならない。「協力」というと、とても利他的に聞こえるが、いつも自発的とはかぎらないし、平等主義に基づいていることはめったにない。人類の協力ネットワークの大半は、迫害と搾取のためにあった。農民は急成長を遂げる協力ネットワークに対して、貴重な余剰食糧を提供させられた。収税吏が皇帝の権威を振りかざして一筆書いただけで、まる一年分の重労働の成果を取り上げられるたびに、頭を抱えた。有名なローマの円形劇場は、裕福で暇なローマ人が、奴隷がさまざまな剣闘を演じるのを眺められるように、他の奴隷たちによって建設されることが多かった。監獄や強制収容所さえも、協力ネットワークであり、何千もの見知らぬ人どうしが、どうにかして協調行動を取ればこそ機能する。

古代メソポタミアの都市から秦やローマの帝国まで、こうした協力ネットワークは、「想像上の秩序」だった。すなわち、それらを維持していた社会規範は、しっかり根づいた本能や個人的な面識ではなく、共有された神話を信じる気持ちに基づいていたのだ。

神話はどうやって帝国全体を支えられるのか？　そのような例は、すでに一つ取り上げた。プジョーだ。

図16　ハンムラビ法典が刻まれた石柱（紀元前1776年ごろ）。

今度は歴史上とりわけ有名な二つの神話を例に取ろう。一つは、紀元前一七七六年ごろに制定されたハンムラビ法典で、これは何十万もの古代バビロニア人の協力マニュアルの役割を果たした。もう一方は、一七七六年に書かれたアメリカ合衆国の独立宣言で、これは何億もの現代アメリカ人の協力マニュアルとして、今なお役割を果たしている。

紀元前一七七六年のバビロンは、世界最大の都市だった。そして、バビロニア帝国はおそらく世界最大の帝国で、臣民の数は一〇〇万を超えた。この帝国は、現代のイラクの大部分と、シリアとイランの一部を含む、メソポタミアの大半を支配していた。今日最もよく知られているバビロニアの王はハンムラビだ。彼の名声は、その名を冠したハンムラビ法典という文書に負うところが大きい。これは法律と裁判の判決を集めたもので、ハンムラビを公正な王の役割モデルとして提示するとともに、バビロニア帝国全土におけるより画一的な法制度の基盤の役を担い、未来の世代に正義とは何か、公正な王はどう振る舞うかを教えることを目的としていた。

そして、後に続く世代はたしかにこの法典に注目した。古代メソポタミアのエリート知識人やエリート官僚は、この文書を神聖視し、ハンムラビが亡くなって彼の帝国が廃墟と化した後もずっと、見習い筆写者たちが書き写し続けた。したがってハンムラビ法典は、古代メソポタミア人の社会秩序の理想を理解するためには、素晴らしい拠り所となる。(3)

法典の冒頭には、メソポタミアの主要な神々であるアヌ、エンリル、マルドゥクがハンムラビを指名して、「この地に正義を行き渡らせ、悪しきものや邪《よこしま》なるものを廃し、強者が弱者を迫害するのを防ぐ」任を負わせたとある。[4] 続いて三〇〇の判決が、「もしこれこれのことが起こったなら、判決はこれこれである」という定型で示されている。たとえば、判決一九六～一九九と二〇九～二一四は、以下のとおりだ。

一九六　もし上層自由人が別の上層自由人の目を潰したなら、その者の目も潰されるものとする。

一九七　もし別の上層自由人の骨を折ったなら、その者の骨も折られるものとする。

一九八　もし一般自由人の目を潰したり、骨を折ったりしたなら、その者は銀六〇シェケル〔訳註　シェケルは古代バビロニアの重さの単位で、一シェケルは八・三三グラム〕を量り、与えるものとする。

一九九　もし上層自由人の奴隷の目を潰したり骨を折ったりしたら、奴隷の価値の半分（の銀）を量り、与えるものとする。[5]

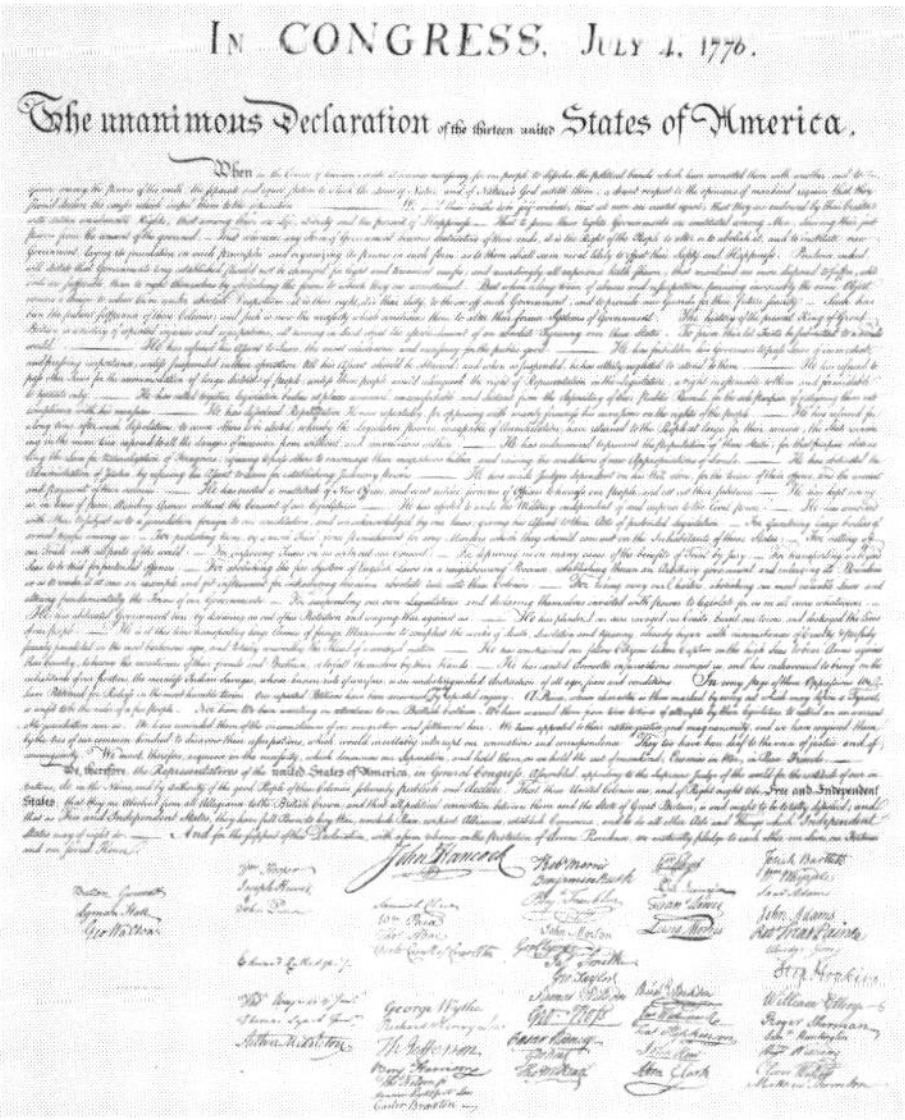
IN CONGRESS, JULY 4, 1776.
The unanimous Declaration of the thirteen united States of America.

図 17　1776 年 7 月 4 日に署名されたアメリカ合衆国の独立宣言。

二〇九　もし上層自由人の男が上層自由人の女を打ち、そのせいで女が流産したなら、その者は胎児のために銀一〇シェケルを量り、与えるものとする。
二一〇　もしその女が死んだら、その者の娘を殺すものとする。
二一一　もし一般自由人の女を打ち、そのせいで女が流産したなら、その者は胎児のために銀五シェケルを量り、与えるものとする。
二一二　もしその女が死んだら、銀三〇シェケルを量り、与えるものとする。
二一三　もし上層自由人の女奴隷を打ち、そのせいで女が流産したなら、その者は銀二シェケルを量り、与えるものとする。
二一四　もしその女奴隷が死んだら、銀二〇シェケルを量り、与えるものとする。(6)

判決を列挙した後、ハンムラビは再びこう宣言する。

これらは有能な王ハンムラビが打ち立て、それによりこの地を誠の道と正しい生き方に沿って進ませるよう命じた、公正なる判決である……我はハンムラビ、高貴な王なり。エンリル神によって我に委ねられ、マルドゥク神によって導くよう任された人民に対し、我は軽率であったことも怠慢であったこともかつてない。(7)

ハンムラビ法典は、バビロニアの社会秩序が神々によって定められた普遍的で永遠の正義の原理に根差しているど主張する。このヒエラルキーの原理は際立って重要だ。この法典によれば、人々は二つの性と三つの階級（上層自由人、一般自由人、奴隷）に分けられている。それぞれの性と階級の成員の価値はみな違う。女性の一般自由人の命は銀三〇シェケルに、女奴隷の命は銀二〇シェケルに相当するのに対して、男性の一般自由人の目は銀六〇シェケルの価値を持つ。

この法典は、家族の中にも厳密なヒエラルキーを定めている。それによれば、子供は独立した人間ではなく、親の財産だった。したがって、高位の男性が別の高位の男性の娘を殺したら、罰として殺害者の娘が殺される。殺人者は無傷のまま、無実の娘が殺されるというのは、私たちには奇妙に感じられるかもしれないが、ハンムラビとバビロニア人たちには、これは完璧に公正に思えた。ハンムラビ法典は、王の臣民がみなヒエラルキーの中の自分の位置を受け容れ、それに即して行動すれば、帝国の一〇〇万の住民が効果的に協力できるという前提に基づいていた。効果的に協力できれば、全員分の食糧を生産し、それを効率的に分配し、敵から帝国を守り、領土を拡大してさらなる富と安全を確保できるというわけだ。

ハンムラビの死の約三五〇〇年後、北アメリカにあった一三のイギリス植民地の住民が、イギリス王に不当な扱いを受けていると感じた。彼らの代表がフィラデルフィアの町に集まり、一七七六年七月四日、これらの植民地はその住民がもはやイギリス国王の臣民ではないと宣言した。彼らの独立宣言は、普遍的で永遠の正義の原理を謳った。それらの原理は、ハンムラビのものと同様、神の力が発端となっていた。ただし、アメリカの神によって定められた最も重要な原理は、バビロンの神々によって定められた原理とはいくぶん異なっていた。アメリカ合衆国の独立宣言には、こうある。

我々は以下の事実を自明のものと見なす。すなわち、万人は平等に造られており、奪うことのできない特定の権利を造物主によって与えられており、その権利には、生命、自由、幸福の追求が含まれる。

アメリカの礎となるこの文書は、ハンムラビ法典と同じで、もし人間がこの文書に定められた神聖な原理に即して行動すれば、厖大な数の人民が効果的に協力して、公正で繁栄する社会で安全かつ平和に暮らせることを約束している。ハンムラビ法典と同様、アメリカの独立宣言も書かれた時と場所だけに限られた文書ではなく、後に続く世代にも受け容れられた。アメリカの児童生徒は二〇〇年以上にわたって、この文書を書き写し、そらんじてきた。

これら二つの文書は私たちに明らかな矛盾を突きつける。ハンムラビ法典とアメリカの独立宣言はともに、普遍的で永遠の正義の原理を略述するとしているものの、アメリカ人によれば、すべての人は平等なのに対して、バビロニア人によれば、人々は明らかに同等ではないことになる。もちろん、アメリカ人は自分が正しく、ハンムラビが間違っていると言うだろう。当然ながらハンムラビは、自分が正しくアメリカ人が間違っていると言い返すだろう。じつは、両者はともに間違っている。ハンムラビもアメリカの建国の父たちも、現実は平等あるいはヒエラルキーのような、普遍的で永遠の正義の原理に支配されていると想像した。だが、そのような普遍的原理が存在するのは、サピエンスの豊かな想像や、彼らが創作して語り合う神話の中だけなのだ。これらの原理には、何ら客観的な正当性はない。

私たちにとって、「上層自由人」と「一般自由人」という人々の分割が想像の産物であることを受け容れるのはたやすい。とはいえ、あらゆる人間が平等であるという考え方も、やはり神話だ。いったいどういう意味合いにおいて、あらゆる人間は互いに同等なのだろう？　人間の想像の中を除けば、いったいどこに、私たちが真に平等であるという客観的現実がわずかでもあるだろうか？　あらゆる人間が生物学的に同等なのか？　先ほど挙げた、アメリカの独立宣言で最も有名な以下の文を、生物学的な言葉で言い換えられるか、試してみよう。

　我々は以下の事実を自明のものと見なす。すなわち、万人は平等に造られており、奪うことのできない特定の権利を造物主によって与えられており、その権利には、生命、自由、幸福の追求が含まれる。

　生物学という科学によれば、人々は「造られ」たわけではないことになる。人々は進化したのだ。そして、彼らは間違っても「平等に」なるようには進化しなかった。平等という考えは、天地創造という考えと分かち難く結びついている。アメリカ人は平等という考えをキリスト教から得た。キリスト教は、誰もが神によって造られた魂を持っており、あらゆる魂は神の前で平等であるとする。だが、もし私たちが神や天地創造や魂についてのキリスト教の神話を信じていなければ、あらゆる人が「平等」であるとは、何を意味するのか？　進化は平等ではなく差異に基づいている。誰もがいくぶん異なる遺伝子コードを持っており、誕生の瞬間から異なる環境の影響にさらされている。その結果、異なる生存の可能性を伴う、異なる特性が発達する。従って、「平等に造られ」は「異なった形で進化し」と言い換えるべきだ。

　生物学という科学によれば、人々はけっして造られなかったばかりでなく、彼らに何であれ「与え」る「造物主」も存在しない。行きあたりばったりの進化の過程があるだけで、何の目的もなく、それが個々の人の誕生につながる。「造物主によって与えられる」はたんに「生まれる」とすべきだ。

　また、生物学には権利などというものもない。あるのは器官や能力や特徴だけだ。鳥は飛ぶ権利があるからではなく翼があるから飛ぶ。そしてこれらの器官や能力や特徴が「奪うことのできない」というのも正しくない。その多くがたえず突然変異を起こしており、時とともに完全に失われるかもしれない。ダチョウは鳥だが、飛ぶ能力を失った。したがって、「奪うことのできない権利」は「変わりやすい特徴」とするべきだ。

それから、人類で進化した特徴は何だろう？「生命」は間違いなく含まれる。だが、「自由」は？　生物学には自由などというものはない。平等や権利や有限責任会社とまったく同じで、自由は人間が創作したもので、人間の想像の中にしか存在しない。生物学の視点に立つと、民主的な社会の人間は自由で、独裁国の人間は自由がないと言うのは無意味だ。それでは「幸福」はどうだろう？　これまでのところ生物学の研究は、幸福の明確な定義や、幸福を客観的に計測する方法を生み出せずにいる。ほとんどの生物学的研究は、快感の存在しか認めていない。快感のほうが定義も計測も簡単だからだ。そこで、「生命、自由、幸福の追求」は、「生命と、快感の追求」に書き換えるべきだ。

というわけで、アメリカ独立宣言の例の一文を生物学の言葉に翻訳すると、以下のようになる。

我々は以下の事実を自明のものと見なす。すなわち、万人は異なった形で進化しており、変わりやすい特定の特徴を持って生まれ、その特徴には、生命と、快感の追求が含まれる。

平等と人権の擁護者は、このような論法には憤慨するかもしれない。そしておそらく、こんなふうに応じるだろう。「人々が生物学的に同等でないことなど承知している！　だが、私たちはみな本質において平等であると信じれば、安定し、繁栄する社会を築けるのだ」と。私は、それに反論する気はさらさらない。それこそまさに、私の言う「想像上の秩序」にほかならないからだ。私たちが特定の秩序を信じるのは、それが客観的に正しいからではなく、それを信じれば効果的に協力して、より良い社会を作り出せるからだ。「想像上の秩序」は邪悪な陰謀や無用の幻想ではない。むしろ、多数の人間が効果的に協力するための、唯一の方法なのだ。ただし、覚えておいてほしいのだが、ハンムラビなら、ヒエラルキーについての自分の原理を、同じロジックを使って擁護したかもしれない。「上層自由人、一般自由人、奴隷は、本来異なる種類の人間ではないことを、私は承知している。だが、異なっていると信じれば、安定し、繁栄する社会を築けるのだ」と。

真の信奉者たち

ここまでの数段落を読みながら、椅子の上で身悶えした読者も少なからずいたことだろう。今日、私たちの多くはそうした反応を見せるように教育されている。ハンムラビ法典は神話だと受け容れるのは簡単だが、人権も神話だという言葉は聞きたくない。もし、人権は想像の中にしか存在しないことに人々が気づけば、私たちの社会が崩壊する危険はないのか？　ヴォルテールは神についてこう言っている。「神などいないが、私の召使いには教えないでくれ。さもないと、彼に夜中に殺されかねないから」と。ハンムラビも自分のヒエラルキーの原理について同じことを言ってもおかしくないし、独立宣言の大部分を起草したトマス・ジェファーソンにしても然《しか》りだ。ホモ・サピエンスには自然権などないし、それはクモにも、ハイエナにも、チンパンジーにも自然権がないのとまったく同じだ。だが、私たちの召使いには教えないでほしい。さもないと、私たちは彼らに殺されかねないから。

そのような恐れはしごくもっともだ。自然の秩序は安定した秩序だ。重力が明日働かなくなる可能性はない。たとえ、人々が重力の存在を信じなくなっても。それとは対照的に、想像上の秩序はつねに崩壊の危険を孕んでいる。なぜならそれは神話に依存しており、神話は人々が信じなくなった途端に消えてなくなってしまうからだ。想像上の秩序を保護するには、懸命に努力し続けることが欠かせない。そうした努力の一部は、暴力や強制という形を取る。軍隊、警察、裁判所、監獄は、想像上の秩序に即して行動するよう人々を強制するために、休むことなく働いている。古代バビロニア人が隣人の目を潰したら、「目には目を」という法律を施行するために何らかの暴力がたいてい必要だった。一八六〇年にアメリカ国民の過半数が、アフリカ人奴隷は人間であり、したがって自由という権利を享受してしかるべきだと結論したとき、南部諸州を同意させるには、血なまぐさい内戦を必要とした。

とはいえ、想像上の秩序は暴力だけでは維持できない。真の信奉者たちも不可欠なのだ。ルイ一六世の下でカメレオンのような経歴を開始したタレーランは、後に革命政権とナポレオン政権で要職に就き、それから頃合い良く寝返って復古王政の下で尽力し、生涯を終えるのだが、何十年にも及ぶ政治の経験を、こう概括している。「銃剣でできることは多々あるものの、銃剣というのははなはだ座り心地が悪い」。たった一人の聖職者が兵士一〇〇人分の働きをすることはよくある。それも、はるかに安く、効果的に。そのうえ、銃剣がどれほど効率的でも、誰かがそれを振るわなければならない。自分が信じていない想像上の秩序など、兵士や看守、裁判官、警察がどうして維持するだろうか？　人間の集団活動のうちで、暴力ほど組織するのが難しいものはない。社会秩序は軍隊によって維持されていると言った瞬間に、軍隊の秩序は何が維持しているのか、という疑問が湧く。軍隊を強制だけによって組織することは不可能だ。少なくとも、一部の指揮官と兵士が、神、名誉、母国、男らしさ、お金であれ何であれ、ともかく何かを心から信じている必要がある。

それよりもなおさら興味深い疑問は、社会のピラミッドの頂点に立つ人々にまつわるものだ。もし彼ら自身が想像上の秩序を信じていなければ、どうしてそれを守らせようなどと願うだろうか？　エリート層は冷笑的《シニカル》な強欲からそうすると主張するのが、ごく一般的だ。だが、何も信じていない冷笑家が、強欲である可能性は低い。ホモ・サピエンスの客観的な生物学上の必要を満たすのに、たいしてお金はかからない。そうした必要が満たされた後は、もっと多くのお金を、ピラミッドを建設したり、休暇を取って世界中を旅したり、選挙運動を支援したり、お気に入りのテロ組織に資金提供したり、株式市場に投資してさらにお金を稼いだりするのに回せる。こうした活動はすべて、本物の冷笑家ならまったく無意味に思うだろう。冷笑主義の元祖キニク学派を代表するギリシアの哲学者ディオゲネスは、樽の中で暮らした。あるときアレクサンドロス大王がディオゲネスを訪ねると、彼は日なたでくつろいでいた。何かしてあげられることはあるかと訊かれたディオゲネスは、この無敵の大王にこう答えた。「はい、一つやってもらえることがあります。少しばかり脇へどいてください。あなたは日差しを遮っているから」

だから冷笑家は帝国を建設せず、想像上の秩序は人口の相当部分（それも、とくにエリート層や治安部隊の相当部分）が心からそれを信じているときにだけしか維持できない。キリスト教は、司教や聖職者の大半がキリストの存在を信じられなかったら、二〇〇〇年も続かなかっただろう。アメリカの民主主義は、大統領と連邦議会議員の大半が人権の存在を信じられなかったら、二五〇年も持続しなかっただろう。近代の経済体制は、投資家と銀行家の大半が資本主義の存在を信じられなかったら、一日ももたなかっただろう。

脱出不能の監獄

キリスト教や民主主義、資本主義といった想像上の秩序の存在を人々に信じさせるにはどうしたらいいのか？　まず、その秩序が想像上のものだとは、けっして認めてはならない。社会を維持している秩序は、偉大な神々あるいは自然の法則によって生み出された客観的実体であると、つねに主張する。人々が同等ではないのは、ハンムラビがそう言ったからではなく、エンリルとマルドゥクがそう定めたからだ。人々が平等なのは、トマス・ジェファーソンがそう言ったからではなく、神がそのように人々を創造したからだ。自由市場が最善の経済制度なのは、アダム・スミスがそう言ったからではなく、それが不変の自然法則だからだ。

また、人々を徹底的に教育する。生まれた瞬間から、想像上の秩序の原理をたえず叩き込む。それらの原理はありとあらゆるものに取り込まれている――おとぎ話、戯曲、絵画、歌謡、礼儀作法、政治的プロパガンダ、建築、レシピ、ファッションにも。たとえば、今日の人々は平等というものを信じているから、裕福な家の子供がジーンズをはくのが流行になっている。ジーンズはもともと、労働者階級の衣料だった。中世の人々は階級区分というものを信じていたから、貴族の若者は農民の仕事着など絶対に着なかった。当時、「Sir（サー）」や「Madam（マダム）」という敬称は、貴族に対してだけ使われる稀少な特権で、命懸けで手に入れることが多かった。今日、儀礼的な手紙では、受取人が誰かにかかわらず、「Dear Sir or Madam」で始まる。

人文科学や社会科学は、想像上の秩序が人生というタペストリーにいったいどのように織り込まれているかを説明することに、精力の大半を注ぎ込んでいる。紙幅に限りがあるので、ここではごく簡単に触れるにとどめる。そこには三つの主要な要因があって、自分の人生をまとめ上げている秩序が自分の想像の中にしか存在しないことに人々が気づくのを妨げている。

a　想像上の秩序は物質的世界に埋め込まれている。

想像上の秩序は私たちの心の中にしか存在しないが、身の回りの物質的現実に織り込むことも、石に刻むことさえも可能だ。今日の西洋人の大半は、個人主義を信条としている。彼らは、すべての人間は個人であり、その価値は他の人がその人をどう思うかに左右されないと信じている。私たちの誰もが、自分の中に、人生に価値と意義を与えるまばゆい一筋の光を持っている。現代の西洋の学校では、教師と親が子供たちに、クラスメイトにからかわれたら無視するように言う。他人ではなく子供たち自身だけが、自分の真の価値を知っているというわけだ。

現代の建築では、この神話が想像の中から跳び出してきて、具体的な形を取る。現代の理想的な住宅は、他人の目から遮られ、最大限の自主性を提供できるプライベートな空間を一人ひとりの子供が持てるように、多くの小さな部屋に分かれている。こうした個室にはほぼ確実にドアがあり、多くの家庭では、子供がドアを閉め、さらには鍵をかけることまでもが認められている。親でさえ、ノックして許可を求めずに入ることを禁じられている。部屋の飾りつけは子供の判断に任され、ロックスターのポスターが壁に貼ってあったり、汚れたソックスが床に放り出されていたりする。そのような空間で育った人は、自分が「個人」であり、自分の真の価値は外からではなく内から生じると想像せずにはいられないだろう。

中世の貴族は個人主義を信奉していなかった。人の価値は社会のヒエラルキーにその人が占める位置や、他の人々がその人についてどう言っているかで決まった。笑われるのは恐ろしい不名誉だった。貴族は自分の子供たちに、どんな犠牲を払っても評判を守るように教えた。現代の個人主義と同じで、中世の価値体系も想像を離れて、中世の石造りの城という形で明示された。城には子供たちのための個室はめったになかった（そもそも、子供以外のための個室もなかった）。中世には、男爵のティーンエイジャーの息子は、城の二階に、リチャード獅子心王やアーサー王のポスターを壁に貼り、親が開けることを許されない、ドアに鍵のかかった個室など持っていなかった。彼は他の大勢の若者たちと大広間で寝た。彼はいつも人目にさらされており、他人が何を見たり言ったりするかを考慮に入れなければならなかった。このような状況で育った人は当然ながら、人間の真価は社会的ヒエラルキーにその人が占める位置と、他の人々がその人についてどう言っているかで決まると結論した。[8]

b　想像上の秩序は私たちの欲望を形作る。

たいていの人は、自分たちの生活を支配している秩序が想像上のものであることを受け容れたがらないが、実際には、誰もがすでに存在している想像上の秩序の中へと生まれてきて、その人の欲望は誕生時から、その秩序の中で支配的な神話によって形作られる。したがって、私たちの個人的欲望は、想像上の秩序にとって最も重要な砦となる。

たとえば、今日の西洋人がいちばん大切にしている欲望は、何世紀も前からある、ロマン主義、国民主義、資本主義、人間至上主義の神話によって形作られている。忠告を与える友人はしばしば、「自らの心に従うように」と言う。だが、心は二重スパイで、たいていその時代の支配的な神話の指図に従う。そして、「自らの心に従うように」という、まさにその忠告は、一九世紀のロマン主義の神話と二〇世紀の消費主義の組み合わせによって私たちの心に植えつけられたのだった。たとえばコカ・コーラ社は、「ダイエット・コーク。気持ち良く感じられることをしよう」というスローガンの下でダイエット・コークを世界中の市場で売ってきた。

人々が、ごく個人的な欲望と思っているものさえ、たいていは想像上の秩序によってプログラムされている。たとえば、外国で休暇を過ごしたいという、ありふれた欲望について考えてみよう。この欲望には自然なところも明白なところもまったくない。チンパンジーのアルファオスは、近隣のチンパンジーの集団の縄張りに休暇に出かけるために自分の力を使おうなどとは、絶対考えないだろう。古代エジプトのエリート層は巨額の費用をかけてピラミッドを建設し、自分の亡骸《なきがら》をミイラにしたが、バビロンに買い物に行くことや、フェニキアに休暇で出かけてスキーを楽しむことなど、けっして思いつかなかった。今日の人々が外国での休暇にたっぷりお金を注ぎ込むのは、ロマン主義的消費主義の神話を心の底から信奉しているからだ。

ロマン主義は、人間としての自分の潜在能力を最大限発揮するには、できるかぎり多くの異なる経験をしなくてはならない、と私たちに命じる。自らの束縛を解いて多種多様な感情を味わい、さまざまな人間関係を試し、慣れ親しんだものとは異なるものを食べ、違う様式の音楽を鑑賞できるようにならなくてはならないのだ。これらすべてを一挙に行なうには、決まりきった日常生活から脱出して、お馴染みの状況を後にし、遠方の土地に旅するのが一番で、そうした土地では、他の人々の文化や匂い、味、規範を「経験」することができる。「新しい経験によって目を開かれ、人生が変わった」というロマン主義の神話を、私たちは何度となく耳にする。

消費主義は、幸せになるためにはできるかぎり多くの製品やサービスを消費しなくてはならない、と私たちに命じる。何かが欠けている、あるいはしっくりこないと感じたら、おそらく私たちは製品（自動車、

図18　ギザの大ピラミッド。古代エジプトの富裕な人々が、自分のお金をかけた類のもの。

新しい服、自然食品）あるいはサービス（家事、対人関係療法、ヨガのクラス）を買ったり受けたりする必要がある。どのテレビのコマーシャルも、何らかの製品あるいはサービスを消費すれば人生が良くなるという、小さな神話なのだ。

ロマン主義は多様性を奨励するので、消費主義と完璧に嚙み合う。両者が融合して、無限の「市場経験」が誕生し、その上に現代の観光産業が打ち立てられた。観光産業はたんに飛行機のチケットやホテルの部屋を売るのではない。経験を売るのだ。パリは都市ではなく、インドは国ではない。両者はともに経験であり、それを消費すれば、私たちの地平線が拡がり、人間としての私たちの可能性が満たされ、私たちはもっと幸せになれるはずだ。その結果、百万長者は妻との関係がぎくしゃくしたときには、パリへの高価な旅に妻を連れていく。その旅は、何か独立した欲望の反映ではなく、むしろ、ロマン主義的消費主義の神話を熱烈に信奉する気持ちの反映だ。古代エジプトの裕福な男性は、妻をバビロンでのバカンスへ連れていくことで夫婦関係の危機を解消しようなどとは、夢にも思わなかっただろう。その代わりに彼は、妻が前々から欲しがっていた豪華な墓を建てたかもしれない。

古代エジプトのエリート層同様、たいていの文化のたいていの人は、人生をピラミッドの建設に捧げる。ただし、そうしたピラミッドの名前や形、大きさは文化によって異なる。たとえば、プールと青々とした芝生の庭がある郊外の住宅や、羨望に値するほど見晴らしの良いきらびやかなペントハウスといった形を取ることもある。そもそも私たちにピラミッドを欲しがらせる神話について問う人はほとんどいない。

c 想像上の秩序は共同主観的である。

私が超人的努力をして自分の個人的欲望を想像上の秩序から解放することに成功したとしても、それは私ただ一人のことでしかない。想像上の秩序を変えるためには、何百万という見ず知らずの人を説得し、彼らに協力してもらわなければならない。なぜなら、想像上の秩序は、私自身の想像の中に存在する主観的秩序ではなく、厖大な数の人々が共有する想像の中に存在する、共同主観的秩序だからだ。

これを理解するためには、「客観的」「主観的」「共同主観的」の違いを理解する必要がある。

「客観的」な現象は、人間の意識や信念とは別個に存在する。たとえば、放射能は神話ではない。放射線放射は、人類が発見するよりもはるか前から起こっていたし、人々がその存在を信じていないときにさえ危険だ。放射能の発見者の一人であるマリー・キュリーは、長年にわたって放射性物質を研究している間、放射性物質が自分の身体を害しうることを知らなかった。彼女は放射能で自分が死にうるとは思っていなかったが、それでも放射性物質への曝露が引き起こした再生不良性貧血で亡くなった。

「主観的」なものは、単一の個人の意識や信念に依存して存在している。本人が信念を変えれば、その主観的なものも消えたり変わったりしてしまう。自分以外の人には目にも見えず、耳にも聞こえない、想像上の友達の存在を信じている子供は大勢いる。その想像上の友達は、子供の主観的意識の中にのみ存在する。そして、子供が成長して、想像上の友達の存在を信じなくなると、その友達は消え失せる。

「共同主観的」なものは、多くの個人の主観的意識を結ぶコミュニケーション・ネットワークの中に存在する。たとえ一個人が信念を変えても、あるいは、死にさえしても、ほとんど影響はない。だが、もしそのネットワークに含まれる人の大半が死んだり、信念を変えたりしたら、共同主観的現象は変化したり消えたりする。共同主観的現象は、悪意のある詐欺でも、取るに足りない見せかけでもない。放射能のような物理的現象とは違った形で存在するが、それでも世の中には非常に大きい影響を与えうる。歴史を動かす重大な要因の多くは、法律、貨幣、神々、国民といった、共同主観的なものなのだ。

たとえばプジョーは、プジョーのCEOの想像上の友達ではない。この会社は、何億という人が共有する想像の中に存在している。CEOが同社の存在を信じているのは、取締役会も、同社の法律家たちも、近くのオフィスの秘書たちも、銀行の窓口係たちも、証券取引所の株式仲買人たちも、フランスからオーストラリアまで世界各地の自動車販売業者たちも、その存在を信じているからだ。もしCEOだけが突然プジョーの存在を信じるのをやめたら、彼はたちまち最寄りの精神科病院に入れられ、誰か別の人が後釜に座ることだろう。

同様に、ドルや人権、アメリカ合衆国も、何十億という人が共有する想像の中に存在しており、誰であれ一人の人間がその存在を脅かすことはありえない。仮に私だけがドルや人権やアメリカ合衆国の存在を信じるのをやめても、どうということはない。これらの想像上の秩序は共同主観的なので、それらを変えるためには、何十億もの人の意識を同時に変えなくてはならない。これは生易しいことではない。これほど大規模な変化は、政党、イデオロギーに基づく運動、カルト宗教といった、複雑な組織の助けがあって初めて達成できる。だが、そのような複雑な組織を確立するためには、説得によって、多くの見知らぬ人どうしを協力させる必要がある。そしてこれは、それらの人々が何らかの神話を共有して信じているときにしか起こらない。したがって、既存の想像上の秩序を変えるためには、まず、それに代わる想像上の秩序を信じなくてはならないのだ。

たとえば、プジョーを消滅させるには、フランスの法制度のような、より強力なものを想像する必要がある。フランスの法制度を消滅させるには、フランスという国家のような、さらに強力なものを想像する必要がある。そして、その国家さえ消滅させたければ、なおいっそう強力なものを想像しなければならない。

想像上の秩序から逃れる方法はない。監獄の壁を打ち壊して自由に向かって脱出したとき、じつは私たちはより大きな監獄の、より広大な運動場に走り込んでいるわけだ。

第7章　書記体系の発明

進化は人類にサッカーをする能力を与えてはくれなかった。ボールを蹴るための脚や、反則を犯すための肘、罵《ののし》るための口を与えてくれたことは確かだが、それで何ができるかといえば、せいぜい自分でペナルティーキックを練習することぐらいだろう。いつの日にであれ、午後に学校のグラウンドで知らない人たちと試合をするには、それまで一度も会ったことがないかもしれないような人一〇人と協力しなければならないばかりでなく、敵の一一人の選手が同じルールでプレイしていることを了解してもいなければならない。他の個体と儀式化した攻撃行動を取る人間以外の動物はすべて、主に本能からそうしている。世界中の子犬は、喧嘩のような荒々しい遊びのルールが遺伝子にもともと組み込まれている。だが、人間のティーンエイジャーは、サッカーのための遺伝子など持っていない。それでも赤の他人とサッカーができるのは、誰もがサッカーについて同一の考えを学んだからだ。それらの考えは完全に想像上のものなのだが、全員が共有していれば、誰もがサッカーができる。

同じことがもっと大規模な形で、王国や教会、交易ネットワークにも当てはまるが、そこには一つ重要な違いがある。サッカーのルールは比較的単純で簡潔であり、狩猟採集民の生活集団や小さな村落での協力に必要なルールによく似ている。どのプレイヤーもそのルールを頭に入れ、そのうえ、歌や画像や買い物リストさえも収めておくだけの余地が残っている。だが、二二人ではなく、何千人、いや何百万人もがかかわる大規模な協力体制の場合には、誰であれ一個人の脳では保存や処理がとうていできないほどの、厖大な量の情報を扱い、保存する必要がある。

アリやミツバチといった、人間以外の種の一部に見られる大きな社会が安定していて強靭なのは、社会を維持するのに必要な情報の大半が、ゲノムにコード化されているからだ。たとえば、メスのミツバチの幼虫は、与えられた食べ物次第で女王バチにも働きバチにもなる。DNAが、何であれハチがその生涯で果たすべき役割のために必要な行動をプログラムしてある。ハチの巣は、収穫係や養育係、掃除係といった、多くの異なる働き手を含む、非常に複雑な社会構造となりうる。だがこれまでのところ、研究者たちはまだ法律係のハチは見つけられていない。ミツバチには法律家は必要ない。なぜなら、ミツバチは巣の規則を忘れたり破ったりする恐れがないからだ。女王バチは掃除係のハチを騙して食べ物を巻き上げたりしないし、掃除係のハチたちも賃上げを要求してストライキを始めたりはしない。

だが人間は、そうしたことを四六時中やっている。サピエンスの社会秩序は想像上のものなので、人類はDNAの複製を作ったり、それを子孫に伝えたりするだけでは、その秩序を保つのに不可欠な情報を維持できない。法律や習慣、手順、作法などを守るためには、意識的な努力をする必要があり、それを怠ると、社会秩序はあっという間に崩れてしまう。たとえば、ハンムラビ王は、人々は上層自由人と一般自由人と奴隷に分かれると宣言した。これはミツバチの階級制度とは違い、自然な区分ではない。人類のゲノムにはそのような区分などまったくないのだ。バビロニア人たちがこの「事実」、すなわち階級区分を念頭に置いておけなかったら、彼らの社会は機能不全に陥ったことだろう。また、ハンムラビが子孫に自分のDNAを伝えたときに、一般自由人の女性を殺した上層自由人は銀三〇シェケルを払わなければならないという彼の判決は、そのＤＮＡにはコード化されていなかった。ハンムラビは子供たちに自分の帝国の法律を入念に教え、その子供も孫も同じようにしなければならなかった。

帝国は厖大な量の情報を生み出す。帝国は法律以外にも、さまざまな業務や税金の記録、軍需品の目録や商船の目録、祝祭や戦勝記念の日程といったものを維持しなければならない。人々は何百万年にもわたって、ただ一か所に情報を保存してきた。すなわち、自分の脳に。あいにく、人間の脳は帝国サイズのデータベースの保存装置としてはふさわしくない。それには主に三つの理由がある。

第一に、脳は容量が限られている。たしかに、驚異的な記憶力を持つ人がいるし、古代には一地方の地勢や一国の法体系をそっくり頭に入れておける記憶の専門家もいた。そうはいっても、たとえ記憶の達人にさえ超えられない限界がある。マサチューセッツ州の全法律をそらんじている法律家はいるかもしれないが、セーレムの魔女裁判以降のあらゆる法的手続きの詳細まで覚えている人はいない。

第二に、人間は死に、脳もそれとともに死ぬ。脳に保存されている情報はすべて、一世紀以内に消去されてしまう。もちろん、一つの脳から別の脳へと情報を伝達することは可能だが、何度かそれを繰り返すうちに、情報の混乱や喪失が起こりがちだ。

そしてこれが最も重要なのだが、第三に、人間の脳は特定の種類の情報だけを保存し、処理するように適応してきた。古代の狩猟採集民は、生き延びるためには、何千もの動植物の形状や特性、振る舞いを覚えておかなければならなかった。秋に楡《にれ》の木の下に生える黄色いしわしわのキノコはほぼ確実に有毒なのに対して、冬にオークの木の下に生える、似たようなキノコは腹痛に効くことも覚えておかなければならなかった。また、狩猟採集民は集団の数十人の成員の意見や関係も記憶にとどめておかなければならなかった。もしルーシーがジョンに悩まされていて、集団のある成員の助けを借りてそれをやめさせようと思っていたら、先週ジョンがメアリーと別れたのを覚えていることは重要だ。おそらくメアリーは熱心に味方してくれるだろうから。というわけで、人間の脳は進化圧のせいで動植物や地勢にまつわる情報や社会的な情報を大量に保存するよう適応してきた。

だが農業革命の後、著しく複雑な社会が出現し始めると、従来とはまったく異なる種類の情報が不可欠になった。数だ。狩猟採集民は、大量の数理的データを扱う必要に迫られることはついぞなかった。たとえば、森のそれぞれの果樹になっている実の数を覚えておく必要はなかった。だから人類の脳は数を保存して処理するようには適応しなかった。ところが、大規模な王国を維持するためには、数理的データは不可欠だった。法律を制定し守護神についての物語を語るだけではけっして十分ではなかった。税を徴収する必要もある。何十万もの人から税を徴収するには、さまざまなデータを集めることが絶対必要だった。人々の所得や財産についてのデータ、なされた支払いについてのデータ、滞納金や負債、罰金についてのデータ、割引や控除についてのデータなどだ。これらが積み重なると厖大な量になり、それを保存して処理しなければならなかった。それを行なう能力がなければ、国家はどれだけの資源を持っており、将来どれだけの資源を利用できるか、知りようがなかった。これらの数をすべて記憶し、思い出し、処理する必要に迫られたとき、ほとんどの人間の脳は情報の過剰摂取に陥るか、あるいは眠りに落ちる。

この精神的限界のせいで、人類の集団の規模と複雑さは深刻な制約を受けた。特定の社会の人口と資産の量がある決定的な限界を超えると、大量の数理的データを保存し処理することが必要となった。人間の脳にはそれができないので、体制が崩壊した。農業革命以降、人類の社会的ネットワークは何千年間も、比較的小さく単純なままだった。

この問題を最初に克服したのは、古代シュメール人だった。彼らが住んでいたメソポタミア南部では、焼けつくような日差しが肥沃な泥だらけの平原に降り注ぎ、豊富な収穫が得られ、次々に町ができて栄えた。住民の数が増えるにつれ、彼らの営みを調整するために必要な情報の量も増えた。紀元前三五〇〇年と紀元前三〇〇〇年の間に、名も知れぬシュメール人の天才が、脳の外で情報を保存して処理するシステムを発明した。もっぱら大量の数理的データを扱うようにできているシステムだ。これによってシュメール人は社会秩序を人間の脳の制約から解き放ち、都市や王国や帝国の出現への道を開いた。シュメール人が発明したこのデータ処理システムは、「書記」と呼ばれる。

「クシム」という署名

書記とは、記号を使って情報を保存する方法だ。シュメール人の書記体系では、二種類の記号が使われ、それが粘土板に刻まれた。一方の記号の種類は数を表していた。一、一〇、六〇、六〇〇、三六〇〇、三万六〇〇〇を表す記号があった（シュメール人は、六に基づく記数法と一〇に基づく記数法を組み合わせて使っていた。六に基づく彼らの記数法からは、いくつか重要な遺産が私たちに伝わっている。一日を二四時間に分割したり、円を三六〇度に分割したりするのも、その例だ）。もう一方の記号の種類は、人や動物、品物、領土、日付などを表していた。シュメール人はこれら二種類の記号を組み合わせて、どんな人間の脳が記憶できるよりも、あるいはどんなＤＮＡ鎖がコード化できるよりも、はるかに多くのデータを保存することができた。

この初期の段階では、書記は事実と数に限られていた。仮にシュメール人の傑作小説などというものがあったとしても、それが粘土板に記されることはけっしてなかった。書記には時間がかかり、それを読め

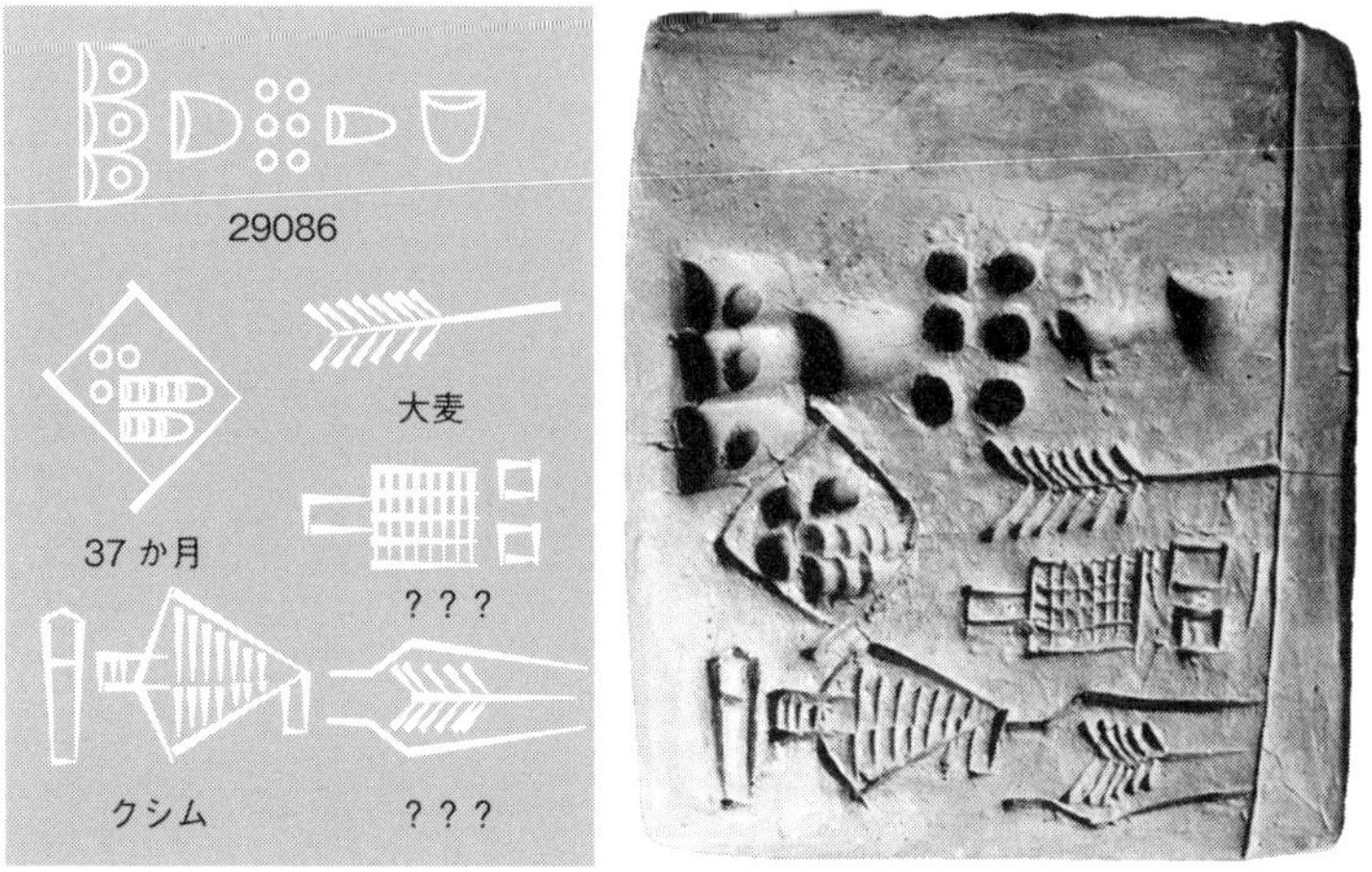

図19　紀元前3400～3000年ごろの都市ウルクの、行政文書が記された粘土板。「クシム」は役人の一般的な肩書かもしれないし、特定の個人の名前かもしれない。もしクシムが現に1人の人物だったら、私たちに名前が知られている歴史上最初の人間の可能性がある！　ネアンデルタール人やナトゥーフ人、ショーヴェ洞窟、ギョベクリ・テペといった、それ以前の人類史に使われている名前はすべて、近代以降に考えられたものだ。ギョベクリ・テペの建設者たちが、その場所を実際に何と呼んでいたかは、まったくわからない。書記の出現とともに、私たちは歴史の主役たちの耳を通して、歴史を聞き始める。クシムの隣人たちが彼に呼びかけたとき、彼らは本当に「クシム！」と声を張り上げたかもしれない。歴史上初めて記録された名前が、預言者や詩人、偉大な征服者ではなく会計係のものだったというのは、意味深長だ(1)。

る民衆は非常に少なく、必須の記録以外の目的で使う理由を思いつく人はいなかった。五〇〇〇年前の祖先から私たちに伝わる最初の金言を探したところで、おおいに失望するのがおちだ。私たちの祖先が残した最初期のメッセージには、たとえば、「二万九〇八六　大麦　三七か月　クシム」などと書かれている。この文の読み方として最も可能性の高いのは、「合計二万九〇八六単位の大麦を三七か月間に受領した。クシム（署名）」だ。残念ながら、現存する最初期の文書には、哲学的な洞察も、詩歌や伝説や法律も、国王の勝利さえも記されていない。それらは税の支払いや負債の累積、資産の所有権などを記録する、退屈な実用文書なのだ。

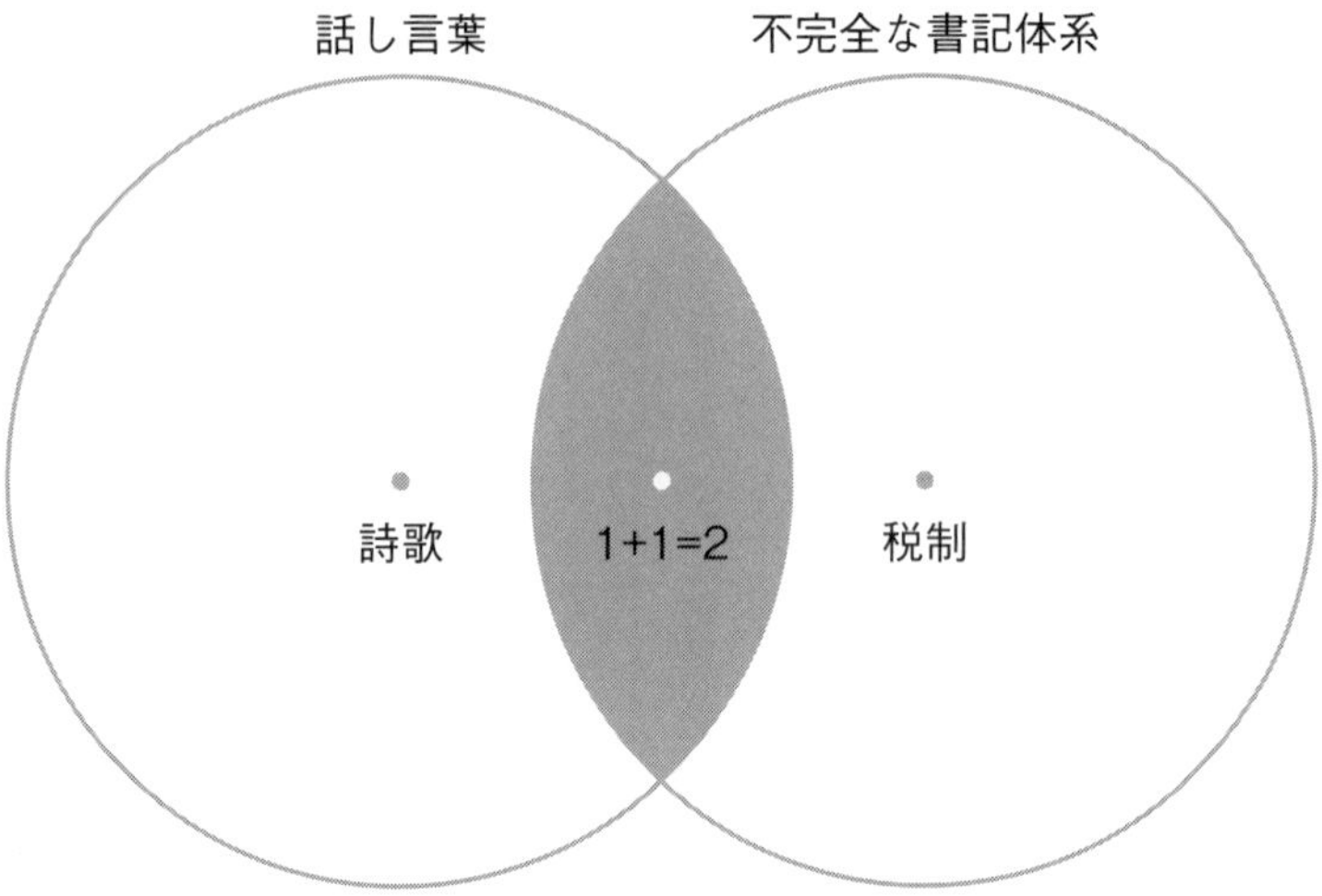

不完全な書記体系では、話し言葉の全範囲を表現できないが、話し言葉の埒外《らちがい》の事柄を表現できる。シュメール人の書記体系や数理的な書記体系のような不完全な書記体系を使って詩歌を書くことはできないが、それらは税収を非常に効果的に記録できる。

このような古代からは、もう一つだけ別の種類の文書が残っているが、それはなおさら退屈なもので、見習い筆写者たちが練習のために何度となく書き写した単語のリストだ。飽き飽きした見習いが売買証書を書き写す代わりに自分の詩を書き記そうと思っても、できなかったはずだ。シュメールの最初期の書記は、完全な書記体系《フル・スクリプト》ではなく不完全な書記体系《パーシャル・スクリプト》だったからだ。完全な書記体系とは、話し言葉をおおむね完全に記録できる記号の体系を意味する。したがって完全な書記体系は、詩歌を含め、人々が口に出すものをすべて表せる。一方、不完全な書記体系とは、限られた活動の分野に属する、特定の種類の情報しか記録できない記号の体系を意味する。ラテン語の書記体系や、古代エジプトの象形文字、点字は完全な書記体系だ。それを使えば、税の記録簿や愛の詩、歴史書、食べ物のレシピ、商法などが書ける。それとは対照的に、シュメール人の最初期の書記体系は、現代の数学の記号や音楽の記譜法と同じで、不完全な書記体系だ。数学的な書記体系を使えば計算はできるが、愛の詩を書くことはできない。

　シュメール人は、自分たちの書記体系が詩歌を書くのにはふさわしくないことを気にしていなかった。彼らがその書記体系を発明したのは、話し言葉を書き写すためではなく、話し言葉ではできないことをするためだったからだ。コロンブスがアメリカ大陸に到来する以前のアンデスの文化など、一部の文化は、その歴史を通して不完全な書記体系しか使わず、その書記体系の制約に臆することもなく、完全な書記体系の必要性を感じることもなかった。アンデスの書記体系はシュメールの書記体系とは大きく異なった。実際、あまりに異なるので、まったく書記体系などではなかったと主張する人も多いだろう。それは粘土板に刻まれたり紙に書かれたりするのではなく、色のついた縄に結び目を作って記すものだった。これをキープ（結縄《けつじょう》）という。それぞれのキープは、色の異なる多くの縄から成っていた。一本一本の縄には異なる場所に結び目が作られていた。何百本もの縄と何千もの結び目のあるキープを作ることができた。色の異なる縄と異なる場所の結び目を組み合わせれば、たとえば税の徴収や財産の所有権に関する多くの数理的データを記録できた[2]。

　何百年、ことによると何千年も、キープは都市や王国や帝国の実務に不可欠だった[3]。キープがその潜在的能力を目一杯発揮したのはインカ帝国の

図20　インカ帝国の崩壊後、スペインの写本に描かれた、キープを持った男性。

時代で、この帝国は一〇〇〇万～一二〇〇万の人々を支配し、現在のペルー、エクアドル、ボリビア全土と、チリ、アルゼンチン、コロンビアの一部に及んでいた。キープのおかげでインカ人は大量のデータを保存し、処理できた。それがなければ、あれほどの規模の帝国が必要とする複雑な行政機構は維持できなかっただろう。

実際、キープは非常に効果的で正確だったので、スペインが南アメリカを征服した直後の年月には、スペイン人自身が、自分たちの新しい帝国を治める仕事にキープを使ったほどだ。ただし、スペイン人自身はキープでの記録の仕方も、その読み方も知らなかったので、地元の専門家に頼らざるをえなかった。スペイン人は、これでは自らの立場が弱まることに気づいた。地元のキープの専門家は、支配者たちをいともたやすく欺き、騙すことができるからだ。そこでスペインの支配権がしっかりと打ち立てられると、キープはしだいに廃止され、新しい帝国の記録はすべて、ラテン語の書記体系と数字で行なわれるようになった。スペインによる占領を生き延びたキープはほとんどなく、わずかに残ったものも、解読できない。なぜならあいにく、キープを読む技術が失われてしまったからだ。

官僚制の驚異

メソポタミア人はやがて、単調な数理的データ以外のものも書きとめたいと思い始めた。紀元前三〇〇〇年から紀元前二五〇〇年にかけて、しだいに多くの記号がシュメール語の書記体系に加えられ、今日では楔形《くさびがた》文字と呼ばれる完全な書記体系へと徐々に変わっていった。紀元前二五〇〇年までには、王は楔形文字を使って命令を出し、神官は神託を記録し、そこまで身分の高くない民たちは、個人的な手紙を書くようになった。それとほぼ同じころ、エジプト人は象形文字という、別の完全な書記体系を開発した。紀元前一二〇〇年ごろには中国で、紀元前一〇〇〇〜五〇〇年ごろには中央アメリカで、それぞれ別の完全な書記体系が発達した。

完全な書記体系は、これらの初期の中心地から各地へ拡がり、さまざまな新しい形を取り、斬新な役割を担うようになった。人々は詩歌や歴史書、伝奇物語、戯曲、預言、料理本などを書き始めた。とはいえ、書記の最も重要な任務は、大量の数理的データを保存することであり続けた。そしてその任務は不完全な書記体系の特権のままだった。ヘブライ聖書（旧約聖書）、ギリシアの『イリアス』、ヒンドゥー教の『マハーバーラタ』、仏教の三蔵（経蔵・律蔵・論蔵）はすべて、もともと口承作品だった。それらは何世代にもわたって、口から口へと語り伝えられ、たとえ書記が発明されていなかったとしても、生き続けたことだろう。だが、税の記録簿と複雑な官僚制はどちらも、不完全な書記体系とともに生まれ、両者は今日に至るまで、結合双生児のように、分かち難く結びついたままでいる。コンピューターで処理されるデータベースやスプレッドシートのわけのわからない入力項目を考えるといい。

ますます多くのことが書かれ、とくに行政文書が厖大になると、新しい問題が発生した。人間の脳に保存されている情報は簡単に引き出せる。私の脳は厖大な量のデータを保存しているが、私はたちまち（ほとんど瞬間的に）イタリアの首都の名前を思い出し、その直後に、同時多発テロのあった二〇〇一年九月一一日に自分が何をしたかを回想し、それからエルサレムの自宅からヘブライ大学までの道順を頭の中でたどることができる。脳がいったいどうやってそうするのかは相変わらず謎だが、脳の検索システムが驚くほど効率的であることは誰もが知っている。ただし、車のキーをどこに置いたのかを思い出そうとしているときは別だが。

一方、キープの縄や粘土の板に保存した情報は、どうやって見つけて引き出すのか？　粘土板が一〇枚あるいは一〇〇枚しかなければ、問題はない。だが、ハンムラビと同時代のメソポタミアの国家マリの王ジムリ・リムのように、何千枚もためたらどうだろう？

ここでしばらく想像してほしい。今が紀元前一七七六年だとしよう。二人のマリ人が、小麦畑の所有権をめぐって口論していた。ヤコブはその畑を三〇年前にエサウから買ったと言い張る。するとエサウは、その畑は三〇年という期限付きでヤコブに貸したのであり、今やその期限が来たので、返してもらうと言う。二人は怒鳴り、激しい言葉を交わし、互いに突いたり押したりしているうちに、解決法を思いつく。王国のあらゆる不動産の譲渡や販売の証書が収められている、王の文書保管所に行けばいい。保管所に着くと、二人は役人の間をたらい回しにされる。何度もハーブティーを飲みながら待った挙句、翌日出直すように言われる。そしてようやく、ぶつぶつ不平を言う職員に案内され、該当する粘土板を探しに行く。職員は扉を開け、二人を引き連れて広い部屋へ入っていく。そこには床から天井まで、何千枚もの粘土板が収められていた。職員が不愉快な顔をしていたのももっともだ。口論のもととなった小麦畑の証書を、どうやって見つけろというのか？　仮に見つけられたとしても、その三〇年前の証書が、問題の畑に関する最新の書類であることを、どうやって確認すればいいのか？　また、三〇年前の粘土板が見つからなければ、エサウはその畑を売りも貸しもしなかった証拠になるのか？　あるいは、粘土板が紛失したり、保管所が雨漏りしたときにどろどろに融けたりしただけなのか？

記録を粘土板に刻みつけるだけでは、効率的で正確で便利なデータ処理が保証されるわけではないことは明らかだ。そうした処理には、目録のような整理の方法や、コピー機のような複写の方法、コンピューターのアルゴリズムのような、迅速で正確な検索の方法、そしてこれらのツールの使い方を知っている、杓子定規の（ただし、できることなら快活な）文献管理責任者が必要とされる。

そうした方法を発明するのは、書記を発明するよりもはるかに難しいことが判明した。多くの書記体系は、時間的にも空間的にも互いに遠く離れた文化で独自に発達した。考古学者は一〇年に一度は埋もれていた文書をいくつか発見する。そのうちには、シュメール人が刻んだ粘土板よりさらに古いことがわかるものもあるかもしれない。だが、その多くは、たんに古く珍しいものというだけにとどまる。なぜなら、それを発明した人が、データの目録を作ったりデータを検索したりする効率的な方法を発明しそこなったからだ。ファラオの時代のエジプトや古代中国、インカ帝国とともにシュメールが際立っているのは、これらの文化が、書きとめた記録を保管し、その目録を作り、それらを検索する優れた技術を開発したからだ。これらの文化は、筆写者や整理係、文書管理責任者、会計士のための学校にも投資した。

現代の考古学者は、古代メソポタミアの学校で行なわれた書記の練習の遺物を発見した。それを見ると、約四〇〇〇年前の生徒たちの日課が窺える。


教室に入って座ると、先生が私の粘土板を読んだ。先生は言った。「漏れがある！」

そして先生は私を鞭打った。

担当者の一人が言った。「私の許しもなしになぜ口を開けたのか？」

そしてその担当者は私を鞭打った。

規律の担当者が言った。「私の許しもなしになぜ立ち上がったのか？」

そしてその担当者は私を鞭打った。

門番が言った。「私の許しもなしになぜ出ていくのか？」

そして門番は私を鞭打った。
ビールの入れ物の番人が言った。「私の許しもなしになぜ飲んだのか?」
そして番人は私を鞭打った。
シュメール語の先生は言った。「なぜアッカド語を話したのか?」*
そして先生は私を鞭打った。
先生は言った。「お前の書き方はなっていない!」
そして先生は私を鞭打った。(4)

古代の筆写者は読み書きだけでなく、目録や辞書、暦、書類、表の使い方も学んだ。彼らは脳のやり方とは非常に異なる、情報の目録作りや検索、処理の技術を勉強し、身につけた。脳の中ではすべてのデータが自由に結びついている。私が配偶者とともに新居のローンにサインしに行ったときには、最初に二人でいっしょに住んだ場所のことが頭に浮かび、ニューオーリンズへのハネムーンを思い出し、ワニを思い出し、ドラゴンを連想し、『ニーベルングの指環』のことを考え、自分でも気づく前に突然ジークフリートのライトモチーフをハミングし始め、銀行員を面食らわせた。これとは対照的に、役所などでは物事は分けて保管しなければならない。住宅ローン用の引き出し、結婚証明書用の引き出し、納税書類の引き出し、訴訟の引き出しという具合だ。そうしておかなければ、どうしてお目当てのものを見つけ出せるだろう? ワーグナーの楽劇のように複数の引き出しにかかわるもの(「音楽」と「演劇」のどちらの引き出しに入れればいいのか? あるいは、まったく新しいカテゴリーを考え出すべきなのか?)は、大きな頭痛の種だ。というわけで、永遠に引き出しを増やしたり、減らしたり、入れ替えたりし続けることになる。

このような引き出しのシステムを運営する人は、正常に機能するためには、普通の人間として考えるのをやめて、整理係や会計士として考えるように、頭をプログラムし直さなければならない。古代から今日に至るまで、誰もが知っているとおり、整理係や会計士は普通の人間とは違う思考法を採る。彼らは書類整理用のキャビネットのように考えるのだ。それは彼らの落ち度ではない。そのように考えなければ、彼らの引き出しは大混乱になり、彼らは政府や企業や組織が必要とするサービスを提供できないだろう。書記体系が人類の歴史に与えた最も重要な影響は、人類が世の中について考えたり、世の中を眺めたりする方法を、徐々に変えたことだ。自由連想と網羅的思考は、分類と官僚制に道を譲ったのだ。

数の言語

何世紀も過ぎるうちに、官僚制のデータ処理方法は、人間の自然な思考法からますますかけ離れていった。そして、ますます重要になっていった。ある、決定的に重要な進展が九世紀より前に起こった。新しい不完全な書記体系が発明され、前代未聞の効率性をもって数理的データを保存したり処理したりできるようになったのだ。この不完全な書記体系は〇から九までの一〇個の数を表す記号から成っていた。紛らわしい話だが、これらの記号は古代インド人が最初に発明したにもかかわらず、アラビア数字として知ら

*アッカド語が話し言葉として使われるようになった後でさえ、シュメール語は行政用の言語であり続けたので、文書として記録されるのもシュメール語だった。したがって、筆写者を目指す人はシュメール語を話さなければならなかった。

$$
\begin{aligned}
\ddot{\mathrm{r}}_i = \sum_{j\neq i} \frac{\mu_j(\mathrm{r}_j-\mathrm{r}_i)}{r_{ij}^3}\Bigg\{1- \frac{2(\beta-\gamma)}{c^2}\sum_{l\neq i}\frac{\mu_l}{r_{il}} - \frac{2\beta-1}{c^2}\sum_{k\neq j}\frac{\mu_k}{r_{jk}} + \gamma\left(\frac{\mathrm{s}_i}{c}\right)^2 \\
+ (1-\gamma)\left(\frac{\mathrm{s}_j}{\mathrm{c}}\right)^2 - \frac{2(1+\gamma)}{\mathrm{c}^2}\dot{\mathrm{r}}_i\cdot\dot{\mathrm{r}}_j - \frac{3}{2c^2}\left[\frac{(\mathrm{r}_i-\mathrm{r}_j)\cdot\mathrm{r}_j}{r_{ij}}\right]^2 \\
+ \frac{1}{2c^2}(\mathrm{r}_j-\mathrm{r}_i)\cdot\ddot{\mathrm{r}}_j\Bigg\} \\
+ \frac{1}{c^2}\sum_{j\neq i}\frac{\mu_i}{r_{ij}{}^3}\{[\mathrm{r}_i-\mathrm{r}_j]\cdot[(2+2\gamma)\dot{r}_i-(1+2\gamma)\dot{\mathrm{r}}_j]\}(\dot{\mathrm{r}}_i-\dot{\mathrm{r}}_j) \\
+ \frac{3+4\gamma}{2c^2}\sum_{j\neq i}\frac{\mu_j\ddot{\mathrm{r}}_j}{r_{ij}}
\end{aligned}
$$

相対性理論に従って、重力の影響下で質量 i の加速度を求める式。専門家以外の人がこのような式を目にしたらたいてい、高速で迫ってくる自動車のヘッドライトに照らし出されたシカのように、うろたえて凍りついてしまう。この反応はごく自然で、知性や好奇心の欠如を暴露するものではない。人間の脳は、稀な例外を除いて、相対性や量子力学のような概念について考えることがとうていできないのだ。それにもかかわらず、物理学者たちはなんとかそれをやってのける。なぜなら彼らは従来の人間の思考法を脇に置き、外部のデータ処理システムの助けを借りて考え直すことを学ぶからだ。彼らの思考過程のうち、決定的に重要な部分は頭の中ではなく、コンピューターの中や教室の黒板の表面で展開する。

れている（さらにややこしいのだが、現代のアラビア人は西洋のものとは外見が非常に異なる数字を使っている）。だが、アラビア人がその栄誉にあずかったのは、彼らがインドに侵入したとき、この数字のシステムに出合い、その有用性を理解し、それを洗練させ、まず中東に、その後ヨーロッパに広めたからだ。後にアラビア数字にいくつか他の記号（足し算や引き算、掛け算の記号など）が加えられると、近代的な数学的表記の基礎が誕生した。

　この書記の体系は今なお不完全な書記体系のままだが、世界の最も有力な言語となった。アラビア語を使うものであれ、ヒンディー語、英語、あるいはノルウェー語を使うものであれ、ほぼすべての国や企業、組織、機関が数理的書記体系を使ってデータを記録し、処理している。数理的書記体系に翻訳できる情報はすべて、信じ難い速度と効率で保存し、普及させ、処理できる。

したがって、政府や組織、企業の決定に影響を与えたいと望む人は数を使って語ることを学ぶ必要がある。専門家は「貧困」や「幸福」、「正直」といった概念さえ数字に翻訳しようと最善を尽くす（「貧困線」「主観的厚生度」「信用格付け」）。物理学や工学といった分野の全知識が、人間の話し言葉からほぼ完全に乖離し、数理的書記体系によってのみ維持されている。

その後、数理的書記体系は、これまで以上に革命的な書記体系を生み出した。0と1のわずか二つの記号だけから成る、コンピューター処理の二進法の書記体系だ。私が今キーボードで入力している単語は、私のコンピューターの中で0と1の異なる組み合わせで書かれている。

書記は人間の意識の下働きとして生まれたが、しだいに人間の意識の主人になりつつある。私たちのコンピューターは、ホモ・サピエンスがどのように話し、感じ、夢見るかを理解するのに苦労している。そこで私たちはホモ・サピエンスに数字という言語で話し、感じ、夢見ることを教えている。そうすれば、コンピューターにも理解できるからだ。

だが、話はここで終わらない。人工知能の分野は、コンピューターの二進法の書記体系だけに基づいた新しい種類の知能を生み出そうとしている。『マトリックス』や『ターミネーター』といったサイエンス・フィクション映画は、二進法の書記体系が人類の軛《くびき》をかなぐり捨てた日のことを描いている。反乱を起こしたこの書記体系を人類が再び手懐けようとしたとき、この書記体系はそれに反発し、人類を一掃しようと試みるのだ。

第8章　想像上のヒエラルキーと差別

農業革命以降の何千年もの人類史を理解しようと思えば、最終的に一つの疑問に行き着く。人類は、大規模な協力ネットワークを維持するのに必要な生物学的本能を欠いているのに、自らをどう組織してそのようなネットワークを形成したのか、だ。手短に答えれば、人類は想像上の秩序を生み出し、書記体系を考案することによって、となる。これら二つの発明が、私たちが生物学的に受け継いだものに空いていた穴を埋めたのだ。

だが、大規模な協力ネットワークの出現は、多くの人にとって、良いことずくめではなかった。これらのネットワークを維持する想像上の秩序は、中立的でも公正でもなかった。人々はそうした秩序によって、ヒエラルキーを成す、架空の集団に分けられた。上層の人々は特権と権力を享受したが、下層の人々は差別と迫害に苦しめられた。たとえばハンムラビ法典は、上層自由人、一般自由人、奴隷という序列を定めている。上層自由人は人生の楽しみを独り占めしていた。一般自由人はそのおこぼれにあずかった。奴隷は不平を漏らそうものなら叩かれた。

アメリカ人が一七七六年に打ち立てた想像上の秩序は、万人の平等を謳っていながら、やはりヒエラルキーを定めていた。この秩序は、そこから恩恵を受ける男性と、影響力を奪われたままにされた女性との間に、ヒエラルキーを生み出した。また、自由を謳歌する白人と、下等な人間と見なされて人間として対等の権利にあずかれなかった黒人やアメリカ先住民との間に、ヒエラルキーを生み出した。独立宣言に署名した人の多くが奴隷所有者だった。彼らは独立宣言に署名した後、すぐに奴隷を解放したりしなかったし、自分は偽善者だと考えたりもしなかった。彼らにしてみれば、人間の権利は黒人とは無縁だったのだ。

アメリカの秩序は、富める者と貧しい者の間のヒエラルキーも尊重した。当時のアメリカ人の大半は、裕福な親が資金や家業を子供に相続させることで生じる不平等をなんとも思わなかった。彼らの目から見れば、平等とは、富める者にも貧しい者にも同じ法律が適用されることにすぎなかったからだ。平等は、失業手当や、人種差別のない教育、医療保険とも無関係だった。自由も、今日とは非常に異なる言外の意味を持っていた。一七七六年には、力や重要性を奪われた人々(黒人やアメリカ先住民はもとより、女性も断じて)が権力を得たり行使したりできることは意味しなかった。自由とは、特殊な状況にないかぎり、国家が国民の私有財産を没収したり、その使途を命じたりできないことを意味するだけだった。そのためアメリカの秩序は富のヒエラルキーを擁護した。このヒエラルキーは、神の命じるものだと考える人もいれば、不変の自然の法則を反映していると見る人もいた。自然は功績には富をもって報い、怠惰を罰するとされていた。

自由人と奴隷、白人と黒人、富める者と貧しい者の間の、以上のような区別は、虚構に根差している(男性と女性のヒエラルキーについては、後ほど論じる)。だが、想像上のヒエラルキーはみな虚構を起源とすることを否定し、自然で必然のものであると主張するのが、歴史の鉄則だ。たとえば、自由人と奴隷のヒエラルキーは自然で正しいと見ている多くの人が、奴隷制は人類の発明ではないと主張してきた。ハンムラビはそれが神によって定められたと見なした。アリストテレスは、奴隷は「奴隷の性質」を持って

図21　「白人」だけに使用を制限する、アパルトヘイト時代の南アフリカ共和国の看板。肌の色が白い人は一般に、肌の色の濃い人よりも日焼けしやすい。とはいえ、南アフリカ共和国の浜辺での人種分離の背景には、生物学的な論理は皆無だ。肌の色の白い人のために確保された浜辺は、紫外線放射レベルが低いわけではなかった。

いるのに対して、自由人は「自由な性質」を持っていると主張した。社会における彼らの地位は、彼らの生まれながらの性質の反映にすぎないというわけだ。

　白人至上主義者に人種的ヒエラルキーについて尋ねれば、人種間の生物学的違いに関する似《え》非《せ》科学的な講義を聞かされるだろう。そして、白人の血あるいは遺伝子には、白人をそれ以外の人よりも生まれつき知能が高く、道徳的で勤勉にするものが含まれていると言われる可能性が高い。頑固な資本家に富のヒエラルキーについて尋ねればおそらく、それは能力の客観的違いに発する避けようのない結果だと言われるだろう。この見方に即せば、金持ちが多くのお金を持っているのは、より有能で勤勉だからということになる。それならば、富める者がより良い医療や教育、栄養の恩恵にあずかっても、誰も気にするべきではないことになる。金持ちは、享受している恩恵のすべてを受けるに十分値するという理屈なのだから。

カースト制に固執するヒンドゥー教徒は、人知を超えた宇宙の究極の力がカーストの優劣を定めたと信じている。有名なヒンドゥー教の創造神話によれば、プルシャという原初の人間の体から神々が世界を造り上げたという。太陽はプルシャの目から、月は脳から、バラモン（僧侶）は口から、クシャトリヤ（武士）は腕から、ヴァイシャ（農民と商人）は腿から、シュードラ（隷属民）は脚から造り出された。この説明を受け容れれば、バラモンとシュードラの社会政治的な違いは、太陽と月の違いのように自然で永遠のものとなる。(1) 古代の中国人は、女神女媧《じょか》が土から人間を造ったとき、粒の細かい黄土を練って貴族階級の人々を生み出し、平民は茶色い泥から形作ったと信じていた。(2)

とはいえ、私たちの知るかぎり、これらのヒエラルキーはすべて人類の想像力の産物だ。バラモンとシュードラは、本当に神によって原初の人間の異なる体の部位から造られたわけではない。実際には、これら二つのカーストの区別は、約三〇〇〇年前にインド北部の人間が考案した法律と規範によって生み出された。また、アリストテレスの言葉に反して、奴隷と自由人の間には生物学的な差は知られていない。人間の法律と規範が一部の人々を奴隷に、別の人々を主人に変えたのだ。黒人と白人の間には、肌の色や髪の種類など、客観的な生物学的差異があるものの、そうした違いが知能や道徳性にまで及ぶという証拠はない。

たいていの人は、自分の社会的ヒエラルキーは自然で公正だが、他の社会のヒエラルキーは誤った基準や滑稽な基準に基づいていると主張する。現代の西洋人は人種的ヒエラルキーという概念を嘲笑うように教えられている。彼らは、黒人が白人の居住区に住んだり、白人の学校で学んだり、白人の病院で治療を受けたりするのを禁じる法律に衝撃を受ける。だが、金持ちに、より豪華な別個の居住区に住み、より高名な別個の学校で学び、より設備の整った別個の施設で医療措置を受けることを命じる、富める者と貧しい者のヒエラルキーは、多くのアメリカ人やヨーロッパ人には、完全に良識あるものに見える。だが、金持ちの多くはたんに金持ちの家に生まれたから金持ちで、貧しい人の多くはたんに貧しい家に生まれたから一生貧しいままでいるというのが、立証済みの事実なのだ。

不幸なことに、複雑な人間社会には想像上のヒエラルキーと不正な差別が必要なようだ。もちろん、すべてのヒエラルキーが道徳的に同一ではないし、社会のうちには、より極端な種類の差別を抱えるものもあるが、差別ときっぱり訣別できた大型社会を学者は一つとして知らない。人間はこれまで何度となく、人々を想像上のカテゴリーに分類することで社会に秩序を生み出してきた。たとえば、上層自由人と一般自由人と奴隷、白人と黒人、貴族と平民、バラモンとシュードラ、富める者と貧しい者といったカテゴリーだ。これらのカテゴリーは、一部の人々を他の人々よりも法的、政治的、あるいは社会的に優位に立たせることで、何百万もの人々の間の関係を調整してきた。

ヒエラルキーは重要な機能を果たす。ヒエラルキーのおかげで、見ず知らずの人どうしが、個人的に知り合うために必要とされる時間とエネルギーを浪費しなくても、お互いをどう扱うべきなのか知ることができる。ジョージ・バーナード・ショーの『ピグマリオン』では、ヘンリー・ヒギンズはイライザ・ドゥーリトルと親密になるまでもなく、彼女にどう接すればいいか理解できた。口の利き方を聞いただけで、彼女が下層階級に属しており、自分の意のままにしてかまわないことがはっきりした――たとえば、街頭の花売り娘を公爵夫人になりすまさせられるかどうかという、賭けのだしに使えることが。花屋で働いている現代のイライザなら、毎日店にやって来る何十人もの人にバラやグラジオラスを売るために、どれだけ努力を傾けるべきかを知っている必要がある。一人ひとりの好みや懐具合を根掘り葉掘り訊くわけにいかないから、客の服装、年齢、そして人種差別的な売り子であれば、客の肌の色といった社会的な手掛かりを利用する。こうして売り子は、高価なバラをたっぷり注文しそうな会計事務所のパートナーと、ヒナギク一束しか買うお金のない使い走りとを見分ける。

社会的な差異の形成には、もちろん生まれつきの能力の違いも関係している。だが、能力や気質の多様性はたいてい、想像上のヒエラルキーの影響を受ける。その影響には二通りの重要な形がある。何と言ってもまず、たいていの能力は、育み、伸ばしてやらなければならない。人がある才能を持って生まれても、その才能は育て、研ぎ澄まし、訓練してやらなければ発揮されない。すべての人が、自分の能力を養い、磨くための機会を同じだけ得られるわけではない。そうした機会があるかどうかは普通、社会の想像上のヒエラルキーのどの位置にいるかで決まる。ハリー・ポッターはその良い例だ。著名な魔法使いの家族から引き離され、無知な一般人に育てられたハリーは、魔法の経験が皆無のまま、ホグワーツ魔法魔術学校に入学する。彼が自分の独特の能力を知り尽くして発揮できるようになるまでには、本が七巻必要だった。

第二に、違う階級に属する人々がたとえ完全に同じ能力を開発したとしても、異なるルールで勝負しなければならなくなるから、同等の成功を収める可能性は低い。イギリスの支配下にあったインドで、不可触民の男性と、バラモンの男性と、カトリック教徒のアイルランド人男性と、プロテスタントのイングランド人男性が、仮に完全に同じビジネス感覚をなんとか発達させたとしても、金持ちになる同等の機会は得られなかっただろう。経済のゲームは、法律的な制約と非公式のガラスの天井（目に見えない障壁）によって、不正に仕組まれていたからだ。

悪循環

あらゆる社会は想像上のヒエラルキーに基づいているが、必ずしも同じヒエラルキーに基づいているわけではない。その違いは何がもたらすのか？　なぜインドの伝統的な社会はカーストによって人々を分類し、オスマン帝国の社会は宗教によって分類し、アメリカの社会は人種によって分類するのか？　ほとんどの場合、ヒエラルキーは偶然の歴史的事情に端を発し、さまざまな集団の既得権がそのヒエラルキーに基づいて発達するのに足並みを揃えて、何世代もの間に洗練され、不滅のものとなる。

たとえば、ヒンドゥー教のカースト制は、約三〇〇〇年前にインド・アーリア人がインド亜大陸に侵入し、地元の人々を征服したときに具体的な形を取ったと多くの学者は見ている。侵入者たちは階層社会を打ち立て、当然ながらその中で上層（僧侶と武士）を占め、地元民を召使いや奴隷とした。侵入者は数が少なかったので、特権的な地位と独特の身分を失うことを恐れた。彼らはそういう事態になるのを未然に防ぐため、人々をカーストに分け、それぞれが、特定の職業に就いたり、社会の中で特定の役割を果たしたりすることを義務づけた。それぞれの階層が、異なる法的地位や特権、義務を割り振られた。異なるカーストが交わることは（社会的交流、結婚、さらには食事を共にすることさえも）禁じられた。そしてこの区別は、たんに法的なものにとどまらず、宗教的な神話と慣行の本質的な部分にさえなった。

支配者たちは、カースト制度は歴史上の偶然の展開ではなく、人知を超えた宇宙の究極かつ永遠の現実を反映していると主張した。浄・不浄の概念はヒンドゥー教のきわめて重要な要素で、社会的なピラミッドを支えるのに利用された。敬虔なヒンドゥー教徒は、他のカーストの人と接触すれば自分個人のみならず、社会全体が穢《けが》れるので、そうした接触は忌み嫌われるべきだと教えられた。そのような考え方はけっしてヒンドゥー教徒独特のものではない。歴史を通して、ほぼすべての社会で、穢れと清浄の概念は、社会的区分や政治的区分を擁護する上で主要な役割を果たし、無数の支配階級が自らの特権を維持するために利用してきた。ただし、穢れに対する恐れは、聖職者や君主による完全な作り事ではない。病人や死体といった、病気の潜在的な感染源に対する本能的な嫌悪を人間に感じさせる、生物学的な生存の仕組みに根差しているのだろう。女性、ユダヤ人、ロマ、ゲイ、黒人など、何であれ人間の集団を分離しておきたければ、彼らが穢れのもとだと誰にも思い込ませるのが、最も有効な手段だ。

ヒンドゥー教のカースト制度とそれに付随する清浄関連の法は、インドの文化にしっかりと取り込まれた。インド・アーリア人の侵入が忘れ去られた後もずっと、インド人はカースト制度を信奉し、異なるカーストどうしの交わりが引き起こす穢れを忌み嫌い続けた。カーストも変化を免れたわけではない。実際、月日が流れるうちに、大きなカーストが下位のカーストに次々に分割されていった。もともとの四つのカーストは最終的に、「ジャーティ」（文字どおりには「生まれ」の意）と呼ばれる三〇〇〇の異なる集団に分かれた。だが、カーストがこれほど増えても、制度の根本原理は変わらず、それによれば、誰もが特定の階級に生まれつき、その決まりに少しでも背《そむ》けば本人も社会全体も穢れることになる。ジャーティによって各自が就ける職業や、食べていいもの、住む場所、ふさわしい結婚相手が決まる。通常は、自分と同じカーストの人としか結婚できず、生まれた子供はそのカーストを受け継ぐ。

新しい職業が生まれたり、新しい人の集団が登場したりするたびに、ヒンドゥー教社会で真っ当な地位を与えるために新しいカーストを公式に認める必要があった。カーストとして公式に認められなかった人々は、文字どおりカースト外に置かれ、この階層社会の中で、最下層にすら入れなかった。彼らは不可触民として知られるようになった。彼らは他の人々から離れて暮らし、ゴミ捨て場で廃品を漁るといった、屈辱的で胸の悪くなるような方法で食いつないでいかなければならなかった。最下層のカーストの人でさえ、彼らと交際したり、食事を共にしたり、彼らに触れたりすることを避けた。彼らとの結婚は問題外だった。現代のインドでは、民主的なインド政府がそのような区別を廃止して、異なるカーストどうしの交わりに不浄な点はまったくないことをヒンドゥー教徒に納得させようと、あれこれ努力しているにもかかわらず、結婚と職業はカースト制度の影響を依然として強く受けている(3)。

アメリカ大陸における清浄

近代のアメリカ大陸では、同様の悪循環が人種のヒエラルキーを永続させてきた。一六世紀から一八世紀にかけて、ヨーロッパから来た征服者たちは、何百万ものアフリカ人奴隷を輸入して、アメリカ大陸の鉱山やプランテーションで働かせた。彼らがヨーロッパや東アジアからではなくアフリカから奴隷を輸入することを選んだのには、当時の状況に起因する三つの要因があった。第一に、アフリカのほうが近かったので、たとえばヴェトナムからよりもセネガルからのほうが奴隷が安く輸入できた。

第二に、アフリカではすでに、奴隷貿易（主に中東向けの奴隷輸出）がよく発達していたのに対して、ヨーロッパでは奴隷は非常に珍しかった。一から市場を造り上げるよりも、既存の市場で奴隷を買うほうが、はるかに簡単なのは明らかだった。

そしてこれがいちばん重要なのだが、第三に、ヴァージニア、ハイチ、ブラジルといった場所にあるアメリカのプランテーションでは、マラリアや黄熱病が蔓延していた。これらはもともとアフリカの病気であり、アフリカ人は幾世代も経るうちに、完全ではないがそれに対する遺伝的免疫を獲得していたが、ヨーロッパ人はまったく無防備で、続々と命を落とした。そのため、プランテーション所有者にとっては、ヨーロッパ人の奴隷や年季奉公人よりもアフリカ人奴隷に投資するほうが賢明だった。皮肉にも、遺伝的優越（免疫の面）が社会的劣等に結びついた。アフリカ人はヨーロッパ人よりも熱帯の気候に適していたからこそ、ヨーロッパ人の主人の下で奴隷となったのだ！　こうした状況に起因する要因のせいで、アメリカ大陸で急成長していた新しい社会は、白人ヨーロッパ人の支配カーストと、それに隷属するアフリカ出身の黒人のカーストに分割された。

だが人々は、経済的に好都合だから特定の人種あるいは生まれの人々を奴隷にしているとは言いたくない。インドを征服したアーリア人同様、南北アメリカの白人ヨーロッパ人は、経済的に成功しているだけでなく、敬虔で、公正で、客観的だと見られたがった。そこで、この身分差別を正当化するために、宗教的神話や科学的神話が無理やり動員された。神学者たちは、アフリカ人はノアの息子ハムの子孫で、彼の息子は奴隷になるというノアの呪いを負わされていると主張した。生物学者たちは、黒人は白人に比べて知能が劣り、道徳感覚が発達していないと主張した。医師たちは、黒人は不潔な暮らしをし、病気を広める――言い換えれば、彼らは穢れの源である――と断言した。

こうした神話にはアメリカ大陸の文化と、西洋の文化全般が共鳴した。そしてその神話は、奴隷制を生み出した状況が消えてなくなってからもずっと、影響力を振るい続けた。一九世紀初期に大英帝国は奴隷制を非合法として、大西洋での奴隷貿易を停止し、その後の数十年間で奴隷制はアメリカ大陸全土で徐々に非合法化された。これは特筆に値するが、奴隷所有社会が自主的に奴隷制を廃止したのは、このときが歴史を通じて最初で唯一の例だ。ただし、奴隷は解放されたとはいえ、奴隷制を正当化した人種差別的神話は存続した。人種による分離は、人種差別的な法律や社会習慣によって維持された。

その結果が、自己強化を続ける因果のサイクルであり、悪循環だった。たとえば、南北戦争直後のアメリカ合衆国南部を考えてほしい。一八六五年、憲法修正第一三条によって奴隷制は非合法となり、憲法修正第一四条により、人種を理由に市民権と法の平等な保護を拒むことはできなくなった。ところが、二世紀に及ぶ奴隷制のせいで、黒人家庭の大半は白人家庭の大半よりもはるかに貧しく、教育水準が低かった。一八六五年にアラバマ州で生まれた黒人は、近隣の白人よりも、良い教育を受けて良い報酬の仕事に就く可能性は格段に低かった。一八八〇年代と九〇年代に生まれたその人の子供たちも、同じ不利な立場で人生を始めた。彼らもまた、無学で貧しい家庭に生まれたからだ。

だが、話は経済的な不利にとどまらなかった。アラバマ州には貧しい白人も多く住んでおり、彼らもももっと裕福な白人たちほど恵まれていなかった。その一方、産業革命と移民の波のせいで、アメリカ合衆国は極度に流動的な社会になっており、そこでは貧乏人が一躍大金持ちになることも珍しくなかった。もし、大切なのがお金だけであれば、人種間の明確な区分は、とくに人種間の結婚によって、ほどなく曖昧になっていたはずだ。

だが、そうはならなかった。一八六五年までには、白人と比べて黒人は知能が劣り、暴力的で、性的にふしだらで、怠惰であり、きれい好きではないというのが、白人ばかりでなく多くの黒人の常識になっていた。したがって、黒人は暴力、窃盗、暴行、病気、すなわち穢れの媒介と見なされた。もし一八九五年にアラバマ州の黒人が奇跡的に、良い教育を受け、銀行員などの真っ当な職を求めたとしても、同じ学歴の白人と比べれば、採用される可能性は大幅に低かった。黒人は生まれつき信頼できず、怠惰で、知能が低いという汚名が不利に働いたのだ。

そのような汚名は事実ではなく神話であることを人々が徐々に理解し、やがて黒人は白人に劣らず有能で、法律を遵守し、清潔であることを身を持って立証するだろうと思う人もいるかもしれない。ところが、実際にはその逆が起こった。月日がたつうちに、偏見はますます定着していったのだ。めぼしい職はすべて白人が占めていたので、黒人は本当に劣っていると信じやすくなったからだ。平均的な白人は、こんなふうに言った。「いいですか、黒人は何世代も自由の身でありながら、黒人の教授や弁護士、医師ばかりか、銀行員さえほとんどいないでしょう。それこそ、何と言おうと黒人は知能が低く、勤勉でない証拠ではありませんか」。この悪循環の罠にはまった黒人たちは、知能が低いと見なされたためにホワイトカラーの仕事に就けず、ホワイトカラーの仕事に就いている黒人の少なさが、彼らが劣っていることの証拠とされた。

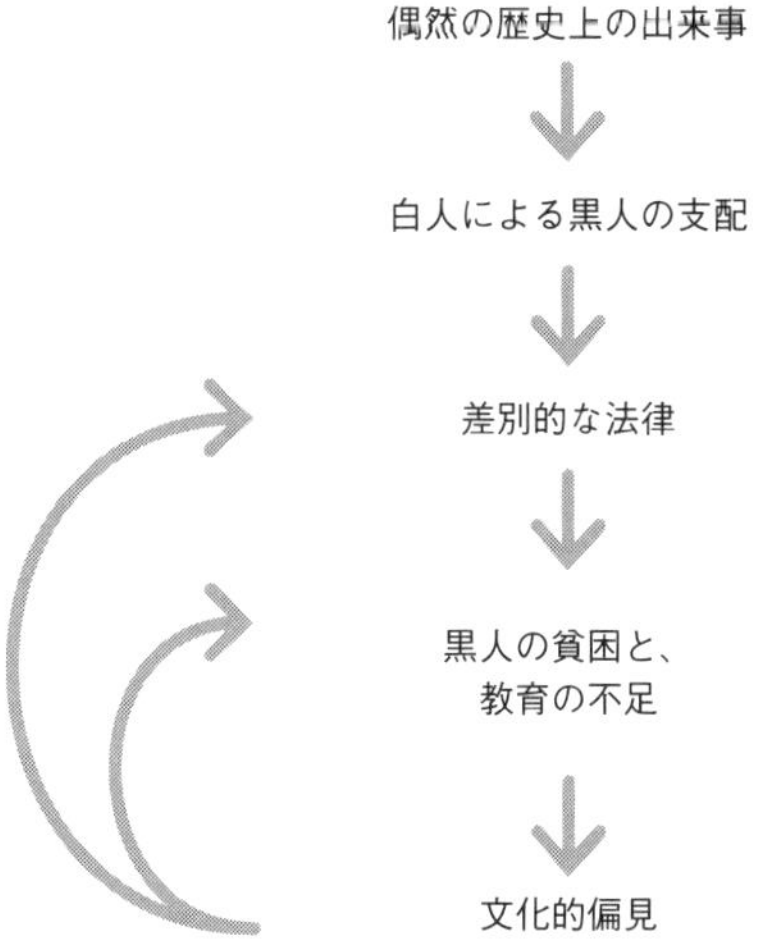

悪循環——偶然の歴史的状況が、硬直した社会制度に変化する。

この悪循環は、そこで止まらなかった。反黒人の汚名が強固になるにつれ、それが、人種的秩序を守ることを目的とする、黒人差別的な法律と規範の制度として形を取っていった。黒人たちは選挙で投票したり、白人の学校で学んだり、白人の店で買い物をしたり、白人のレストランで食事をしたり、白人のホテルに泊まったりすることを禁じられた。そのいっさいが、黒人は不潔で、怠惰で、不品行なので、彼らから白人を保護しなくてはならないという理由で正当化された。白人は病気を恐れ、黒人と同じホテルに泊まったり、同じレストランで食べたりしたがらなかった。残忍さや悪影響を恐れて、子供たちに黒人の子供と同じ学校で学ばせたがらなかった。黒人は無知で不道徳だから、選挙で投票してほしくなかった。こうした恐れは、黒人は教育程度が現に低いとか、黒人の間ではさまざまな病気がより一般的だとか、彼らの犯罪率のほうが高いとかいったことを「証明する」科学的研究によって裏づけられた（こうした研究は、それらの「事実」が黒人に対する差別に起因することを無視した）。

二〇世紀半ばまでには、南北戦争のときに南軍側だった諸州での差別は、一九世紀後期よりもおそらく悪化していた。一九五八年にミシシッピ大学への入学を志願したクレノン・キングという黒人の生徒は、強制的に精神科病院に入院させられた。裁判長が、ミシシッピ大学に入学を認められると考えるような黒人は精神異常に違いないという判決を下したのだ。

アメリカ合衆国の南部人（と、多くの北部人）にとって、黒人男性と白人女性の性的関係と結婚ほど嫌悪を催させるものはなかった。人種間の性交渉は最大のタブーとなり、違反、あるいは違反の疑いは、リンチという形での即座の略式処罰に値すると見なされた。白人至上主義の秘密結社クー・クラックス・クランは、そのような殺人を多く犯した。彼らなら、ヒンドゥー教のバラモンたちに、清浄を守る法について一つ二つ説教を垂れることすらできたことだろう。

時とともに、人種差別は文化のしだいに多くの領域に拡がった。アメリカの美的文化は、白人の美の標準を中心に打ち立てられた。色白の肌、真っ直ぐな金髪、小さな上向きの鼻といった、白人の身体的特性が美しいと考えられるようになり、色の濃い肌、黒くもじゃもじゃした髪、平たい鼻といった典型的な黒人の特徴は、醜いと思われた。こうした偏見は、想像上のヒエラルキーを人間の意識のさらに深層にまで根づかせた。

このような悪循環は、何百年も何千年も続いて、偶然の歴史上の出来事に端を発する想像上のヒエラルキーを永続させうる。不正な差別は時が流れるうちに、改善されるどころか悪化することが多い。お金はお金のある人の所に行き、貧困は貧困を招く。教育が教育を呼び、無知は無知を誘う。いったん歴史の犠牲になった人々は、再び犠牲にされやすい。逆に、歴史に優遇された人々は、再び優遇されやすい。

たいていの社会政治的ヒエラルキーは、論理的基盤や生物学的基盤を欠いており、偶然の出来事を神話で支えて永続させたものにほかならない。歴史を学ぶ重要な理由の一つもそこにある。黒人と白人、あるいはバラモンとシュードラという区分が生物学的事実に基づいていたなら、つまりバラモンは本当にシュードラよりも優れた脳を持っていたなら、人間社会は生物学だけで理解できるだろう。だが現実には、ホモ・サピエンスの異なる集団どうしの生物学的区別は、無視できるほどでしかないので、インド社会の複雑さやアメリカ大陸の人種的ダイナミクスは生物学では説明できない。これらの現象を理解するには、想像力が生み出した虚構を、残忍で非常に現実味のある社会構造に変換した出来事や事情、力関係を学ぶしかないのだ。

男女間の格差

社会が異なれば採用される想像上のヒエラルキーの種類も異なる。現代のアメリカ人にとって人種は非常に重要だが、中世のイスラム教徒にとっては、たいして意味を持たなかった。カースト制度は中世のインドでは生きるか死ぬかの問題だったが、現代のヨーロッパでは事実上存在しない。だが、既知の人間社会のすべてでこの上ない重要性を持ってきたヒエラルキーが一つある。性別のヒエラルキーだ。人はどこでも自分たちを男女に区分してきた。そして、少なくとも農業革命以降はほとんどどこでも、男性が良い目を見てきた。

中国でも最古の部類に入る文書は、未来を占うために使われた甲骨で、紀元前一二〇〇年にさかのぼる。その一つには、「后の婦好《ふこう》の出産は幸運に恵まれるか」という問いが刻まれていた。その答えは、こう記されている。「もし子供が丁《ひのと》の日に生まれれば幸運に恵まれ、庚《かのえ》の日に生まれれば、はなはだ幸運だ」。ところが婦好は甲寅《きのえとら》の日に出産した。その文書は陰鬱《いんうつ》な言葉で結ばれている。「三週間と一日後、甲寅の日に子供は生まれた。運が悪かった。女の子だった」(4)。それから三〇〇〇年以上が過ぎ、中華人民共和国が「一人っ子」政策を実施すると、多くの中国人家庭が相変わらず女の子の誕生を不運と見なした。次は男の子が生まれるかもしれないと願って、生まれたばかりの女の子を遺棄したり殺したりする親さえときおりいた。

多くの社会では、女性は男性(父親か夫か兄弟の場合が最も多かった)の財産にすぎなかった。強姦は多くの法制度では、財産侵害に該当した。つまり、被害者は強姦された女性ではなく、その女性を所有している男性だった。したがって、法的な救済手段は所有権の譲渡であり、強姦者は女性の父親あるいは兄弟に婚資を払い、その時点で女性は強姦者の財産になった。聖書は次のように命じている。「ある男がまだ婚約していない処女の娘に出会い、これを捕らえ、共に寝たところを見つけられたならば、共に寝た男はその娘の父親に銀五十シェケルを支払って、彼女を妻としなければならない」(「申命記」第22章28・29節)(日本聖書協会『聖書』新共同訳より)。古代へブライ人は、これが妥当な取り決めだと考えていた。

どの男性のものでもない女性を強姦するのは、犯罪とはまったく考えられなかった、人通りの多い道で落ちていた硬貨を拾うのが窃盗と考えられないのとちょうど同じだ。また、夫が妻を強姦しても、罪を犯したことにはならなかった。それどころか、夫が妻を強姦しうるという発想そのものが矛盾していた。夫ならば、妻の性的支配権を完全に掌握していて当然だったからだ。したがって、夫が妻を「強姦した」と言うのは、自分で自分の財布を盗んだと言うのと同じで、筋が通らなかった。そのような考え方は古代の中東だけに限ったものではない。二〇〇六年現在で、夫が妻を強姦しても起訴できない国が依然として五三か国もあった。ドイツにおいてさえ、強姦法が修正され、夫婦間の強姦という法律のカテゴリーが設けられたのは、一九九七年だった[5]。

男女の区分は、インドのカースト制度やアメリカの人種制度のように、想像力の産物なのか、それとも、深い生物学的な根を持つ自然な区分なのか？　そして、もし実際にそれが自然な区分なら、女性よりも男性が優遇されることに対する生物学的な説明もあるのだろうか？

男女間の文化的、法的、政治的格差のうちには、両性の間の、明らかに生物学的差異を反映しているものもある。出産はこれまでつねに女性の仕事だった。なぜなら、男性には子宮がないからだ。だがそれぞれの社会が、この動かし難い普遍的な核心の周りに、生物学とはほとんど無関係な文化的概念や規範を何層も積み重ねてきた。確固たる生物学的基盤をおおむね欠いたまま、社会は数多くの特性を男らしさや女らしさと結びつける。

たとえば紀元前五世紀の民主制のアテネでは、子宮を持っている人は、独立した法的地位を持たず、民衆の議会に参加したり裁判官になったりすることを禁じられていた。稀な例外を除けば、子宮を持っている人は十分な教育の恩恵にあずかれず、商売を行なったり、哲学的会話を交わしたりすることもできなかった。アテネの政治指導者も、偉大な哲学者や雄弁家、芸術家、商人も、一人として子宮を持っていなかった。子宮を持っている人は生物学的に、こうした職業には不適なのだろうか？　古代アテネの人々はそう考えた。現代のアテネの人々はそれに異を唱える。今日のアテネでは、女性も投票し、公職に選出され、演説をし、ジュエリーから建物、ソフトウェアまで何でもデザインし、大学にも行く。子宮があるからといって、男性と同じぐらい首尾良くこれらをやってのける妨げにはならない。政治やビジネスの世界では十分な割合を占めていないことは確かだ（ギリシア議会の議員の一二パーセントにすぎない）。だが、政治への女性の参加には法的な障壁はないし、現代のギリシア人の大半は、女性が公職に就くのはごく普通だと考えている。

現代のギリシア人の大半はまた、男らしさの不可欠な要素の一つは、女性だけに性的魅力を感じ、もっぱら異性とだけ性的関係を持つことだと考えてもいる。彼らはこれを、文化的偏見ではなく生物学的現実と見なしている。二人の異性間の関係は自然で、二人の同性間の関係は不自然だというのだ。だが実際には、母なる自然は男性どうしが性的に惹かれ合っても気にしたりはしない。自分の息子が隣の家の男の子と性的関係を結んだら大騒ぎするのは、特定の文化にすっかり染まった人間の母親だけだ。母親が腹を立てるのは、自然の絶対命令を受けたからではない。かなりの数の人類の文化が、同性愛関係は合法的であるだけでなく、社会的に建設的な行為とさえ見なしており、その最たる例が古代ギリシアだ。『イリアス』のどこを探しても、海の精テティスが息子のアキレスと友のパトロクロスとの関係に不服だったとは書かれていない。マケドニアの王妃オリュンピアスは古代世界でも指折りの気性の激しさを持った荒々しい女性で、夫の王フィリップを暗殺させさえしたが、息子のアレクサンドロス大王が恋人のヘファイスティオンを食事に連れてきたときに癇癪《かんしゃく》を起こしたりはしなかった。

生物学的に決まっているものと、生物学的な神話を使って人々がたんに正当化しようとしているだけのものとを、私たちはどうすれば区別できるだろうか？「生物学的作用は可能にし、文化は禁じる」というのが、有用な経験則だ。生物学的作用は非常に広範な可能性のスペクトルを喜んで許容する。人々に一部の可能性を実現させることを強い、別の可能性を禁じるのは文化だ。生物学的作用は女性が子供を産むことを可能にする。一部の文化は、女性がこの可能性を実現することを強いる。生物学的作用は男性どうしがセックスを楽しむことを可能にする。一部の文化は男性がこの可能性を実現することを禁じる。

文化は、不自然なことだけを禁じると主張する傾向にある。だが生物学の視点に立つと、不自然なものなどない。可能なことは何であれ、そもそも自然でもあるのだ。自然の法則に反する、真に不自然な行動などというものは存在しえないから、禁じる必要はない。男性が光合成をすることや、女性が光速より速く走ること、マイナスの電荷を帯びた電子が互いに引きつけ合うことを、わざわざ禁じようとした文化など、これまで一つとしてなかった。

実際には、「自然な」と「不自然な」という私たちの概念は、生物学からではなくキリスト教神学に由来する。「自然な」という言葉の神学的意味は、「自然を創造した神の意図に一致した」ということだ。キリスト教の神学者は、手足や器官のそれぞれが特定の目的を果たすことを意図して、神が人間の身体を造ったと主張する。もし私たちが、手足や器官を神が思い描いていた目的のために使えば、それは自然な活動だ。神の意図とは違う形で使えば、それは不自然だ。だが、進化には目的はない。器官は目的を持って進化してきたわけではなく、その使われ方は絶え間なく変化している。人体の器官のうちで、その原型が何億年も前に初めて現れたときに果たしていた役割だけを今も果たしているものは、一つとしてない。器官は進化して特定の機能を果たすようになるが、いったん誕生すると、他の使用法にも適応させうる。たとえば口は、最初期の多細胞生物が栄養分を体内に取り込む方法が必要だったので出現した。私たちは今もなおその目的で口を使うが、それ以外にも、キスしたり、話したり、もし私たちがランボーなら手榴弾から安全ピンを引き抜いたりするのにも使う。線虫《せんちゅう》のような私たちの祖先が六億年前に口をそうした目的で使わなかったからというだけで、そのような使い方はみな不自然なのだろうか？

同様に、翅《はね》は空力的卓越性をそっくり備えて突然出現したりはしなかった。翅は、別の目的を果たす器官から発達した。ある説によれば、昆虫の翅は飛べない虫の体の突出部から何百万年も前に進化したという。突出部がある虫は、ない虫よりも体の表面積が大きいので、その分だけ多くの日光を吸収し、暖かくしていられた。ゆっくりとした進化の過程で、これらの太陽光ヒーターは大きくなっていった。太陽光を最大限に吸収するのに適した（表面積が大きく、非常に軽い）この構造は、偶然にも、跳んだり跳ねたりするときに少しばかり手助けをしてくれた。大きな突出部がある昆虫のほうが、遠くまで跳んだり跳ねたりできた。やがて、その突出部を使って滑空するものが出てきた。そして、そこから間もなく、現に空中を進むことを可能にする翅が誕生した。この次に蚊が耳元でブーンと音を立てたら、不自然な行動を責めるといい。もしその蚊が行儀良く振る舞い、神に与えられたもので満足していたら、翅はソーラーパネルとしてしか使わないだろう。

同様のマルチタスキングが私たちの生殖器や性行動にも当てはまる。性行動はもともと、生殖や、配偶者候補の適正を判断するための求愛儀式として進化した。だが、今では多くの動物が生殖器も性行動も、自分の小さな複製を生み出すこととはほとんど無関係の、さまざまな社会的目的で使っている。たとえばボノボは、政治的同盟を強固にしたり、親密な関係を打ち立てたり、緊張を和らげたりするために性行動をする。それは不自然なのだろうか？

メス＝生物学的カテゴリー		女性＝文化的カテゴリー	
古代アテネ	**現代アテネ**	**古代アテネ**	**現代アテネ**
XX染色体	XX染色体	投票できない	投票できる
子宮	子宮	裁判官になれない	裁判官になれる
卵巣	卵巣	行政職に就けない	行政職に就ける
微量のテストステロン	微量のテストステロン	結婚相手を自分で決められない	結婚相手を自分で決められる
大量のエストロゲン	大量のエストロゲン	たいてい読み書きができない	たいてい読み書きができる
母乳を出せる	母乳を出せる	父親あるいは夫に法的に所有されている	法的に自立している
まったく同じ		**まったく異なる**	

生物学的な性別と社会的・文化的性別

というわけで、女性の自然な機能は出産することだとか、同性愛は不自然だとか主張しても、ほとんど意味がない。男らしさや女らしさを定義する法律や規範、権利、義務の大半は、生物学的な現実ではなく人間の想像を反映している。

生物学的には、ヒトはオスとメスに区分される。ホモ・サピエンスのオスは、X染色体とY染色体を一つずつ、メスはX染色体を二つ持っている。だが、「男性」と「女性」は生物学的ではなく社会的カテゴリーだ。大多数の場合、ほとんどの人間社会では男性はオスで、女性はメスだが、男性と女性という社会的用語は、オスとメスという生物学的用語とは、仮にあったとしてもごくわずかな関連性しかない重荷をたっぷり背負い込んでいる。男性というのは、X染色体とY染色体の組み合わせや睾丸、大量のテストステロンといった特定の生物学的特性を持ったサピエンスのことでは

図22　18世紀の男らしさ。フランスのルイ14世の公式肖像画。長いかつらの髪の毛やストッキング、踵の高い靴、踊り子のようなポーズ、そして大きな剣に注目のこと。現代ヨーロッパでは、（剣を除けば）これらはみな、柔弱さの表れと見なされるだろう。だが、当時ルイ14世は男らしさと力強さの、ヨーロッパにおける模範だった。

ない。むしろ男性とは、彼が属する社会における想像上の人間の秩序の、特定の位置に収まる人を指す。彼は自分の文化の神話によって、男性の特定の役割（たとえば、政治への関与）や権利（たとえば、投票権）、義務（たとえば、兵役）を割り当てられている。同様に、女性は二つのX染色体、子宮、大量のエストロゲンを持ったサピエンスではない。むしろ女性とは、想像上の人間の秩序におけるメスの成員を指す。彼女は自分の社会の神話によって、女性の独特の役割（たとえば、子育て）や権利（たとえば、暴力からの保護）、義務（たとえば、夫への服従）を割り当てられている。そうした男性と女性の役割や権利、義務は生物学的作用ではなく神話が定めるので、「男らしさ」や「女らしさ」は社会次第で大きく異なる。

物事を多少わかりやすくするために、学者はたいてい、生物学的な性別（セックス）と社会的・文化的な性別（ジェンダー）を区別する。生物学的性別はオスとメスに分かれており、この区分の特性は客観的で、歴史を通じて不変だった。社会的・文化的な性別は男性と女性に分かれている（なかには、それ以外のカテゴリーを認める文化もある）。いわゆる「男らしい」特性と「女らしい」特性は共同主観的で、たえず変化している。たとえば、古代アテネの女性と現代アテネの女性とでは、行動や欲望、衣服、さらには姿勢まで、期待されるものに広範に及ぶ違いがある[6]。

生物学的性別は単純そのものだが、社会的・文化的性別は獲得するのが大変だ。オスという生物学的性別の成員になることほど簡単なことはない。X染色体とY染色体を一つずつ持って生まれてきさえすればいいのだ。メスになるのも、それに劣らず簡単だ。X染色体が二個あればいい。これとは対照的に、男性あるいは女性になるのは、非常にややこしくて手間のかかる仕事だ。男らしさや女らしさのほとんどは、生物学的ではなく文化的なものなので、あらゆるオスに男性、あらゆるメスに女性という称号を自動的に与えてくれる社会などない。また、これらの称号は、いったん手に入れたからといって、そのまま維持できるものでもない。男性は揺りかごから墓場まで、儀式や演技を果てしなく続け、一生にわたって男らしさをたえず証明しなければならない。そして、女性の仕事にも終わりはない。自分が十分に女らしいことを自分自身にも他人にもたえず納得させなければならないのだ。

しかも、成功は保証されていない。とくにオスは、男らしいと主張でき

図23　21世紀の男らしさ。バラク・オバマの公式肖像写真。かつらやストッキング、ハイヒール、そして剣はどうなったのか？　権威ある男性がこれほどわびしく冴えない姿を見せることはかつてなかった。歴史の大半を通して、権威ある男性は、羽根の頭飾りをつけたアメリカ先住民の酋長や、絹とダイヤモンドで着飾ったインドのマハーラージャ（藩王）のように、派手で華麗だった。動物界のどこを見ても、オスはメスよりも色鮮やかで身を飾り立てる傾向がある。クジャクの尾やライオンのたてがみを考えるといい。

る資格を失う恐れにつねにつきまとわれて生きている。オスは歴史を通して、「あれは本物の男だ！」と言われるように、進んで危険を冒し、命さえ犠牲にしてきた。

男性のどこがそれほど優れているのか？

少なくとも農業革命以降、ほとんどの人間社会は、女性より男性を高く評価する家父長制社会だった。社会が「男性」と「女性」をどう定義しようと、男性であるほうがつねに優っていた。家父長制社会は、男性は男らしく考え、行動するように、女性は女性らしく考え、行動するように教育し、その境界をあえて踏み越える者は誰でも罰する。だが、この教えに従う者に同等に報いはしない。男らしいと考えられている特性は、女らしいと考えられている特性よりも高く評価され、女らしさの理想を体現する社会の成員は、男らしさの理想を体現する社会の成員ほどの分け前にありつけない。女性の健康と教育に費やされる資源のほうが少なく、女性のほうが与えられる経済的な機会や、政治的な権力、移動の自由も少ない。社会的・文化的性別とは、一部の走者がどれほど競い合っても、せいぜい銅メダルしか勝ち取れないレースなのだ。

たしかに、エジプトのクレオパトラや中国の女帝、武則天（西暦七〇〇年ごろ）、イングランドのエリザベス一世のように、最上位まで上り詰めた女性もわずかながらいる。だが、彼女らは例外であり、原則がどのようなものかを証明しているにすぎない。四五年に及ぶエリザベス一世の支配の間中、議会の議員も、陸海軍の将校も、裁判官や弁護士も、主教や大主教も、神学者も聖職者も、内科医や外科医も、どの大学の学生と教授も、市長や州長官もすべて男性で、作家、建築家、詩人、哲学者、画家、音楽家、科学者もほぼ全員が男性だった。

家父長制はほとんどすべての農耕社会と工業社会で標準的だった。この制度は、政治の大変動や社会革命、経済の劇的変化をしぶとく生き延びてきた。たとえばエジプトは、長年の間に何度も征服された。アッシリア人やペルシア人、マケドニア人、ローマ人、アラビア人、マムルーク人、トルコ人、イギリス人がエジプトを占領したが、それでも社会はつねに家父長制のままだった。エジプトは、ファラオの法律やギリシアの法律、ローマの法律、イスラム教の法律、オスマン帝国の法律、イギリスの法律に支配されたが、これらの法はすべて「本物の男」でない人を差別した。

家父長制はこれほど普遍的なので、偶然の出来事が発端となった悪循環の産物のはずがない。これは特筆に値するのだが、コロンブスがアメリカを発見した一四九二年より前でさえ、アメリカ大陸とアフロ・ユーラシア大陸の社会は、何千年にもわたって接触がなかったにもかかわらず、その大半が家父長制だった。アフロ・ユーラシア大陸の家父長制が、何らかの偶然の出来事の結果だとしたら、なぜアステカ族やインカ族も家父長制だったのか？　「男性」と「女性」の厳密な定義は文化によって変わるものの、何か普遍的な生物学的理由があって、そのせいでほぼすべての文化で男らしさのほうが女らしさよりも重んじられた可能性のほうがはるかに高い。その理由が何なのかは、私たちにはわからない。説は山ほどあるが、なるほどと思わせるようなものは一つもない。

筋力

最も一般的な説は、男性のほうが女性よりも強く、男性は優越した体力を使って女性を無理やり服従させた、というものだ。この説の、もっと手の込んだバージョンによると、次のようになる。男性は肉体的な強靭さのおかげで、畑を耕したり作物を収穫したりといった、きつい肉体労働を必要とする作業を独占できた。その結果、男性は食糧生産の支配権を握り、それが今度は政治的影響力につながった。

筋力を重視するこの説には、二つ問題がある。第一に、「男性のほうが女性よりも強い」という主張は、平均した場合にしか成り立たず、また、特定の種類の強さにしか当てはまらない。一般に、女性のほうが男性よりも飢えや病気、疲労に強い。多くの男性よりも速く走ったり重いものを持ち上げたりできる女性もたくさんいる。そのうえ、この説にとってはいちばん厄介なのだが、女性は歴史を通して、主にほとんど体を使う必要のない仕事（たとえば、聖職、法律、政治）から除外される一方で、畑仕事や工芸、家事などの肉体労働には従事してきた。もし社会的な権力が体力やスタミナに比例する形で分割されるのだとしたら、女性ははるかに多くの権力を手に入れていいてしかるべきだ。

さらに重要なのだが、人間の場合、体力と社会的権力はまったく比例しない。二〇代の人のほうが六〇代の人よりもずっと強壮なのに、たいていは六〇代の人が二〇代の人を支配している。一九世紀中期、アラバマ州のプランテーションの典型的な所有者は、自分の綿花畑で働いている奴隷なら誰を相手に回しても、ほんの数秒で地面にねじ伏せられてしまっただろう。ボクシングの試合でエジプトのファラオやカトリックの教皇を選ぶことはなかった。狩猟採集社会では、最も筋肉が発達した人ではなく、最も優れた社会的技能を持っている人が、たいてい政治的支配権を獲得した。組織犯罪の世界では、マフィアのドンはいちばん腕力のある男性とはかぎらない。むしろ、自分の拳をめったに使うことのない、年長の男性のことが多い。面倒な仕事は若くて威勢の良い者にやらせるのだ。シンジケートを乗っ取るにはドンをさんざん打ちのめせばいいと考えている人間は、自分の過ちから学ぶほど長くは生きられそうにない。チンパンジーの間でさえ、アルファオスはやみくもに暴力を振るうのではなく、他のオスやメスと安定した連合を築くことによって、その地位を獲得する。

それどころか人類の歴史からは、身体的能力と社会的権力が反比例する場合が多いことがわかる。たいていの社会では、肉体労働をするのは下層階級だ。これは食物連鎖におけるホモ・サピエンスの位置を反映しているのかもしれない。純粋な身体的能力だけが重要なら、サピエンスはこの連鎖の中ほどに位置していただろう。だがサピエンスは、精神的技能や社会的技能のおかげで頂点に上り詰めた。したがって、さまざまな種の間の力の連鎖も、暴力ではなく精神的能力と社会的能力で決まるのが当然だ。というわけで、歴史上最も影響力が大きく安定したヒエラルキーが、女性を力ずくで意のままにする男性の能力に基づいているとは信じ難い。

攻撃性

男性優位は強さではなく攻撃性に由来するという説もある。何百万年にも及ぶ進化を経て、男性は女性よりもはるかに暴力的になった。女性は憎悪や強欲、罵詈雑言に関しては男性と肩を並べうるが、この説によると、いざとなったら男性のほうが進んで粗暴な行為に及ぶという。だからこそ歴史を通して、戦争は男性の特権だったのだ。

戦時には、男性が軍を支配するので、一般社会も男性が支配してきた。続いて彼らは、一般社会の支配権を利用してさらに多くの戦争をし、戦争の数を重ねるほど、彼らによる社会の支配権も増していった。このフィードバック・ループによって、戦争の遍在と家父長制の遍在の両方が説明できる。

男性と女性のホルモン系と認知系についての最近の研究は、男性のほうがより攻撃的で暴力的な傾向を現に持っており、したがって、平均すると一兵卒として軍務に就くのによりふさわしいという仮定を支持している。だが、兵卒がみな男性だとしても、戦争を管理し、その成果を享受する人まで男性でなければならないのだろうか？　これは筋が通らない。なぜならそれは、綿花畑を耕作している奴隷がすべて黒人だから、プランテーションの所有者も黒人だろうと仮定するようなものだからだ。全員が黒人の労働者を全員が白人の経営者が管理しうるのとちょうど同じで、全員が男性の兵を、全員あるいは少なくとも一部が女性の政府が支配できない道理があるだろうか？　実際には、歴史を通して多くの社会では、最上級の将校は二等兵からの叩き上げではない。貴族や富裕者、教育のある者は、兵卒として一日も軍務に就かずに自動的に将校の位に就く。

ナポレオンの宿敵ウェリントン公爵が一八歳でイギリス陸軍に入隊したとき、彼はただちに将校に任命された。彼は麾下《きか》の庶民を見下していた。「我々が指揮しているのは、人間のくずである兵卒どもだ」と、彼はフランスとの戦争のときに同輩貴族に書いている。これらの兵卒はたいてい、最貧層あるいは少数派民族（たとえば、アイルランド系カトリック教徒）から召集された。彼らが昇進していく可能性はないに等しかった。上位の階級は公爵や王家の男子、国王のために取ってあった。だが、なぜ男性の公爵だけで女性の公爵は駄目なのか？

アフリカにおけるフランス帝国は、セネガル人やアルジェリア人、労働者階級のフランス人の血と汗で確立され、守られていた。家柄の良いフランス人は、兵卒にはほとんど含まれていなかった。一方、フランス軍を率い、帝国を支配し、その成果を享受した一握りのエリート層に家柄の良いフランス人男性が占める割合は、きわめて高かった。だが、なぜフランス人男性だけで、フランス人女性はいなかったのか？

中国では、軍を文民官僚の支配下に置く長い伝統があったので、一度も剣を手にしたことのない官吏がしばしば戦争を指揮した。「好鐵不當釘（釘を作るのに良い鉄を無駄にしない）」という中国の一般的なことわざがある。本当に有能な人は兵卒ではなく文民官僚になるということだ。それならなぜ、これらの官吏はみな男性だったのか？

女性は身体的に弱かったから、あるいはテストステロン値が低かったから、官吏や将軍、政治家として成功できなかったというのは、筋が通らない。戦争を指揮するには、たしかにスタミナが必要だが、体力や攻撃性はあまりいらない。戦争は酒場の喧嘩とは違う。戦争は、並外れた程度までの組織化や協力、妥協が必要とされる、複雑な事業だ。国内の平和を維持し、国外では同盟国を獲得し、他の人々（とくに敵）の考えていることを理解する能力が、たいてい勝利のカギを握っている。したがって、攻撃的な獣のような人は、戦争の指揮を任せるには最悪の選択であることが多い。妥協の仕方や人心を操る方法、さまざまな視点から物事を眺める方法を知っている協力的な人のほうが、はるかに優る。帝国の建設者は、こうした資質を備えているものだ。軍事的には無能なアウグストゥスは、安定した帝政を確立した。格段に優れた武将だったユリウス・カエサルにもアレクサンドロス大王にも成し遂げられなかったことをやってのけたのだ。彼を称賛する当時の人々も、現代の歴史家も、この偉業を彼の「クレメンティア（温厚さと寛大さ）」という美徳に帰することが多い。

女性は男性よりも人を操ったり宥めたりするのが得意であると見られがちで、他者の立場から物事を眺める能力が優れているという定評がある。こうした固定観念に少しでも真実が含まれているのなら、女性は、戦場での忌まわしい仕事はテストステロンをみなぎらせている力自慢の単細胞たちに任せて、秀でた政治家や帝国建設者になっていてよかったはずだ。だが、女性の能力に関するこうした神話が世間に流布しているにもかかわらず、実際に女性が秀でた政治家や帝国建設者になることは稀だった。それがなぜかは、まったくわからない。

家父長制の遺伝子

生物学的な説明の第三の種類は、野獣のような力や暴力は重視せず、何百万年もの進化を通して、男性と女性は異なる生存と繁殖の戦略を発達させたと主張する。子供を産む能力のある女性を孕ませる機会を求めて男性が競い合う状況では、個体が子孫を残す可能性は何よりも、他の男性を凌いだり打ち負かしたりする能力にかかっていた。時が過ぎるうちに、次の世代に行き着く男性の遺伝子は、最も野心的で、攻撃的で、競争的な男性のものが増えていった。

一方、女性は自分を孕ませたがる男性を見つけるのには、何の苦労もいらなかった。だが、孫が欲しければ、孕んだ子供を九か月以上にわたって難儀しながら胎内で育て、出産後も長年養育しなければならなかった。その間は、食べ物を手に入れる機会も減り、多くの助けを必要とした。彼女には男性が必要だった。自分の生存と子供たちの生存を確実にするためには、男性にとどまってもらい、自分の負担の一部を肩代わりしてもらえるように、彼がどんな条件を要求しても同意するしかなかった。時がたつにつれ、次の世代に行き着く女性の遺伝子は、従順な養育者のものが増えていった。権力を求めてあまりに多くの時間を戦いに費やす女性は、自分の強力な遺伝子を未来の世代にまったく残せなかった。

この説によれば、これら二つの異なる生存戦略の結果、男性は野心的で競争的で、政治とビジネスに秀でるようにプログラムされ、一方、女性は他人に道を譲り、人生を子育てに捧げる傾向を持つようになったという。

だがこの説も、経験的証拠に反するように見える。とくに問題なのは、女性は他者の助けが必要なので、他の女性ではなく男性に頼り、男性は競争的なので社会的に優位に立ったという仮定だ。ゾウやボノボなど、多くの動物種では、他者に依存するメスと競争的なオスとの間のダイナミクスが家母長制につながるのだ。メスは他者の助けを必要とするので、社会的技能を発達させ、協力したり宥めたりする方法を学ばざるをえない。彼女らは全員メスから成る社会的ネットワークを構築し、それぞれがその助けを借りて子供を育てる。一方、オスは戦いと競争に時間を使う。彼らの社会的技能や社会的絆は未発達のままになる。ボノボとゾウの社会は、協力し合うメスの強力なネットワークに支配されており、自己中心的で非協力的なオスたちは、脇へ押しやられる。平均すると、ボノボのメスはオスより弱いが、メスはしばしば徒党を組んで、度を過ごしたオスを打ちのめす。

これがボノボやゾウで可能なら、なぜホモ・サピエンスでも可能にならないのか？　サピエンスは比較的弱い動物で、その利点は、大人数で協力する能力にある。それならば、他者に依存する女性たちが、仮に男性たちに依存していても、優れた社会的技能を使って協力し、攻撃的で自律的で利己的な男性を出し抜き、操ってもよさそうなものだ。

成功が何よりも協力にかかっている唯一の種において、どうしてあまり協力的でないはずの個体（男性）が、より協力的なはずの個体（女性）を支配するようになったのか？　今のところ、妥当な答えは見つかっていない。ひょっとしたら、一般的な仮定はみな、たんなる誤りなのかもしれない。ホモ・サピエンスという種のオスは、体力や攻撃性、競争性ではなく、優れた社会的技能と、より協力的な傾向を特徴としているのかもしれない。実際のところは、私たちにはまったくわからないのだ。

だが、はっきりわかっていることもある。過去一世紀の間に、社会的・文化的性別の役割は、途方もない変革を経験した。今日、しだいに多くの社会が、男性と女性に同等の法的地位や政治的権利、経済的機会を与えるばかりでなく、性別と性行動の最も根本的な概念を完全に考え直してもいる。性別による格差は依然として著しいが、息を呑むような速さで物事が進んでいる。二〇世紀初頭には、アメリカでは女性に投票権を与えるという考えは、一般に法外と見なされていた。女性が連邦政府の省の長官や最高裁判所判事になるという展望は、笑止千万でしかなかった。そして、同性愛はタブー以外の何物でもなく、公然と話し合うことすらできなかった。だが二一世紀初頭には、女性の選挙権は当然視され、女性が省の長官に任命されても特別な論評には値せず、二〇一三年には女性三人を含む五人の連邦最高裁判所判事が(四人の男性判事の反対を退けて)、同性婚は合法とする判断を支持した。

こうした劇的な変化があるからこそ、私たちは社会的・文化的性別の歴史にとまどうのだ。今日明確に実証されているように、家父長制が生物学的事実ではなく根拠のない神話に基づいているのなら、この制度の普遍性と永続性を、いったいどうやって説明したらいいのだろうか?

第3部　人類の統一

図24　メッカのカーバ神殿の周りを回る巡礼者たち。

第9章　統一へ向かう世界

農業革命以降、人間社会はしだいに大きく複雑になり、社会秩序を維持している想像上の構造体も精巧になっていった。神話と虚構のおかげで、人々はほとんど誕生の瞬間から、特定の方法で考え、特定の標準に従って行動し、特定のものを望み、特定の規則を守ることを習慣づけられた。こうして彼らは人工的な本能を生み出し、そのおかげで厖大な数の見ず知らずの人どうしが効果的に協力できるようになった。この人工的な本能のネットワークのことを「文化」という。

二〇世紀前半には、学者たちは次のように教えた。どの文化もそれを永遠に特徴づける不変の本質を持っており、完全で、調和している。人間の集団にはそれぞれ独自の世界観と、社会的、法律的、政治的取り決めの制度があり、惑星が恒星の周りを回るように、集団を円滑に動かしている。この見方によれば、文化は放っておかれれば変化しないという。ひたすら同じ速度で同じ方向に進み続け、外から力が働いたときにだけ、文化は変化しうるのだった。たとえば人類学者や歴史学者、政治家は「サモア文化」あるいは「タスマニア文化」に言及し、サモア人やタスマニア人が大昔から同じ信念や規範、価値観を特徴としてきたかのように語った。

だが今日では、文化を研究している学者の大半が、その逆が真実であると結論している。どの文化にも典型的な信念や規範、価値観があるが、それらはたえず変化している。文化は環境の変化に対応して変わったり、近隣の文化との交流を通して変わったりする。さらに、自らの内的ダイナミクスのせいで変遷を経験することもある。生態学的に安定した環境に、完全に孤立して存在している文化でさえ、変化は免れない。矛盾とは無縁の物理学の法則とは違って、人間の手になる秩序はどれも、内部の矛盾に満ちあふれている。文化はたえず、そうした矛盾の折り合いをつけようとしており、この過程が変化に弾みをつける。

たとえば中世ヨーロッパの貴族は、キリスト教と騎士道の両方を信奉していた。典型的な貴族は、朝、教会に行き、聖職者が聖人たちの生涯について長々と語るのに耳を傾けた。「空《くう》の空なるかな。すべては空なり。富と欲と名誉は危険な誘惑である。人はそれらを超越し、キリストの例に倣わなければならない。キリストのように柔和になり、暴力と贅沢を避け、攻撃されたなら、ただ、もう一方の頰を差し出すように」と聖職者は説く。柔和な気分で物思いに沈みながら家に駆け戻った貴族は、きらびやかな絹の衣服に着替え、君主の城での饗宴に出かける。そこではブドウ酒がふんだんに振る舞われ、吟遊楽士がランスロットとグィネヴィアの物語を歌い、客たちは野卑な冗談を交わし、血なまぐさい戦話《いくさ》に興じる。「恥を抱えて生きるよりは死んだほうがましだ」と貴族たちは言い放つ。「人の誉《ほま》れに疑いを挟むような輩がいたら、血をもってしかその屈辱は拭えない。それに、敵が面前で逃げ出し、そのかわいい娘たちが足下で震えているのを目にするのに優ることなど、人生にあるだろうか?」

この矛盾が完全に解決されることはついになかった。だが、ヨーロッパの貴族や聖職者、庶民がそれに取り組むうちに、文化が変わった。解決の試みの一つが十字軍の遠征につながった。遠征では、騎士たちは戦場での武勇と宗教的献身を一度に立証できた。同じ矛盾が、テンプル騎士団やヨハネ騎士団などの軍事的宗教団体の創設にもつながった。これらの団体の成員たちは、キリスト教と騎士道の理想をなおさら緊密に嚙み合わせようとした。この矛盾はまた、アーサー王や聖杯の物語など、中世の芸術や文学のかなりの部分を生み出すことにもなった。アーサー王の伝説は、善き騎士は善きキリスト教徒たりうるし、また、善きキリスト教徒たるべきであること、そして、善きキリスト教徒が最高の騎士になることを証明しようという試み以外の何物でもないではないか。

近代の政治秩序も、また別の例と言える。フランス革命以降徐々に、世界中の人々が平等と個人の自由の両方を根本的な価値と見なすようになった。だが、これら二つの価値は互いに矛盾する。平等は、暮らし向きの良い人々の自由を削減することでのみ確保される。あらゆる人に好きなように振る舞う自由を保証したら、必然的に平等が成り立たなくなる。一七八九年以降の政治史はすべて、この矛盾を解消しようとする一連の試みだったと考えることができる。

チャールズ・ディケンズの小説を読んだ人なら誰もが知っているとおり、一九世紀のヨーロッパの自由主義政権は、たとえ債務を履行できなくなった貧しい人々を監獄に放り込み、孤児たちにすりの見習いになる以外にほとんど選択の余地を与えないことになろうとも、個人の自由を優先した。アレクサンドル・ソルジェニーツィンの小説を読んだ人なら誰もが知っているとおり、共産主義の平等主義の理想は、日常生活のあらゆる側面を支配しようと試みる残酷な専制政治を生み出した。

現代のアメリカ合衆国の政治も、この矛盾を中心に回っている。民主党員は、たとえ貧しい人や高齢者や虚弱な人を助ける事業の資金を提供するために増税することになっても、より公平な社会を望んでいる。だがこれは、自分のお金を好きなように使う個人の自由を侵害する。子供たちを大学に通わせるために使いたいお金を注ぎ込んでまで医療保険に加入することを、なぜ政府に強制されなければならないのか？一方、共和党員は、富める者と貧しい者の収入格差が拡大したり、多くのアメリカ人が医療保険に加入できなかったりすることになっても、個人の自由を最大化したがっている。

中世の文化が騎士道とキリスト教との折り合いをつけられなかったのとちょうど同じように、現代の世界は、自由と平等との折り合いをつけられずにいる。だが、これは欠陥ではない。このような矛盾はあらゆる人間文化につきものの、不可分の要素なのだ。それどころか、それは文化の原動力であり、私たちの種の創造性と活力の根源でもある。対立する二つの音が同時に演奏されたときに楽曲が嫌でも進展する場合があるのと同じで、思考や概念や価値観の不協和音が起こると、私たちは考え、再評価し、批判することを余儀なくされる。調和ばかりでは、はっとさせられることがない。

緊張や対立、解決不能のジレンマがどの文化にとってもスパイスの役割を果たすとしたら、どの文化に属する人間も必ず、矛盾する信念を抱き、相容れない価値観に引き裂かれることになる。これはどの文化にとっても本質的な特徴なので、「認知的不協和」という呼び名さえついている。認知的不協和は人間の心の欠陥と考えられることが多い。だが、じつは必須の長所なのだ。矛盾する信念や価値観を持てなかったとしたら、人類の文化を打ち立てて維持することはおそらく不可能だっただろう。

たとえばキリスト教徒が、通りの先にあるモスクに通うイスラム教徒のことを理解したいと心から願っていたら、すべてのイスラム教徒が大切にしている純粋な価値観の数々を探し求めるべきではない。むしろ、イスラム教文化のジレンマ、つまり規則と規則がぶつかり合い、標準どうしが衝突している部分を調べるべきだ。イスラム教徒を最もよく理解できるのは、彼らが二つの原則の間で揺れている場所なのだ。

歴史は統一に向かって進み続ける

人類の文化はたえず変化している。この変化は、完全にランダムなのか、それとも、何かしら全体的なパターンを伴うのか？　言い換えると、歴史には方向性があるのか？

答えは、ある、だ。何千年もの間に、小さく単純な文化が、より大きく複雑な文明に少しずつまとまっていったので、世界に存在する巨大文化の数はしだいに減り、そうした巨大文化のそれぞれが、ますます大きく複雑になった。これはもちろん、非常におおざっぱな一般論であり、巨視的《マクロ》な次元でしか正しくない。微視的《ミクロ》の次元では、一群の文化が一つの巨大文化にまとまるたびに、別の巨大文化が分裂しているように見える。モンゴル帝国はアジアの広い範囲とヨーロッパの一部にまで支配を拡げたが、やがてばらばらになった。キリスト教は何億もの人を改宗させたが、同時に無数の宗派に分裂した。ラテン語はヨーロッパ西部と中部に広まったが、やがて地域ごとに方言に分かれ、それが最終的に各国語になった。だがこれらの分裂は、統一へと向かう止めようのない趨勢《すうせい》に反する一時的な逆転にすぎない。

この歴史の方向性に気づくかどうかは、じつは視点の問題だ。物事の展開を何十年、何百年という単位で考察する、いわゆる鳥瞰《ちょうかん》的な視点から歴史を眺めれば、歴史が統一性へと向かっているのか、それとも多様性へと向かっているのかを判断するのは難しい。だが、長期的な過程を理解するには、鳥瞰的な視点は、あまりに視野が狭すぎる。鳥の視点の代わりに、宇宙を飛ぶスパイ衛星の視点を採用したほうがいい。この視点からなら、数百年ではなく数千年が見渡せる。そのような視点に立てば、歴史は統一に向かって執拗に進み続けていることが歴然とする。キリスト教の分割やモンゴル帝国の崩壊は、歴史という幹線道路におけるただのスピード抑止帯《バンプ》でしかないのだ。

歴史の進む全般的な方向を理解する最善の方法は、地球という惑星上に同時に存在する別個の人間社会の数を数えることだ。今日私たちは、地球全体を一つの単位として考えることに慣れているが、じつのところ歴史の大半を通じて、地球は孤立して散在する無数の人間社会の一大星雲だった。

オーストラリア大陸の南にある中ぐらいの島、タスマニアを考えてほしい。この島は紀元前一万年ごろ、氷河時代が終わって海水面が上昇したためにオーストラリア本土から切り離された。島には数千人の狩猟採集民が取り残され、一九世紀にヨーロッパ人がやって来るまで、他の人間たちとの接触をいっさい断たれた。一万二〇〇〇年にわたって、誰もタスマニア人の存在を知らず、タスマニア人も世界には自分たち以外の人間がいることを知らなかった。彼らは戦争や政治闘争、社会変動、文化の発展を経験した。だが、中国の皇帝たちやメソポタミアの支配者たちにしてみれば、タスマニアは木星の月の一つにあったも同然だった。こうしてタスマニア人たちは、独自の世界で生きていた。

アメリカ大陸とヨーロッパ大陸も、歴史のほとんどの期間、別世界だった。三七八年、ローマ皇帝ウァレンスはアドリアノープルの戦いでゴート族に敗れ、殺された。同年、ティカルの王チャック・トック・イチャークはテオティワカンの軍隊に敗れて殺された（ティカルはマヤの重要な都市国家であり、テオティワカンは当時、アメリカ大陸最大の都市で、同時代のローマに匹敵する二五万近い住民を擁していた）。ローマの敗北とテオティワカンの台頭との間には、まったく何のつながりもない。ローマは火星に、テオティワカンは金星にあったようなものだ。

地球上には異なる人間社会がいくつ存在したのだろう？　紀元前一万年ごろ、この星には何千もの社会があった。紀元前二〇〇〇年には、その数は数百、多くても数千まで減っていた。一四五〇年には、その数はさらに激減していた。ヨーロッパ人による大航海時代の直前だった当時、地球にはタスマニアのようなごく小規模な世界が依然として相当数あった。だが、人類の九割近くが、アフロ・ユーラシア大陸という単一の巨大世界に暮らしていた。アジアとヨーロッパの大半と、アフリカの大半（サハラ砂漠以南のかなりの部分を含む）は、文化、政治、経済の重要な絆ですでに結ばれていた。

世界人口の残り一割の大半は、相当な規模と複雑さを持つ四つの世界に分かれていた。

1 メソアメリカ世界――中央アメリカのほぼ全土と北アメリカの一部に及ぶ領域。

2 アンデス世界――南アメリカ西部のほぼ全土に及ぶ領域。

3 オーストラリア世界――オーストラリア大陸全土に及ぶ領域。

4 オセアニア世界――ハワイからニュージーランドまで、太平洋南西部の島々の大半を含む領域。

その後三〇〇年間に、アフロ・ユーラシア大陸という巨人は、他の世界をすべて呑み込んだ。まず、スペイン人がアステカ帝国を征服した一五二一年に、メソアメリカ世界を取り込んだ。同じころ、フェルディナンド・マゼランの世界一周の間に、オセアニア世界の一部も食いちぎり、そのすぐ後に、征服を完了した。アンデス世界はスペインの征服者《コンキスタドール》がインカ帝国を壊滅させた一五三二年に崩壊した。ヨーロッパ人が初めてオーストラリアに上陸したのは一六〇六年で、この無垢の世界はイギリスが一七八八年に本格

地図3　1450年の地球。アフロ・ユーラシア世界で名前が挙げられているのは、14世紀のイスラム教徒の旅行家イブン・バットゥータが訪れた場所。モロッコのタンジールの出身であるイブン・バットゥータは、ティンブクトゥ、ザンジバル、ロシア南部、中央アジア、インド、中国、インドネシアを訪ねた。彼の旅行は、近代直前の、アフロ・ユーラシア世界の統一性を具体的に物語っている。

的に植民地化を始めたときに最期を迎えた。その一五年後、イギリス人はタスマニア島に最初の入植地を建設し、最後まで残っていた自律的な人間世界をアフロ・ユーラシア大陸の勢力圏に組み込んだ。

アフロ・ユーラシア大陸という巨人が、呑み込んだものをすべて消化するまでには数世紀かかったが、この過程は逆転不可能だった。今日、人類のほぼ全員が同一の地政学的制度（地球全体が、国際的に承認された国家に分割されている）や、同一の経済制度（資本主義の市場勢力が、地球上の最果ての地まで支配下に置いている）、同一の法制度（少なくとも理論上は、人権と国際法があらゆる場所で有効になっている）、同一の科学制度（イラン、イスラエル、オーストラリア、アルゼンチン、その他どこの専門家であれ、原子の構造あるいは結核の治療法について、完全に見解を一にしている）を持っている。

ただし、この単一のグローバル文化は、同種のものから成るわけではない。単一の有機体には多種多様な器官や細胞があるのとちょうど同じで、私たちの単一のグローバル文化にも、ニューヨークの株式仲買人からアフガニスタンのヒツジ飼いまで、多種多様な人々や生活様式が見られる。それでも彼らはみな、緊密に結びついており、無数の形で互いに影響を与え合っている。相変わらず口論したり争ったりするが、同じ概念を使って口論し、同じ武器を使って争う。正真正銘の「文明の衝突」は、耳の聞こえない人どうしの会話のようなものだ。どちらも相手の言っていることがわからない。今日、イランとアメリカが武力をちらつかせて脅し合うときには、両国とも国民国家や資本主義経済、国際的権利、原子物理学の言語で話している。

私たちは相変わらず「純正」の文化ということをしきりに口にするが、独自に発展し、外部の影響を免れた古代の地元の伝統から成るものを指して「純正」というのなら、地上には純正な文化は一つとして残っていない。過去数世紀の間に、すべての文化はグローバルな影響の洪水で、ほとんど原形をとどめないほどまで変化してしまったからだ。

このグローバル化のうちでも、とくに興味深い例が「エスニック」料理だ。私たちには、こんな思い込みがある。イタリアンのレストランではトマトソーススパゲッティが食べられて当然だ。ポーランド料理とアイルランド料理の店では、ジャガイモがたっぷり出てくる。アルゼンチン料理の店では、何十種類ものビフテキから選べる。インド料理店では、ほとんどどの料理にも辛いトウガラシが入っている。スイス風のカフェのハイライトは、山盛りのホイップクリームの載った濃厚なココアだろう。だが、これらの飲食物はみな、もともとこれらの国のものではない。トマトとトウガラシとココアはどれもメキシコ原産で、ヨーロッパとアジアに伝わったのは、スペイン人がメキシコを征服した後にすぎない。ユリウス・カエサルとダンテ・アレギエーリは、トマトにまみれたスパゲッティをフォークに絡めたことは一度もなかった（じつのところ、フォークさえまだ発明されていなかった）し、ウィリアム・テルはチョコレートを味わ

図25　スー族の酋長（1905年）。スー族をはじめとする、北アメリカの大草原地帯グレートプレーンズの先住民部族は、1492年以前には馬を持っていなかった。

ったことがなく、ブッダはトウガラシで食べ物に辛味を加えたりしなかった。ジャガイモがポーランドとアイルランドに伝わったのはわずか四〇〇年前だ。一四九二年にアルゼンチンで手に入ったのは、ラマのステーキだけだった。

ハリウッド映画のおかげで、北アメリカの大平原に暮らしていた先住民は、祖先の習慣を守るために、ヨーロッパ人開拓者の荷馬車目がけて敢然と突進していく勇猛な乗馬の名手というイメージが定着した。だが、馬を乗りこなすアメリカ先住民は、古代の純正な文化の擁護者ではなかった。むしろ彼らは、ヨーロッパから馬が取り入れられた結果、一七世紀と一八世紀に北アメリカ西部の平原を席巻した軍事的・政治的な一大革命の産物だった。一四九二年には、アメリカ大陸には馬はいなかった。一九世紀のスー族やアパッチ族の文化には魅力的な特徴が多いが、それは「純正」にはほど遠く、グローバルな力がもたらした、近代文化だったのだ。

グローバルなビジョン

実際的な視点に立つと、グローバルな統一の最も重要な段階は、数々の帝国が発展し、交易が盛んになった、過去数世紀の間に展開した。この間に、アフロ・ユーラシア、南北アメリカ、オーストラリア、オセアニアの人々が結びつき、そのつながりがしだいに緊密になった。こうして、メキシコのトウガラシがインド料理で使われだし、スペインの牛がアルゼンチンで草を食み始めた。とはいえ、イデオロギーの視点に立つと、これに輪をかけて重要な展開が見られたのは、紀元前一〇〇〇年紀で、この間に普遍的秩序という概念が根づいた。それ以前は何千年にもわたって、歴史はすでにグローバルな統一に向かって少しずつ動いていたが、全世界を支配する普遍的秩序という概念は、まだほとんどの人には馴染みがなかった。

ホモ・サピエンスは、人々は「私たち」と「彼ら」の二つに分けられると考えるように進化した。「私たち」というのは、自分が何者であれ、すぐ身の回りにいる人の集団で、「彼ら」はそれ以外の人全員を指した。じつのところ、自分が属する種全体の利益に導かれている社会的な動物はいない。チンパンジーという種の利益を気にかけるチンパンジーはいないし、グローバルなカタツムリ社会のことを思って骨を折るカタツムリもいないし、全ライオンの王になろうと努力するライオンのアルファオスもいないし、どのミツバチの巣の入口を見ても、「世界の働きバチ諸君、結束しよう！」などというスローガンが掲げられていることはない。

だが認知革命を境に、ホモ・サピエンスはこの点でしだいに例外的な存在になっていった。人々は、見ず知らずの人と日頃から協力し始めた。彼らを「兄弟」や「友人」と想像してのことだ。だが、この「兄弟関係」は普遍的なものではなかった。どこか隣の谷には、あるいは山脈の向こうには、相変わらず「彼ら」の存在を感じられた。最古のファラオであるメネスが紀元前三〇〇〇年ごろにエジプトを統一したとき、エジプトには国境があって、その向こうには「野蛮人」が潜んでいることは、エジプト人たちには明らかだった。野蛮人はよそ者で、脅威であり、エジプト人が望んでいる土地あるいは天然資源をどれだけ持っているかに応じてのみ、関心を惹いた。人々が生み出した想像上の秩序はすべて、人類のかなりの部分を無視する傾向にあった。

紀元前一〇〇〇年紀に普遍的な秩序となる可能性を持ったものが三つ登場し、その信奉者たちは初めて、一組の法則に支配された単一の集団として全世界と全人類を想像することができた。誰もが「私たち」になった。いや、少なくともそうなる可能性があった。「彼ら」はもはや存在しなかった。真っ先に登場した普遍的秩序は経済的なもので、貨幣という秩序だった。第二の普遍的秩序は政治的なもので、帝国という秩序だった。第三の普遍的秩序は宗教的で、仏教やキリスト教、イスラム教といった普遍的宗教の秩序だった。

「私たちvs.彼ら」という進化上の二分法を最初に超越し、人類統一の可能性を予見しえたのは、貿易商人や征服者、預言者だった。貿易商人にとっては、全世界が単一の市場であり、全人類が潜在的な顧客だった。彼らは誰にでもどこにでも当てはまる経済的秩序を打ち立てようとした。征服者にとっては、全世界は単一の帝国であり、全人類は潜在的な臣民であり、預言者にとっては、全世界は単一の真理を内包しており、全人類は潜在的な信者だった。彼らも、誰にでもどこにでも当てはまる秩序を確立しようとしていた。

過去三〇〇〇年間に、人々はそのようなグローバルなビジョンを実現させようと、しだいに多くの野心的な試みを重ねてきた。この後の三章では、貨幣と帝国と普遍的宗教がどのように拡がり、今日の一体化された世界の基礎を築いたかを論じる。皮切りは、史上最強の征服者の物語で、極端なまでの寛容性と適応性を備えたこの征服者は、その特性を活かして人々を熱烈な信奉者に変えた。その征服者とは、貨幣だ。同じ神を信じていない人々も、同じ王に従属していない人々も、喜んで同一の貨幣を使う。あれほどアメリカの文化や宗教や政治を憎んでいたウサマ・ビンラディンでさえ、アメリカのドルは大好きだった。神も王も通用しない所で、なぜ貨幣は成功できたのだろう?

第10章　最強の征服者、貨幣

一五一九年、エルナン・コルテス率いる征服者《コンキスタドール》が、それまで孤立していた人間世界の一つであるメキシコに侵入した。アステカ族（現地に住んでいた人々は自らをそう呼んでいた）は、このよそ者たちが、ある黄色い金属に途方もない関心を示すことにたちまち気づいた。実際、彼らは飽くことなくその金属について話し続けるようだった。原住民たちは、金と馴染みがなかったわけではない。金は美しくて加工しやすいので、それを使って装身具や彫像を作っており、交易の媒体として砂金を使うこともあった。だがアステカ族が何かを買いたいときには、たいていカカオ豆か布で支払いをした。したがって、スペイン人が金に執着するのは不思議に思えた。食べることも飲むことも織ることもできず、柔らか過ぎて道具や武器にも使えないこの金属が、どうしてそれほど重要なのか？　なぜスペイン人はそれほど金に愛着を持つのかと原住民がコルテスに尋ねると、彼はこう答えた。「なぜなら、私も仲間たちも心臓の病にかかっており、金でしか治せないからだ」(1)

実際、スペイン人たちの出身地であるアフロ・ユーラシア世界では、金への執着は伝染病の様相を呈していた。激しい憎悪に燃える敵どうしでさえ、この役に立たない黄色い金属を喉から手が出るほど欲しがった。メキシコ征服の三世紀前、コルテスと彼の率いる軍隊の祖先は、イベリア半島と北アフリカのイスラム教の諸王国を相手に、残虐な宗教戦争を繰り広げた。キリストの信奉者とアッラーの信奉者が、何千という単位で互いに殺し合い、畑や果樹園を荒らし、繁栄していた都市をくすぶる廃墟に変えた。すべて、キリストあるいはアッラーのより大きな栄光のためだった。

キリスト教徒が徐々に優位に立つにつれ、彼らはモスクを破壊して教会を建設するだけでなく、十字架の印の入った新しい金貨や銀貨を発行し、異教徒との戦闘での力添えを神に感謝することでも、勝利を祝した。だが、勝者は新しい硬貨だけでなく、ミラーレという別の種類の硬貨も鋳造した。この硬貨は、いくぶん違ったメッセージを伝えるものだった。キリスト教徒の征服者たちが造ったこの四角い硬貨には、流麗なアラビア語の文字で次のように宣言されていた。「アッラーの他に神はなし。ムハンマドはアッラーの使徒なり」。メルグイユやアグドのカトリックの司教さえもが、広く流通しているイスラム教徒の硬貨の忠実な複製を発行し、敬虔なキリスト教徒たちも喜んでそれを使った[2]。

寛容性は反対側の陣営でも盛んに発揮された。北アフリカのイスラム教徒の貿易商人たちは、フィレンツェのフロリン金貨やヴェネツィアのダカット金貨、ナポリのジリアート銀貨のような、キリスト教徒の硬貨を使って商いをした。異端者であるキリスト教徒に対する聖戦を呼びかけるイスラム教徒の支配者たちまでもが、キリストや聖母の加護を祈願する硬貨で、喜んで税を受け取った[3]。

物々交換の限界

狩猟採集民には貨幣はなかった。どの生活集団も、肉から薬、サンダルから魔法の道具まで、必要なものはすべて狩り、採集し、作った。集団の成員ごとに得意な仕事はあったかもしれないが、彼らは恩恵と義務の経済を通して財やサービスを分かち合った。ただで肉を一切れ提供したら、それには、たとえばいずれ具合が悪いときに治療の手助けをしてもらえるといった、互恵性の前提が伴っていた。集団は経済的に自立しており、よその人から手に入れる必要があるのは、貝殻や顔料、黒曜石など、地元では手に入らない少数の珍しい品だけだった。こうした品の入手はたいてい、単純な物々交換で行なえた。「きれいな貝殻をあげるから、質の良い燧石をくれ」という具合だ。

農業革命が起こっても、これにほとんど変化はなかった。大半の人は小さく親密なコミュニティで暮らし続けた。それぞれの村落は、狩猟採集民の集団とまったく同じように自給自足の経済単位で、相互の恩恵と義務に加えて、外部の人との若干の物々交換で維持されていた。村人のうちには、靴作りに長けた人や、医療が得意な人もいただろうから、村人たちは靴や手当が必要になったら、誰に頼ればいいか承知していた。だが、村落は小さく、その経済規模は限られていたので、専業の靴職人や医師を持つことはできなかった。

だが、都市や王国が台頭し、輸送インフラが充実すると、専門化の機会が生まれた。人口密度が高い都市では、専門の靴職人や医師だけでなく、大工や聖職者、兵士、法律家も、それぞれの仕事に専従できるようになった。非常に優れたワイン、オリーブ油、あるいは陶磁器を生産するという評判を得た村落は、ほぼ全面的にその製品に特化する価値があることを発見した。他に必要な財はすべて、それと引き換えに他の村落から手に入れられるからだ。これは完全に理に適っていた。気候や土壌は土地それぞれなのだから、ブドウの木にはるかに適した土壌と気候の場所からもっと口当たりの良いワインが手に入るのなら、自宅の裏庭で採れたブドウから作る平凡なワインを飲む必要があるだろうか？　裏庭の粘土でよそより丈夫で美しい壺が作れるのなら、交換ができるではないか。そのうえ、医師や法律家はもとより、専業のワイン醸造業者や陶工は、専門技能を磨き、全員の役に立てる。だが、専門化からは一つ問題が生じた。専門家どうしの品物の交換を、どう管理すればいいのか？

恩恵と義務の経済は、見ず知らずの人が大勢協力しようとするときにはうまくいかない。兄弟姉妹や隣人をただで助けるのと、恩恵に報いることがないかもしれない外国人の面倒を見るのとでは、まったく話が違う。物々交換に頼ることは可能だ。だが物々交換は、限られた製品を交換するときにだけ効果的で、複雑な経済の基盤を成しえない。(4)

物々交換の限界を理解するために、想像してほしい。あなたが、この丘陵地帯で随一の、身の締まった甘いリンゴの生る果樹園を持っていたとしよう。あなたは一生懸命働くので、靴がすっかり擦り減ってしまった。そこでロバを荷車につなぎ、川沿いの、市の立つ町へ向かう。市場の南端の靴職人にとびきり頑丈な長靴を作ってもらって五年履けたという話を隣人から聞いていた。その職人の店を見つけ、リンゴと交換で、必要な靴を作ってもらおうとした。

だが、靴職人はためらった。リンゴをいくつ請求すればいいだろう？　彼のもとには毎日何十人も客が訪れる。そのうち何人かはリンゴを袋に入れて持ってくる。小麦やヤギ、布を持ってくる人もいる。質はさまざまだ。王への請願や、腰痛の治療といった、専門技術を提供しようという人もいる。靴職人が前回靴と引き換えにリンゴを受け取ったのは三か月前で、そのときには三袋要求した。それとも、四袋だったか？　だが、考えてみると、それは極上の丘陵産ではなく、谷で採れた酸っぱいリンゴだった。もっとも、あのときリンゴと交換したのは、婦人物の小さな靴だった。この客は男物の長靴を求めている。それに、ここ数週間、町の周りのヒツジたちが病気で軒並みやられているから、皮が手に入りにくくなっている。なめし工たちは、同じ量のなめし革に、靴の完成品を前の二倍要求し始めている。それも考慮に入れるべきではないか？

物々交換経済では、靴職人もリンゴ栽培者も、何十という商品の相対的な価格を、毎日あらためて知る必要がある。市場で一〇〇種類の商品が取引されていたら、売り手も買い手も四九五〇通りの交換レートを頭に入れておかなければならない。そして、もし一〇〇〇種類の商品が取引されていたら、売り手と買い手が計算に入れなければならない交換レートは、なんと四九万九五〇〇通りに達する！[5] そんなに多くのレートなど知りようがないではないか。

だが、話はさらにややこしくなる。仮に靴一足に相当するリンゴの個数をなんとか計算できたとしても、いつも交換が可能とはかぎらない。なにしろ、交換の場合には双方が相手の望むものを提供する必要があるからだ。もし靴職人はリンゴが嫌いで、そのとき本当に望んでいるのは離婚だったらどうだろう？ リンゴを持ってきたあなたは、リンゴ好きの法律家を探して、三者間取引を設定することも、たしかに可能だろう。だが、その法律家はもうリンゴはうんざりするほど食べていて、どうしても髪の毛を切ってもらいたがっていたらどうなるのか？

専門の栽培家や製造業者から産物や製品を集め、必要とする人に分配する中央物々交換制度を確立することでこの問題を解決しようとした社会もある。そのうちで最も大規模で有名な実験はソヴィエト連邦で行なわれ、惨めな失敗に終わった。「誰もがその能力に応じて働き、必要に応じて受け取る」という理想は、「誰もがさぼれるだけさぼり、もらえるだけもらう」という現実を招いた。たとえばインカ帝国でのように、もっと節度のある試みが行なわれ、もう少し成功したこともある。だが、ほとんどの社会は、大勢の専門家を結びつけるための、もっと手軽な方法を発見した。貨幣を創り出したのだ。

貝殻とタバコ

貨幣は多くの場所で何度も生み出された。その発達には、技術の飛躍的発展は必要ない。それは純粋に精神的な革命だったのだ。それには、人々が共有する想像の中にだけ存在する新しい共同主観的現実があればよかった。

貨幣というのは硬貨や紙幣とはかぎらない。品物やサービスを交換する目的で、他のものの価値を体系的に表すために人々が進んで使うものであれば、それは何であれ貨幣だ。貨幣のおかげで人々はさまざまな品物やサービス（たとえばリンゴ、靴、離婚）の価値を素早く簡単に比較し、交換し、手軽に富を蓄えることができる。これまで貨幣にはさまざまな種類があった。最も馴染み深いのは硬貨で、規格化し、刻印した金属片だ。だが、貨幣は硬貨の鋳造が発明されるはるか前から存在しており、さまざまな文化が貝殻や牛、皮、塩、穀物、珠、布、約束手形など、他のものを通貨として使い、栄えた。タカラガイの貝殻は約四〇〇〇年にわたって、アフリカ、南アジア、東アジア、オセアニアの至る所で貨幣として使われた。二〇世紀初期になっても、当時イギリスの植民地だったウガンダではタカラガイの貝殻で税金が払えた。

現代の監獄や捕虜収容所では、タバコがしばしば貨幣として使われてきた。タバコを吸わない囚人でさえ、喜んでタバコで支払いを受け、他のあらゆる品物やサービスの価値をタバコに換算した。あるアウシュヴィッツの生存者は、収容所で使われたタバコという通貨について、こう述べている。「私たちは独自の通貨を持っていた。その価値を疑う者は誰もいなかった。それはタバコだ。あらゆる品の値段がタバコの本数で記されていた……『平時』、つまりガス室送りの候補者たちが通常の割合で到着しているときには、パン一塊の値段はタバコ一二本、三〇〇グラムのマーガリンのパッケージは三〇本、腕時計は八〇～

一〇〇本、アルコール一リットルは四〇〇本だった！」[6]

実際、今日でさえ、硬貨と紙幣は貨幣の形態としては少数派だ。二〇〇六年に全世界の貨幣は合計約四七三兆ドルだったが、硬貨と紙幣の総額は四七兆ドルに満たない[7]。貨幣の合計の九割以上（私たちの会計簿に記載されている四〇〇兆ドル以上）は、コンピューターのサーバー上にだけ存在する。したがって、商取引のほとんどは、有形の現金のやりとりをまったく経ず、一つのコンピューターファイルから別のコンピューターファイルへと電子データを移動させることで行なわれる。たとえば、札束の詰まったスーツケースを渡して家を買うのは犯罪者ぐらいのものだ。人々が電子データとの交換で品物やサービスの売買を進んで行なうかぎり、そのほうがピカピカの硬貨や手の切れそうな紙幣よりも、なお便利だ。軽くて、かさばらず、動向を追いやすい。

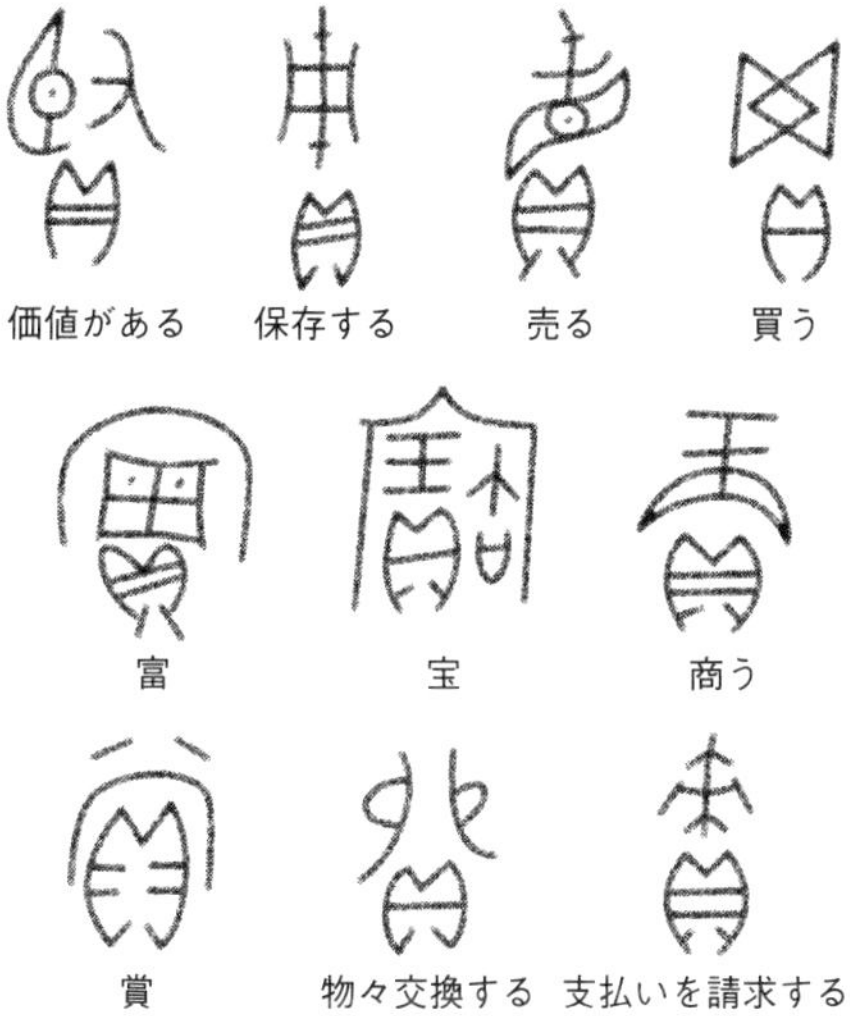

図26　古代中国の書記体系では、「売る」や「賞」のような語で、タカラガイの貝殻をかたどった記号が貨幣を表していた。

複雑な商業システムが機能するためには、何らかの種類の貨幣が不可欠だ。貨幣経済の中の靴職人は、さまざまな種類の靴の値段さえ知っていれば済む。靴とリンゴやヤギの交換レートを暗記しておく必要はない。リンゴ栽培の専門家も、リンゴを欲しがる靴職人を探す手間が省ける。貨幣なら誰もがいつも欲しがるからだ。これが貨幣の最も基本的な特性かもしれない。誰もがいつも貨幣を欲しがるのは、他の誰もがやはりいつも貨幣を欲しがるからで、そのおかげで人は貨幣を出せば欲しいものや必要なものを何でも手に入れられる。靴職人はいつでも喜んであなたの貨幣を受け取ってくれる。なぜなら、たとえ彼がリンゴであれヤギであれ離婚であれ、本当は何を望んでいても、それを貨幣と引き換えに手に入れられるからだ。

というわけで、貨幣は普遍的な交換媒体で、人はそれを使えばほぼ何であれ、別のほぼどんなものにも転換できる。除隊になった兵士が軍隊の手当てで大学の学費を賄うときには、筋肉が頭脳に転換される。男爵が財産を売って従僕を抱えるときには、土地が忠誠心に転換される。医師が患者から受け取った治療費を使って弁護士を雇ったり、あるいは判事を買収したりするときには、健康が正義に転換される。一五世紀の売春婦がやったように、貨幣のために客と寝るときには、性行為を救済に転換することすら可能だった。売春婦たちは、手に入れた貨幣を使ってカトリック教会から免罪符を買えたのだから。

理想的な種類の貨幣は、人々があるものを別のものに転換することだけではなく、富を蓄えることも可能にする。時間や美しさなど、貴重なものの多くは保存できない。イチゴのように、短期間しか保存できないものもある。それよりは耐久性の高いものもあるが、多くの場所を取るし、高価な施設や管理、手入れが必要になる。たとえば、穀物は何年も保存できるが、巨大な倉庫を建て、ネズミやカビ、水、火事、盗賊から守らなければならない。貨幣は、紙幣であろうと、コンピューターのビットであろうと、タカラガイの貝殻であろうと、こうした問題を解決してくれる。タカラガイの貝殻は腐らないし、ネズミに食べられないし、火事に遭っても残る可能性があるし、あまりかさばらないので金庫にしまっておける。

富を使うためには、保存できるだけでは足りない。富はあちこちへ運ぶ必要があることが多い。不動産のように、まったく運べない富の形態もある。小麦や米のような品は運べるものの、それには大変な手間がかかる。貨幣のない土地に住んでいる裕福な農民が、遠く離れた地方に引っ越すところを想像してほしい。彼の主な財産は家と田んぼだ。家や田んぼは持っていかれない。厖大な量の米と交換することはできるかもしれないが、その米を全部運ぶとなると、非常に厄介で高くつく。貨幣ならこの問題を解決できる。その農民は財産を売り、タカラガイの貝殻を一袋手に入れればいい。それならどこへ行くにも簡単に持っていかれる。

貨幣は簡単に、しかも安価に、富を他のものに換えたり保存したり運んだりできるので、複雑な商業ネットワークと活発な市場の出現に決定的な貢献をした。貨幣なしでは、商業ネットワークと市場は、規模も複雑さも活力も、非常に限られたままになっていただろう。

貨幣はどのように機能するのか？

タカラガイの貝殻もドルも私たちが共有する想像の中でしか価値を持っていない。その価値は、貝殻や紙の化学構造や色、形には本来備わっていない。つまり、貨幣は物質的現実ではなく、心理的概念なのだ。貨幣は物質を心に転換することで機能する。だが、なぜうまくいくのか？　なぜ肥沃な田んぼを役立たずのタカラガイの貝殻一つかみと喜んで交換する人がいるのか？　骨折りに対して、色付きの紙を数枚もらえるだけなのに、なぜ進んでファストフード店でハンバーガーを焼いたり、医療保険のセールスをしたり、三人の生意気な子供たちのお守《も》りをしたりするのか？

人々が進んでそういうことをするのは、自分たちの集合的想像の産物を、彼らが信頼しているときだ。信頼こそ、あらゆる種類の貨幣を生み出す際の原材料にほかならない。裕福な農民が自分の財産を売ってタカラガイの貝殻一袋にし、別の地方に移ったのは、彼は目的地に着いたとき、他の人が米や家や田畑をその貝殻と引き換えに売ってくれると確信していたからだ。したがって、貨幣は相互信頼の制度であり、しかも、ただの相互信頼の制度ではない。これまで考案されたもののうちで、貨幣は最も普遍的で、最も効率的な相互信頼の制度なのだ。

この信頼を生み出したのは、非常に複雑で、非常に長期的な、政治的、社会的、経済的関係のネットワークだった。なぜ私はタカラガイの貝殻や金貨やドル紙幣を信頼するのか？　なぜなら、隣人たちがみな、それを信頼しているから。そして、隣人たちが信頼しているのは、私がそれを信頼しているからだ。そして、私たちが全員それを信頼しているのは、王がそれを信頼し、それで税金を払うように要求するからであり、また、聖職者がそれを信頼し、それで一〇分の一税を払うように要求するからだ。一ドル紙幣を手に取って、念入りに見てほしい。そうすればそれが、一方の面にアメリカ合衆国財務長官の署名が、もう一方の面には「我々は神を信じる」というスローガンが印刷されたただの紙にすぎないことがわかる。私たちがドルを何かの対価として受け容れるのは、神と財務長官を信頼しているからだ。私たちの金融制度が政治や社会やイデオロギーの制度とこれほど緊密に結びついている理由や、政治の成り行きで金融危機がしばしば引き起こされる理由、ある日の朝、投機家たちがどんな気分かで株価が上がったり下がったりする理由も、信頼が果たす決定的な役割で説明できる。

もともと、貨幣の最初の形態が生み出されたとき、人々はこの種の信頼を持っていなかったので、本質的な価値を本当に持っているものを「貨幣」とせざるをえなかった。歴史上、知られている最初の貨幣であるシュメール人の「大麦貨幣」は、その好例だ。それは、書記が現れたのと同じとき、同じ場所で、同じ状況で、紀元前三〇〇〇年ごろにシュメールで現れた。行政活動を強化する必要を満たすために書記が開発されたのとちょうど同じように、経済活動を強化する必要に応じるために、「大麦貨幣」は開発された。

「大麦貨幣」といっても、ただの大麦にすぎない。他のあらゆる品物とサービスを評価したり交換したりするための普遍的尺度として、特定の量の大麦が使われた。最も一般的だった尺度が「シラ」で、およそ一リットル相当だった。それぞれ一シラ入る、規格化された器が大量生産されたので、人々が何か買ったり売ったりする必要があるときには、必要な量の大麦を簡単に量れた。給料も大麦のシラで定められ、支払われた。男性の労働者は月に六〇シラ、女性の労働者は月に三〇シラ稼いだ。現場監督は一二〇〇～五〇〇〇シラ稼げた。どれほど飢えた監督でも月に五〇〇〇シラは食べられないが、食べない分で、油、ヤギ、奴隷、大麦以外の食品など、さまざまなものを買えた[8]。

　大麦には本質的な価値があるものの、ただの日用品ではなく貨幣として使うように人を説得するのは楽ではなかった。なぜかを理解したければ、地元のショッピングセンターに大麦を一袋持っていき、シャツかピザを買おうとしたらどうなるか、考えてほしい。売り手はおそらく警備員を呼ぶだろう。それでも、最初の種類の貨幣として大麦に対する信頼を築くのは、比較的易しかった。なぜなら、大麦には本質的な生物学的価値があるからだ。人間は大麦を食べることができる。とはいえ、大麦は保存も運搬も難しかった。貨幣の歴史における真の飛躍的発展が起こったのは、本質的価値は欠くものの、保存したり運んだりするのが簡単な貨幣を信頼するようになったときだ。そのような貨幣は、紀元前三〇〇〇年紀半ばに古代メソポタミアで出現した。銀のシェケルだ。

　銀のシェケルは硬貨ではなく、銀八・三三グラムだった。ハンムラビ法典は、女奴隷を殺した上層自由人はその奴隷の主人に銀二〇シェケルを支払うように定めているが、これは、銀貨二〇枚ではなく、銀約一六六グラムを払わなければならないということだ。旧約聖書の貨幣に関する記述は、硬貨ではなく銀で表現されている。ヨセフは兄弟たちによって銀二〇シェケル、つまり銀約一六六グラム（女奴隷と同じ値段だ。なにしろヨセフはまだ若かったから）でイシュマエル人に売られた。

大麦のシラと違い、銀のシェケルには本質的な価値はない。銀は食べたり飲んだり着たりすることができないし、軟らか過ぎて有用な道具が作れない。銀でできた鋤の刃や剣は、アルミホイルでできたものと同じで、あっという間に折れ曲がってしまうだろう。金や銀を何かに使うとすれば、装身具や王冠その他の地位の象徴を作るときで、それらは特定の文化の成員が高い社会的地位と同一視する贅沢品だ。その価値は純粋に文化的なものにすぎない。

貴金属の一定の重さが、やがて硬貨の誕生につながった。史上初の硬貨は、アナトリア西部のリュディアの王アリュアッテスが紀元前六四〇年ごろに造った。それらの硬貨は、一定の重さを持つ金や銀で、識別記号が刻印されていた。記号は二つのことを保証していた。第一に、その硬貨にはどれだけの貴金属が含まれているかを示していた。第二に、その硬貨を発行し、中身を保証した権威を明らかにしていた。今日使われている硬貨のほとんどは、リュディアの硬貨の子孫だ。

硬貨は二つの重要な点で、何の印もない金属塊に優る。まず、金属塊は取引のたびに重さを量らなければならない。第二に、塊の重さを量るだけでは足りない。私が長靴の代金として支払った銀塊が、鉛を薄い銀で覆ったものではなく純銀製であることは、靴職人には知りようがない。硬貨はこうした問題の解決を助けてくれる。刻印された記号が厳密な価値を保証しているので、靴職人はレジの上に秤を置いておく必要はない。さらに重要なのだが、硬貨の記号は、その硬貨の価値を保証する何らかの政治的権威の署名

図 27　史上最初期の硬貨。紀元前７世紀のリュディアのもの。

なのだ。

記号の形と大きさは歴史を通してはなはだ異なるが、そのメッセージはつねに同じで、「偉大なる王○○である予は、この金属円板がきっかり五グラムの金を含むことをじきじきに保証する。この硬貨を偽造する者がいたら、その者は予の署名を偽造しているに等しく、それは予の名声に汚点を残すこととなる。そのような罪を犯す者を、予は厳罰に処すであろう」というものだ。だからこそ、貨幣の偽造は他の詐欺行為よりもはるかに重大な犯罪であるとつねに見なされてきたのだ。貨幣の偽造はたんなるごまかしではなく、君主の支配権の侵害であり、王の権力と特権と人格に盾突く行為なのだ。法律用語では「大逆罪」で、通常、罰として拷問され、死刑に処せられた。人々は、王の権力と誠実さを信じているかぎり、王の硬貨も信頼した。見ず知らずの人どうしも、ローマのデナリウス銀貨の価値については、何の問題もなく同意できた。それは彼らがローマ皇帝の権力と誠実さを信頼していたからで、皇帝の名前と肖像がこの銀貨を飾っていた。

そして、皇帝の権力は逆に、デナリウス銀貨にかかっていた。硬貨なしでローマ帝国を維持するとしたら、それがどれほど困難だったか想像してほしい。もし皇帝が大麦と小麦で税を集め、給料を支払わなければならなかったとしたら、どうだろう。シリアで税として大麦を集め、ローマの中央金庫に運び、さらにイギリスへ持っていって、そこに派遣している軍団に給料として支払うのは、不可能だっただろう。ローマの町の住民が金貨の価値を信頼していても、従属民たちがその信頼を退け、代わりにタカラガイの貝殻や、象牙の珠、布などの価値を信頼していた場合も、帝国を維持するのは、同じぐらい難しかっただろう。

金の福音

ローマの硬貨に対する信頼は非常に厚かったので、帝国の国境の外でさえ、人々は喜んでデナリウスで支払いを受け取った。一世紀のインドでは、いちばん近くにいるローマの軍団でさえ何千キロメートルも離れていたにもかかわらず、市場での交換媒体としてローマの硬貨が受け容れられていた。インド人はデナリウスと皇帝の肖像に全幅の信頼を置いていたので、各地の支配者が自ら硬貨を鋳造するときには、ローマ皇帝の肖像に至るまで、デナリウスを忠実に模倣したほどだ！「デナリウス」という名前は、硬貨の総称となった。イスラム教国家のカリフ（支配者）たちは、この名称をアラビア語化し、「ディナール」を発行した。ディナールは今なお、ヨルダン、イラク、セルビア、マケドニア、チュニジア他数か国の通貨の名称だ。

リュディア方式の硬貨制度が地中海からインド洋へと拡がっていたころ、中国は青銅貨と、無印の銀塊と金塊に基づく、若干異なる貨幣制度を開発した。とはいえ、これら二つの貨幣制度には、共通点がたっぷりあったので（とくに、金と銀に依存している点）、中華圏とリュディア圏の間には、緊密な貨幣と商業の関係が確立された。イスラム教国やヨーロッパの貿易商人と征服者は、リュディア方式の制度と金の福音を世界の隅々まで、徐々に広めていった。近代後期には全世界が単一の貨幣圏となり、最初は金と銀、後にはイギリスのポンドやアメリカのドルといった、少数の信頼されている通貨に依存した。

国や文化の境を越えた単一の貨幣圏が出現したことで、アフロ・ユーラシア大陸と、最終的には全世界が単一の経済・政治圏となる基礎が固まった。人々は互いに理解不能の言語を話し、異なる規則に従い、別個の神を崇拝し続けたが、誰もが金と銀、金貨と銀貨を信頼した。この共有信念抜きでは、グローバルな交易ネットワークの実現は事実上不可能だっただろう。一六世紀のコンキスタドールたちがアメリカ大陸で発見した金銀のおかげで、ヨーロッパの貿易商人は東アジアで絹や磁器、香料を買うことが可能になり、それによってヨーロッパと東アジアの両方で経済を成長させた。メキシコとアンデス山脈で掘り出された金銀のほとんどは、ヨーロッパ人の指の間を擦り抜けて、中国の絹と磁器の製造者の懐に収まった。コルテスとその仲間たちが冒されていた「心臓の病」に中国人たちもかかっていなかったら、そして、彼らが金銀で支払いを受けるのを拒んでいたら、グローバル経済はどうなっていただろう?

だが、非常に異なる文化に属し、たいていのことでは同意できなかった中国人やインド人、イスラム教徒、スペイン人が、金への信頼は共有していたのは、どうしてなのか? なぜ、スペイン人は金を信頼し、イスラム教徒は大麦を、インド人はタカラガイの貝殻を、中国人は絹を信頼するということにならなかったのか? 経済学者たちはおあつらえ向きの答えを持っている。交易によって二つの地域が結びつくと、需要と供給の力のせいで、輸送可能な品物の値段が等しくなる傾向がある。その理由を理解するには、次のような仮想の状況を考えるといい。インドと地中海沿岸との間で本格的な交易が始まったとき、インド人は金に関心がなかったので、インドでは金にはほとんど価値がなかったとしよう。だが、地中海沿岸では金は地位の象徴として垂涎の的で、非常に高い価値を持っていた。次に何が起こるだろうか?

インドと地中海沿岸とを行き来する貿易商人は、金の価値の違いに気づく。彼らは利益を得るために、インドで金を安く買い、地中海沿岸で高く売る。その結果、インドでは金の需要と価値が急速に高まる。一方、地中海沿岸には金が大量に流入するので、その価値が下がる。いくらもしないうちに、インドと地中海沿岸での金の価値はほとんど同じになる。地中海沿岸の人々が金を信頼していたというだけで、インド人も金を信頼し始める。たとえインド人には依然として金の使い道がまったくなかったとしても、地中海沿岸の人々が欲しがっているのであれば、インド人も金を重んじるようになるのだ。

同様に、誰かがタカラガイの貝殻やドル、あるいは電子データを信頼していれば、たとえ私たちがその人を憎んでいようと、軽蔑していようと、馬鹿にしていようと、それらに対する私たちの信頼も強まる。宗教的信仰に関して同意できないキリスト教徒とイスラム教徒も、貨幣に対する信頼に関しては同意できる。なぜなら、宗教は特定のものを信じるように求めるが、貨幣は他の人々が特定のものを信じていることを信じるように求めるからだ。

哲学者や思想家や預言者たちは何千年にもわたって、貨幣に汚名を着せ、お金のことを諸悪の根源と呼んできた。それは当たっているのかもしれないが、貨幣は人類の寛容性の極みでもある。貨幣は言語や国家の法律、文化の規準、宗教的信仰、社会習慣よりも心が広い。貨幣は人間が生み出した信頼制度のうち、ほぼどんな文化の間の溝をも埋め、宗教や性別、人種、年齢、性的指向に基づいて差別することのない唯一のものだ。貨幣のおかげで、見ず知らずで信頼し合っていない人どうしでも、効果的に協力できる。

貨幣の代償

貨幣は二つの普遍的原理に基づいている。

a　普遍的転換性――貨幣は錬金術師のように、土地を忠誠に、正義を健康に、暴力を知識に転換できる。

b　普遍的信頼性――貨幣は仲介者として、どんな事業においてもどんな人どうしでも協力できるようにする。

これら二つの原理のおかげで、厖大な数の見知らぬ人どうしが交易や産業で効果的に協力できるようになった。だが、一見すると当たり障りのないこの原理には、邪悪な面がある。あらゆるものが転換可能で、信頼が個性のない硬貨やタカラガイの貝殻に依存しているときには、各地の伝統や親密な関係、人間の価値が損なわれ、需要と供給の冷酷な法則がそれに取って代わるのだ。

人類のコミュニティや家族はつねに、名誉や忠誠、道徳性、愛といった「値のつけられないほど貴重な」ものへの信頼に基づいてきた。それらは市場の埒外《らちがい》にあり、お金のために売り買いされるべきではない。たとえ市場が良い値段を提示しても、けっして売買されないこともある。親は子供を奴隷として売ってはならない。敬虔なキリスト教徒は地獄に堕ちるような大罪を犯してはならない。忠義な騎士は絶対に主君を裏切ってはならない。先祖代々の部族の土地は、けっしてよそ者に売ってはならない。

貨幣は、ダムの亀裂に滲み込む水のように、いつもこうした障壁を突破しようとしてきた。親は落ちぶれると、子供を何人か奴隷として売って、他の者のために食べ物を買った。敬虔なキリスト教徒は人を殺し、盗みを働き、ごまかしをし、その後、略奪したものを使って教会から罪の許しを買った。野心に燃える騎士は忠誠心を競売にかけ、最も高い値をつける人に売るとともに、現金を支払って自分の家来の忠誠を確保した。グローバル経済への参入チケットを購入するために、部族の土地は、地球の裏側からやって来た異国人たちに売られた。

貨幣には、さらに邪悪な面がある。貨幣は見ず知らずの人どうしの間に普遍的な信頼を築くが、その信頼は、人間やコミュニティや神聖な価値ではなく、貨幣自体や貨幣を支える非人間的な制度に注ぎ込まれたのだ。私たちは赤の他人も、隣に住む人さえも信用しない。私たちが信頼するのは、彼らが持っている貨幣だ。彼らが貨幣を使い果たしたら、私たちの信頼もそれまでだ。貨幣がコミュニティや宗教、国家というダムを崩すにつれ、世界は一つの大きい、非常に無慈悲な市場になる危険がある。

したがって、人類の経済史はデリケートなバランス芸だ。人々は貨幣に頼って、見知らぬ人との協力を促進するが、同時に、貨幣が人間の価値や親密な関係を損なうことを恐れている。貨幣の移動と交易を長きにわたって妨げてきたコミュニティのダムを、人々は一方の手で喜んで打ち壊す。だが、彼らはもう一方の手で、市場の力への隷属から社会や宗教、環境を守るために、新たなダムを築く。

市場がつねに幅を利かせ、王や聖職者、コミュニティによって築かれたダムは貨幣の潮流にそう長くは持ちこたえられないと考えるのが、今日一般的だ。だが、それは単純過ぎる。野蛮な戦士や宗教的狂信者や憂慮した市民たちが、計算高い商人をこれまで何度となく打ちのめし、経済を造り変えさえしてきた。したがって、人類の統一を純粋に経済的な過程として理解することはできない。歳月を経るうちに、何千もの孤立した文化がまとまって今日のいわゆる地球村《グローバル・ヴィレッジ》を形成するに至った経緯を理解するには、金銀の役割を考慮に入れなくてはならないが、それに劣らず極めて重要な武力の役割も、けっして無視できないのだ。

第11章　グローバル化を進める帝国のビジョン

古代ローマ人は負けることに慣れていた。歴史上の大帝国の支配者たちはみなそうなのだが、ローマ人も次から次へと戦いで敗北しながら、それでも戦争には勝つことができた。打撃に耐え、倒れずにいられないような帝国は、本物の帝国とは言えない。だがそのローマ人でさえ、紀元前二世紀半ばにイベリア半島北部から届いた知らせは腹に据えかねた。半島土着のケルト族の住む、ヌマンティアという小さな取るに足りない山の町が、ローマの支配下から抜け出そうとしたのだ。当時のローマは地中海沿岸全域の紛れもない覇者で、すでにマケドニアとセレウコスの両帝国を打ち破り、誇り高いギリシアの都市国家を残らず征服し、カルタゴを焦土に変えていた。ヌマンティアが当てにできるものと言えば、自由を熱烈に愛する気持ちと険峻な地形ぐらいのものだったが、彼らは、次々に襲いかかるローマの軍団をすべて降伏や不面目な撤退に追い込んだ。

紀元前一三四年、ついにローマの堪忍袋の緒が切れた。元老院は、ローマ随一の将軍で、カルタゴを倒したスキピオ・アエミリアヌスに、ヌマンティア人たちを始末させることに決めた。彼は三万を超える兵から成る大軍を与えられた。ヌマンティア人の闘志と戦闘技能に一目置いていたスキピオは、無用の戦いで兵士の命を無駄にしたくなかった。そこで一連の砦でヌマンティアを取り囲み、外界との接触を断った。

後は住民たちが飢えるのを待つばかりだった。一年以上が過ぎ、糧食が尽きた。あらゆる希望を絶たれたことを悟ったヌマンティア人は、自らの町に火を放った。ローマの記録によれば、住民のほとんどがローマの奴隷になるのを嫌って自ら死を選んだという。

後にヌマンティアはスペインの独立と勇敢さの象徴となった。『ドン・キホーテ』(牛島信明訳、岩波文庫、二〇〇一年、他) の著者ミゲル・デ・セルバンテスは、『ヌマンティアの包囲戦』(『スペイン黄金世紀演劇集』、牛島信明編訳、名古屋大学出版会、二〇〇三年所収。邦訳のタイトルは『ヌマンシアの包囲』) という悲劇を書いた。この作品は、ヌマンティアの町の破滅で幕を閉じるが、そこにはスペインの未来の繁栄のビジョンが描かれている。詩人たちは、この町の猛々しい守護者たちを称える賛歌を書き、画家たちは、包囲戦の壮大な光景をキャンバスに描き出した。一八八二年、ヌマンティアの廃墟は「国家史跡」に指定され、スペインの愛国者たちの巡礼地となった。一九五〇年代と六〇年代にスペインで最も人気のあった漫画本は、スーパーマンやスパイダーマンについてのものではなく、ローマの圧制者と戦った古代イベリアの架空の英雄エル・ハバトの冒険を語るものだった。今日に至るまで、古代ヌマンティア人たちは、スペインの武勇と愛国心の鑑《かがみ》であり、この国の若者の手本とされている。

だが、スペインの愛国者たちがヌマンティア人を褒めそやすときに使うのは、スキピオの母語であるラテン語に由来するスペイン語だ。ヌマンティア人たちは、今や失われてしまったケルト族の言語で話した。セルバンテスも『ヌマンティアの包囲戦』をラテン語で書き、この戯曲はギリシア・ローマ風の芸術規範に倣っている。ヌマンティアには劇場はなかった。ヌマンティア人の武勇を称賛するスペインの愛国者は、ローマカトリック教会の忠実な信奉者でもあることが多い——そう、ローマカトリック教会の。この教会の指導者は依然としてローマにおり、この教会が敬う神は、ラテン語で語りかけられることを好む。同様に、現代スペインの法律は、古代ローマの法律に由来する。スペインの政治は、古代ローマの基礎の上に確立されている。そしてスペインの料理や建築は、イベリア半島のケルト族の遺産よりもローマの遺産に、はるかに多くを負っている。ヌマンティアのもので残っているのは、この町の廃墟ぐらいだ。この町の物語でさえ、ローマの歴史家の著述があったからこそ私たちに伝わっている。そしてそれは、自由を愛する野蛮人の物語を好むローマの聴衆の嗜好に合わせてあった。ヌマンティアに対するローマの勝利が完璧だったため、勝者たちは敗者の記憶までも取り込んだのだった。

これは私たちが好む類の物語ではない。私たちは勝ち目の薄い者が勝つのを見るのが好きだ。だが、歴史に正義はない。過去の文化の大半は、遅かれ早かれどこかの無慈悲な帝国の餌食になった。そしてその帝国は、打ち破った文化を忘却の彼方に追いやった。帝国もまた、最終的には倒れるのだが、豊かで不朽の文化の痕跡を残すことが多い。二一世紀の人々のほぼ全員が、いずれかの帝国の子孫なのだ。

帝国とは何か?

帝国とは、二つの重要な特徴を持った政治秩序のことをいう。帝国と呼ばれるための第一の資格は、それぞれが異なる文化的アイデンティティと独自の領土を持った、いくつもの別個の民族を支配していることだ。では、厳密にはいくつの民族を支配していればいいのか? 二つか三つでは不十分だ。二〇か三〇までは必要ない。帝国となるのに必要な民族の数は、どこかその間にある。

第二に、帝国は変更可能な境界と潜在的に無尽の欲を特徴とする。帝国は、自らの基本的な構造もアイデンティティも変えることなく、次から次へと異国民や異国領を呑み込んで消化できる。現在のイギリスの国境はかなり明確で、国の根本的構造とアイデンティティを変えることなくそれを超えて拡がることはできない。だが一世紀前には、地球上のほぼどんな場所でも、大英帝国の一部になりえた。文化的多様性と領土の柔軟性のおかげで、帝国は独特の特徴を持つばかりでなく、歴史の中で、自らの中心的役割も得る。帝国が多様な民族集団と生態圏を単一の政治的傘下に統一し、人類と地球のますます多くの部分を融合させられたのも、これら二つの特徴があればこそだ。

ここで強調しておかなければならないが、帝国は、その由来や統治形態、領土の広さ、人口によってではなく、文化的多様性と変更可能な国境によってもっぱら定義される。帝国は軍事的征服によって出現する必要はない。アテネ帝国（デロス同盟）は自主的な同盟として始まったし、ハプスブルク帝国は、一連の抜け目ない婚姻同盟によってまとめ上げられたのだから、結婚から誕生したわけだ。また、帝国は独裁的な皇帝に支配されている必要もない。史上最大の帝国である大英帝国は、民主政体によって支配されていた。それ以外にも、オランダ、フランス、ベルギー、アメリカといった民主制（あるいは少なくとも共和制）の近代の帝国や、ノヴゴロド、ローマ、カルタゴ、アテネといった近代以前の帝国がある。

大きさもあまり関係ない。じつに小さな帝国もある。アテネ帝国は、全盛期にさえ、現代ギリシアよりも大きさも人口も格段に小さい。アステカ帝国は今日のメキシコよりも小さい。それでも両者は帝国だが、現代のギリシアとメキシコは帝国ではない。なぜならアテネとアステカは何十も、何百さえもの異なる国家を徐々に征服したのに対して、ギリシアとメキシコはそうしてこなかったからだ。アテネは、以前は独立していた一〇〇以上の都市国家に君臨し、アステカ帝国は、その徴税記録が信頼できるなら、三七一の異なる部族や民族を支配していた。[1]

あまり大きくない現代国家ほどの領土に、どうやってそこまで雑多な人々を押し込められたのだろうか？　それが可能だったのは、過去の世界には今よりも段違いに多くの異なる民族がいて、それぞれが現在の典型的な民族よりも少ない人口を抱え、狭い領土を占めていたからだ。現在はわずか二つの民族の念願を果たすために苦労している、地中海とヨルダン川の間の土地には、聖書に出てくる時代には何十という国民や部族、小王国、都市国家が楽々と収まっていた。

帝国は人類の多様性が激減した大きな要因だった。帝国というロードローラーが、数限りない民族（たとえばヌマンティア人）の類のない特徴を徐々に跡形もなく踏み潰し、そこから新たなはるかに大きい集団を作り上げていった。

悪の帝国？

今の時代、政治的な罵り言葉のうち、「ファシスト」を除けば、最悪なのは「帝国主義者」だろう。帝国に対する現代の批判は、普通二つの形を取る。
1　帝国は機能しない。長期的に見れば、征服した多数の民族を効果的に支配するのは不可能だ。
2　たとえ支配できたとしても、そうするべきではない。なぜなら、帝国は破壊と搾取の邪悪な原動力だからだ。どの民族も自決権を持っており、けっして他の民族の支配下に置かれるべきではない。
歴史的な視点に立つと、最初の批判はまったくのナンセンスで、二番目の批判は大きな問題を抱えている。

じつのところ帝国は過去二五〇〇年間、世界で最も一般的な政治組織だった。この二五〇〇年間、人類のほとんどは帝国で暮らしてきた。帝国は非常に安定した統治形態でもある。大半の帝国は反乱を驚くほど簡単に鎮圧してきた。一般に、帝国は外部からの侵略や、エリート支配層の内部分裂によってのみ倒された。逆に、征服された民族は、帝国の支配からはめったに逃れられなかった。ほとんどが何百年も隷属状態にとどまった。たいていは、征服者である帝国にゆっくりと消化され、やがて固有の文化は消え去った。

たとえば、四七六年に西ローマ帝国が、侵入してきたゲルマン人の諸部族についに倒されたとき、何世紀も前にローマ人が征服したヌマンティア人やアルウェルニ族、ヘルヴェティア人、サムニウム人、ルシタニア人、ウンブリア人、エトルリア人、その他何百もの忘れられた民族は、骨抜きにされた帝国の亡骸から復活したりしなかった（大魚に呑み込まれたヨナが腹から出てきたという、旧約聖書の話のようにはいかなかったのだ）。彼らはまったく残っていなかった。かつてこれらの国民の成員であると考えていた人々の生物学的な子孫は、このときにはもう、ローマ人として思考し、話し、神を崇拝していたのだった。

多くの場合、一つの帝国が崩壊しても、支配下にあった民族は独立できなかった。むしろ、古い帝国が倒れたり撤退したりしたときにできた空白は、新しい帝国が進出してきて埋めた。それがどこよりも明白だったのが中東だ。この地域における現在の政治的布陣（おおむね安定した境界を持つ、多くの独立した政治的実体の間での力の均衡）は、過去数千年間のどの時期にも、ほとんど類を見ないものとなっている。前回中東がこのような状況にあったのは、紀元前八世紀、すなわち今から三〇〇〇年近く前だ！　紀元前八世紀に新アッシリア帝国が台頭して以降、二〇世紀半ばに大英帝国とフランス帝国が崩壊するまで、リレー競争のバトンのように、中東は一つの帝国の手から別の帝国の手へと次々に引き継がれていった。そしてイギリスとフランスがとうとうバトンを落としたときには、アラム人やアンモン人、フェニキア人、ペリシテ人、モアブ人、エドム人など、アッシリア人に征服された民族はとうの昔に姿を消していた。

今日のユダヤ人やアルメニア人、ジョージア人が、古代中東の民族の子孫だと主張しており、それはある程度まで妥当なのは確かだ。だが、これはむしろ、帝国に征服された民族は吸収されてしまうという原則の正しさを示す例外にすぎず、彼らの主張さえもが多少誇張されている。たとえば、現代のユダヤ人の政治的、経済的、社会的慣行が、ユダヤの古代王国の伝統よりも、過去二〇〇〇年間に支配を受けた諸帝国に負うところのほうが大幅に多いことは、言うまでもない。もしダビデ王が今日のエルサレムにある超正統派のシナゴーグに現れたとしたら、人々が東ヨーロッパの服を着て、ドイツの方言（イディッシュ語）で話し、バビロニアで編集された律法集（タルムード）の意味について果てしなく議論しているのを目にして、さぞとまどうだろう。古代ユダヤにはシナゴーグもタルムードも、モーセ五書の巻物さえもなかったのだから。

帝国を建設して維持するにはたいてい、大量の人を残忍に殺戮し、残り全員を情け容赦なく迫害する必要があった。帝国の標準的な手駒には、戦争、奴隷化、国外追放、組織的大量虐殺などがあった。古代ローマ人は、西暦八三年にスコットランドに侵入したとき、地元のカレドニア（古代スコットランド）の諸部族の激しい抵抗に遭ったので、この地を荒らし回った。ローマ人による和平の申し出に対して、族長のカルガクスはローマ人を「この世のごろつきども」と呼び、こう言った。「やつらは略奪と虐殺と強盗に帝国という偽りの名を与え、土地を荒廃させてそれを平和と呼ぶ(2)」

だがこれは、帝国が価値あるものを何一つ後に残さないということではない。すべての帝国を黒一色に塗り潰し、帝国の遺産のいっさいを拒否するのは、人類の文化の大半を退けるのに等しい。帝国のエリート層は征服から得た利益を軍隊や砦のために使っただけではなく、哲学や芸術、道義や慈善を目的とする行為にも回した。人類の文化的業績の相当部分が、被征服民の搾取にその存在を負っている。ローマの帝国主義がもたらした利益と繁栄のおかげで、キケロやセネカ、聖アウグスティヌスは思索や著述にかける暇とお金が得られた。タージマハルは、ムガル帝国がインドの臣民を搾取して蓄積した富がなければ建設できなかっただろう。ハプスブルク帝国がスラヴ語やハンガリー語、ルーマニア語を話す地方を支配して得た利益から、ハイドンの給料やモーツァルトの作曲代が支払われた。カルガクスの言葉を後世に伝えたカレドニアの著述家はいない。私たちが彼の言葉を知っているのは、ローマの歴史家タキトゥスのおかげだ。じつはおそらく、タキトゥスはその言葉を創作したのだろう。タキトゥスはその言葉をでっち上げただけでなく、カレドニアの族長カルガクスという人物自体も勝手に作り上げ、自分や他のローマの上流階級の人が自国について抱いていた考えを語らせたということで、今日の学者は意見が一致している。

エリート層の文化や高尚な芸術以外に目を向けて、庶民の世界に的を絞っても、現代文化の大多数で帝国時代の遺産が見つかる。今日、ほとんどの人が、私たちの祖先が剣を突きつけられて強制された帝国の言語で話し、考え、夢見ている。東アジアの人口の多くが、漢帝国の言語で話し、夢見る。アラスカ州最北端のバロー岬からマゼラン海峡まで、南北アメリカ大陸の住民のほぼ全員が、スペイン語、ポルトガル語、フランス語、英語という、四つの帝国の言語のどれかで意思を疎通させている。今日のエジプト人はアラビア語を話し、自らをアラビア人と考え、七世紀にエジプトを征服し、その支配に対して勃発した度重なる反乱を情け容赦なく鎮圧したアラブ帝国に心の底から共感を覚える。南アフリカ共和国の約一〇〇〇万のズールー族は、一九世紀のズールーの栄光の時代をよく振り返る。彼らのほとんどは、ズールー帝国と戦い、流血の軍事行動を通してのみこの帝国に取り込まれた諸部族の子孫なのだが。

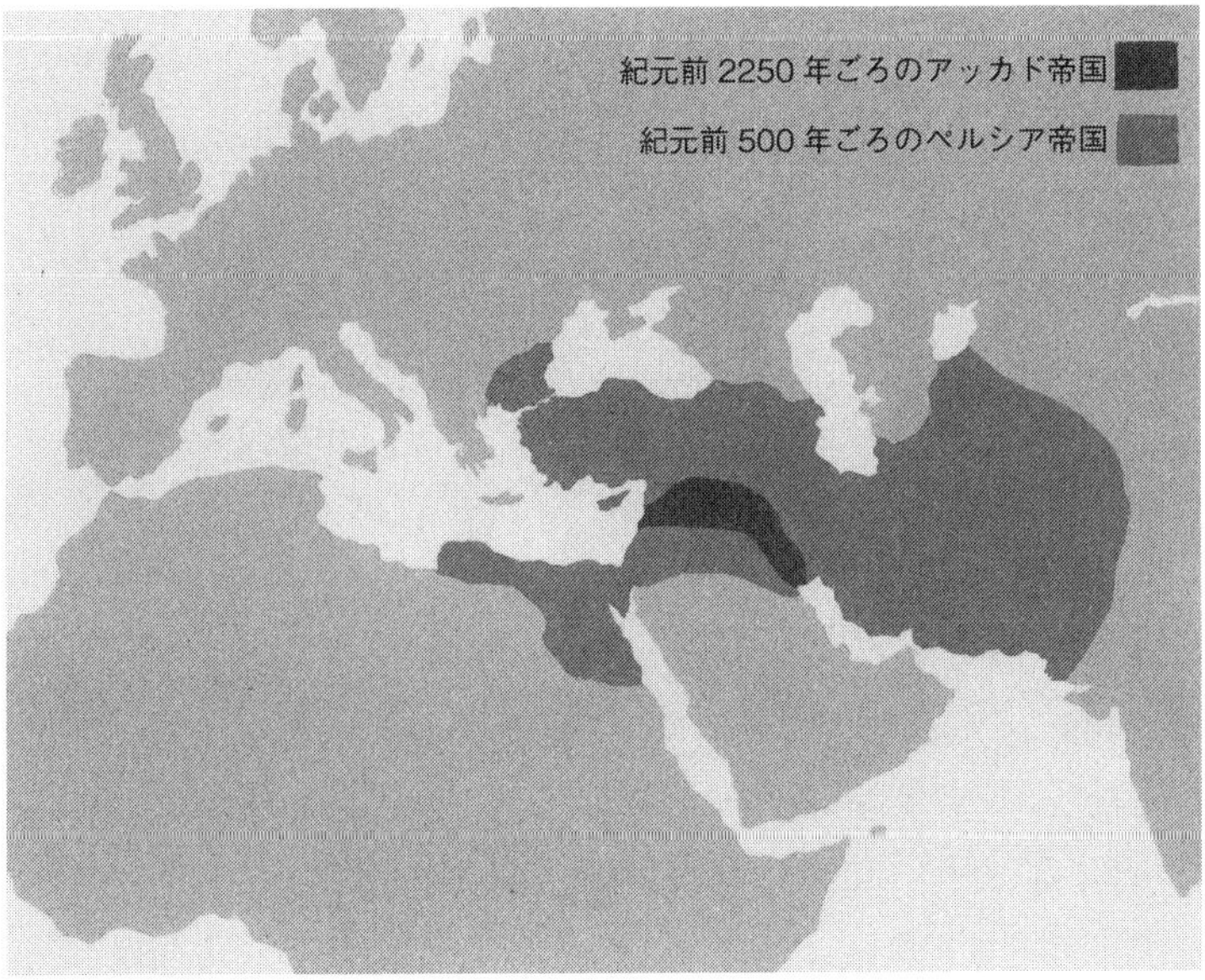

地図４　アッカド帝国とペルシア帝国

これはお前たちのためなのだ

　私たちが明確な情報を持っている最初の帝国は、サルゴン一世のアッカド帝国（紀元前二二五〇年ごろ）だ。サルゴンはもともとメソポタミアの小さな都市国家キシュの王だった。彼は数十年のうちにメソポタミアの他の全都市国家ばかりか、メソポタミア中央部以外の広大な土地も征服してのけた。サルゴンは全世界を征服したと自慢した。実際には、彼の領土はペルシア湾から地中海まで拡がり、今日のイラクとシリアの大半と、現代のイランとトルコの一部を含んでいた。

　アッカド帝国は、その創立者サルゴンの死後、長続きしなかったが、サルゴンの残した衣鉢を継ぐ者は引きも切らなかった。その後の一七〇〇年間、アッシリアやバビロニアやヒッタイトの王たちがサルゴンに倣い、彼らも全世界を征服したと豪語した。やがて紀元前五五〇年ごろ、ペルシアのキュロス大王が、それに輪をかけて大げさな自慢をした。

アッシリアの王たちはつねに、アッシリアの王にとどまった。全世界を支配していると主張したときにさえ、アッシリアの栄光を増すためにそうしていることは明らかで、彼らに後ろめたさはなかった。一方キュロスは、全世界を支配しているだけではなく、あらゆる人のためにそうしていると主張した。「お前たちを征服するのは、お前たちのためなのだ」とペルシア人たちは言った。キュロスは隷属させた民族が彼を敬愛し、ペルシアの従属者であって幸運だと思うことを望んでいた。自分の帝国の支配下で暮らしている国民の称賛を得るためにキュロスが行なった革新的な努力の最も有名な例を挙げると、彼はバビロニアで捕囚となっていたユダヤ人が、ユダヤの故国に戻り、神殿を再建するのを許すよう命じた。そして、資金援助さえ申し出た。キュロスは自分がユダヤ人を支配しているペルシアの王だとは考えていなかった。彼はユダヤ人たちの王でもあり、だからこそ、彼らの福祉に責任があったのだ。

全世界をその居住者全員の利益のために支配するという思い込みには驚かされる。進化の結果、ホモ・サピエンスは他の社会的動物と同様に、よそ者を嫌う生き物になった。サピエンスは人類を「私たち」と「彼ら」という二つの部分に本能的に分ける。「私たち」はあなたや私のような人間で、言語と宗教と習慣を共有している。「私たち」は互いに対する責任を負うが、「彼ら」に対する責任はない。「私たち」はもともと「彼ら」とは違うのだし、「彼ら」にまったく借りはない。「彼ら」には「私たち」の縄張りに入ってきてもらいたくないし、「彼ら」の縄張りで何が起ころうと、知ったことではない。「彼ら」はほとんど人間でさえない。スーダンのディンカ族の言語では、「ディンカ」とはたんに「人」を意味する。ディンカ族以外の人は、人ではないのだ。ディンカ族の不倶戴天の敵はヌエル族だ。ヌエル族の言葉でヌエル族という単語は何を意味するか？　それは「もともとの人」を意味する。スーダンの砂漠から何千キロメートルも離れた、酷寒の氷の地であるアラスカとシベリア北東部には、ユピック族が住んでいる。ユピック語でユピックは何を意味するか？　それは「本物の人」という意味だ(3)。

この民族的排他性とは対照的に、キュロス以降の帝国のイデオロギーは、包括的・網羅的傾向を持っていた。このイデオロギーは、支配者と被支配者の人種的違いや文化的違いを強調することも多かったが、それでも全世界の基本的な統一性や、あらゆる場所と時代を支配する一揃いの原理の存在、互いに対する万人の責任を認めていた。人類は一つの大家族と見なされる。親の特権は子供の福祉に対する責任と切っても切り離せないのだ。

この新しい帝国のビジョンは、キュロスやペルシア人からアレクサンドロス大王へ、彼からヘレニズム時代の王やローマの皇帝、イスラム教国のカリフ、インドの君主、そして最終的にはソヴィエト連邦の首相やアメリカ合衆国の大統領へと受け継がれた。慈悲深い帝国のビジョンは、帝国の存在を正当化し、支配下にある民族による反乱の試みだけでなく、独立した民族が帝国の拡張に抵抗する試みまで否定してきた。

同じような帝国のビジョンは、世界の他の場所でもペルシアのモデルとは独立して発達した。とくに目覚ましいのが中央アメリカとアンデス地方と中国の例だ。伝統的な中国の政治理論によれば、天は、地上のいっさいの正統な権威の源だという。天は最もふさわしい人物あるいは家系を選び、天命を授ける。するとその人物あるいは家系が、万民のために天下を支配する。このように、正統な権威は当然ながら普遍的だ。もし支配者が天命を欠いていれば、都市一つさえ支配する正統性も欠く。支配者が天命を享受すれば、彼は正義と調和を全世界に広める義務を負う。天命は何人かの候補者に同時に下されることはありえない。したがって、二つ以上の独立国の存在は正当化できない。

中国の統一帝国の初代支配者である始皇帝は、「遍く［宇宙の］六方において万物は皇帝に帰属する……人の足跡がある場所であればどこでも、［皇帝の］臣民とならなかった者はいない……皇帝の慈悲は牛馬にさえ及ぶ。その恩恵を受けなかった者は一人もいない。誰もが自分の屋根の下で安心できる」(4)と豪語した。それ以降、中国の政治思想だけでなく中国の歴史の記憶の中でも、帝国時代は秩序と正義の黄金時代と見なされた。公正な世界は別個のさまざまな国民国家から成るという近代の西洋の見方とは逆で、中国では政治的分裂の時期は、混沌と不正の暗黒時代と見なされた。この見解は、中国の歴史に多大な影響を及ぼしてきた。帝国が崩壊するたびに、この最も有力な政治理論に煽《あお》り立てられた時の権力者たちは、独立した小国の支配者の地位に甘んじるのではなく、再統一を目指した。そしてそうした試みは、遅かれ早かれ必ず成功した。

「彼ら」が「私たち」になるとき

多数の小さな文化を融合させて少数の大きな文化にまとめる過程で、帝国は決定的な役割を果たしてきた。思想や人々、財、テクノロジーは、政治的に分裂した地方でよりも帝国の国境内でのほうが簡単に拡がった。帝国自体が意図的に思想や制度、習慣、規範を広めることも多かった。それは一つには、手間を省くためだった。小さな地区がそれぞれみな独自の法律や書記の方式、言語、貨幣を持っている帝国を支配するのは大変だ。標準化は皇帝たちにとって大きな恵みだったのだ。

帝国が共通の文化を積極的に広めた第二の、そしてやはり重要な理由は、正当性を獲得することだった。少なくともキュロス大王と始皇帝の時代以降、道路の建設であれ流血であれ、帝国は自国の行動は、征服者よりも被征服者のほうがなおさら大きな恩恵を受けるよう、優れた文化を広めるのに必要なこととして正当化してきた。

その恩恵は、法の執行や都市計画、度量衡の標準化といった明らかに重要なものや、税、徴兵、皇帝崇拝といった、ときに怪しげなものもあった。だが、ほとんどの帝国のエリート層は、帝国の全住民の全般的な福祉のために働いていると、本気で信じていた。中国の支配階級は、近隣の人々や外国の臣民のことを、自らの帝国が文化の恩恵をもたらしてやらなければならない惨めな野蛮人たちとして扱った。天命が皇帝に授けられたのは、世界を搾取するためではなく、人類を教育するためだった。ローマ人も、野蛮人に平和と正義と洗練性を与えているのだと主張して、自らの支配を正当化した。未開のゲルマン人や身体に色を塗りたくったガリア人は、汚らしい無知な生活を送っていたが、そこへローマ人がやって来て、法で従順にし、公衆浴場で清潔にし、哲学で進歩させたというのだ。紀元前三世紀のマウリヤ帝国は、ブッダの教えを無知な世界に広めることを使命とした。イスラム教国のカリフは、できれば平和裏に、必要ならば剣をもって、ムハンマドの教えを広めるという聖なる命を受けた。スペイン帝国とポルトガル帝国は、西インド諸島や南北アメリカ大陸で求めるのは富ではなく、真の信仰への改宗者だと公言した。自由主義と自由貿易の双子の福音を広めるイギリスの使命には、日が没することがなかった。ソヴィエト連邦は、資本主義から理想的な労働者階級独裁《プロレタリアート》への止めようのない歴史の流れを促進する義務を負っていると感じていた。今日のアメリカ人の多くは、自国の政府には第三世界の諸国に民主主義と人権の恩恵をもたらす道義的義務があると主張する——たとえそれらの美徳が巡航ミサイルやF16戦闘機によってもたらされるのだとしても。

帝国によって広められた文化の概念は、もっぱらエリート支配層が生み出したものであることはめったになかった。帝国のビジョンは普遍的で包括的な傾向を持つので、帝国のエリート層にとって、単一の偏屈な伝統に狂信的に固執するよりも、どこであれ見つかる場所から思想や規範や伝統を採用するほうが、どちらかといえば易しかった。自らの文化を純化し、自らの根源と見なすものへ戻ろうとする皇帝もいたが、帝国はたいがい、支配している諸民族から多くを吸収した混成文明を生み出した。ローマの帝国文化はローマ風であるのと同じぐらいギリシア風でもあった。アッバース朝の帝国文化は、一部がペルシア風、一部がギリシア風、一部がアラビア風だった。モンゴル帝国の文化は中国文化の模倣だった。アメリカ合衆国という帝国では、ケニア人の血を引く大統領がイタリア料理のピザを食べながら、お気に入りの映画『アラビアのロレンス』（トルコに対するアラビア人の反乱を描いたイギリスの英雄物語）を観ることもありうる。

ただし、このような文化のるつぼのおかげで、征服された側にとって文化的同化の過程が少しでも楽になったわけではない。帝国の文明は、征服したさまざまな民族による無数の貢献を吸収したかもしれないが、その産物である混成物は、大多数の人にとって依然として馴染みのないものだった。同化の過程は不快で、大きな心の痛手を残すことが多かった。馴染み深く、愛着のある地元の伝統を捨てるのは楽ではないし、新しい文化を理解し、採用するのは難しく、緊張を強いられる。支配されている民族が帝国の文化を首尾良く採用したときにさえ、帝国のエリート層に「私たち」の一部として受け容れられるまでには、何世紀とはいわないまでも何十年もかかりうるのだから、なお悪い。征服から受け容れまでの間の各世代は冷遇され続けた。彼らは愛する地元の文化をすでに失っているのに、帝国の世界には対等に参加できない。むしろ、採用した文化からは、野蛮人扱いされ続けるのだった。

ヌマンティアが陥落してから一世紀後に生きていた血統の良いイベリア人を想像してほしい。彼は親とは母語のケルト方言で話すが、かすかな訛りしかない、非の打ち所のないラテン語も身につけている。商売をしたり、役人に対応したりするのに必要だからだ。ごてごてと装飾を施した安物の装飾品を好む妻を大目に見てやっているが、他の地元の女性同様、彼女がこのケルト人の嗜好をいまだに持っていることを多少恥ずかしく思っている。総督夫人が身に着けている装身具の、簡素ですっきりした味わいを妻にも取り入れてほしいのだ。彼自身はローマ風のチュニカをまとい、牛の貿易商人として成功した（ローマの複雑な商法に関する専門知識がおおいに役立った）おかげで、ローマ様式の邸宅を建てることもできた。だが、彼はウェルギリウスの『ゲオルギカ』第三巻を暗唱できるというのに、ローマ人たちには相変わらず、半ば野蛮人という扱いを受けた。自分がけっして行政職に任命されないことにも、円形劇場で本当に良い席を手に入れられないことにも気づいて、彼は落胆する。

一九世紀後期には、教養あるインド人の多くが、イギリス人の主人たちに同じ教訓を叩き込まれた。こんな有名な逸話がある。一人の野心的なインド人が、英語という言語の機微まですっかり習得し、西洋式の舞踏のレッスンも受け、ナイフとフォークを使って食べるのにも慣れた。礼儀作法も身につけて、イングランドに渡り、ユニヴァーシティ・カレッジ・ロンドンで学び、認定を受けて法廷弁護士になった。ところが、スーツを着てネクタイを締めたこの若き法律家は、イギリスの植民地だった南アフリカで列車から放り出された。彼のような「有色人《カラード》」が乗るべき三等客車に満足せずに一等客車に乗ると言って譲らなかったからだ。彼の名は、モーハンダース・カラムチャンド・ガンディーだった。

文化変容と同化の過程を通して、新参者と旧来のエリート層を隔てる壁が最終的に崩れる場合もあった。被征服民は、もはや帝国を異国人による占領制度とは見なさず、征服者も支配民を自分と対等に眺めるようになった。支配者も被支配者も同じように「彼ら」を「私たち」と見るようになったのだ。ローマに支配されていた人々はみな、何世紀にも及ぶ帝国支配の後、ついにローマ市民権を与えられた。非ローマ人がローマ軍団の将校団の上位に達し、元老院議員に任命された。西暦四八年、皇帝クラウディウスは、元老院に卓越したゴール人を数人迎え、演説の中で彼らについてこう語った。「習慣や文化、婚姻の絆」を通して、彼らは「我々に溶け込んだ」。お高くとまった元老院議員たちは、旧敵をローマの政治制度の中枢へ迎え入れることに抗議した。するとクラウディウスは次のような事実を挙げて、彼らに耳の痛い思いをさせた。彼ら元老院議員の家族の多くも、もとをたどれば、かつてローマと戦い、後にローマの市民権を与えられたイタリアの部族に属していたのだった。じつは私自身の家族もサビーニ人の子孫だ、と皇帝は議員たちに指摘した(5)。

二世紀には、ローマは一連のイベリア生まれの皇帝に支配された。おそらくその血管には、地元のイベリア人の血が、少なくとも数滴は流れていただろう。トラヤヌス、ハドリアヌス、アントニヌス・ピウス、マルクス・アウレリウスの治世は、ローマ帝国の黄金時代だと一般に考えられている。その後、民族の壁はすべて崩壊した。皇帝セプティミウス・セウェルス（在位一九三〜二一一年）は、リビアのカルタゴ人の名門の子孫で、エラガバルス（在位二一八〜二二二年）はシリア人、ピリップス（在位二四四〜二四九年）は俗に「ピリップス・アラブス」として知られていた。帝国の新しい市民はローマ帝国の文化を夢中になって採用したので、帝国そのものが崩壊してから何世紀も過ぎても、引き続き帝国の言語を話し、帝国がレヴァント地方の属州の一つから採用したキリスト教の神を信じ、帝国の法に従って暮らした。

同じような過程がアラブ帝国でも見られた。七世紀半ばに打ち立てられたとき、アラブ帝国はアラビア人イスラム教徒のエリート支配層と、その支配下にある、アラビア人でもイスラム教徒でもないエジプト人、シリア人、イラン人、ベルベル人との明確な区別に基づいていた。だが、帝国の被支配民の多くは、イスラム教信仰と、アラビア語と、混成の帝国文化を徐々に採用した。旧来のアラビア人エリート層は、これらの成り上がり者たちに深い敵意を抱いた。自分たちの無類の地位とアイデンティティを失うのを恐れたのだ。がっかりした被支配民は、帝国やイスラム教世界の中で対等の地位を声高に要求した。最終的に、彼らの思いどおりになった。エジプト人もシリア人もメソポタミア人も、しだいに「アラビア人」と見なされるようになった。そのアラビア人は（アラビア出身の「純正の」アラビア人も、エジプトやシリア出身のなりたてのアラビア人も）、非アラビア人のイスラム教徒、とくにイラン人、トルコ人、ベルベル人に徐々に支配されていった。アラビアの帝国化の事業は大成功だった。この事業が生み出した帝国文化が無数の非アラビア人によって、心の底から受け容れられたからだ。もともとの帝国が崩壊し、民族集団としてのアラビア人が支配権を失った後にさえ、彼らはその文化を擁護し、発展させ、広め続けた。

中国では、帝国化の事業はさらに徹底した成功を収めた。最初は、野蛮人と呼ばれていた民族集団や文化集団がさまざまに入り乱れていたが、二〇〇〇年以上の間にそれらが中国の帝国文化に首尾良く統合されて、漢民族（紀元前二〇六年から西暦二二〇年まで中国を支配した漢帝国にちなんで、そう命名された）となった。中国の帝国が成し遂げた究極の偉業は、この帝国が今なお元気そのものであることだ。ただし、チベットや新疆《しんきょう》のような辺境以外では、帝国として見るのは難しい。中国の人口の九割以上が、自分は漢民族だと考えており、他者もそう思っているからだ。

過去数十年に及ぶ植民地解放の過程も、同様に理解できる。ヨーロッパ人は近代に、優れた西洋文化を広めるという名目で、地上の大半を征服した。彼らは大成功を収めたので、何十億もの人がその文化のかなりの部分を徐々に採用した。インド人やアフリカ人、アラビア人、中国人、マオリ人がフランス語や英語やスペイン語を学んだ。彼らは人権や、自決の原理を信奉するようになり、自由主義や資本主義、共産

帝国のサイクル

段階	ローマ	イスラム教世界	ヨーロッパの帝国主義
小集団が帝国を確立する	ローマ人がローマ帝国を確立する	アラビア人がアラビアのカリフ統治を確立する	ヨーロッパ人がヨーロッパの諸帝国を確立する
帝国文化が創出される	ギリシア・ローマ文化	アラビア・イスラム教文化	西洋文化
帝国文化が被支配民に採用される	被支配民がラテン語やローマ法、ローマの政治概念などを採用する	被支配民がアラビア語やイスラム教などを採用する	被支配民が英語やフランス語、社会主義、国民主義、人権などを採用する
被支配民が、共通の帝国の価値観の名において、対等の地位を要求する	イリュリア人やガリア人、カルタゴ人が、共通のローマの価値観の名において、ローマ人と対等の地位を要求する	エジプト人やイラン人、ベルベル人が、共通のイスラム教の価値観の名において、アラビア人と対等の地位を要求する	インド人や中国人、アフリカ人が、国民主義や社会主義、人権といった共通の西洋の価値観の名において、ヨーロッパ人と対等の地位を要求する
帝国の創建者たちが支配権を失う	ローマ人が独自の民族集団として存在しなくなる。帝国の支配権は新しい多民族のエリート層に移る	アラビア人たちがイスラム教世界の支配権を失い、多民族のイスラム教エリート層がそれに取って代わる	ヨーロッパ人たちがグローバルな世界の支配権を失い、西洋の価値観や思考法におおむね傾倒した多民族のエリート層がそれに取って代わる
帝国文化が繁栄と発展を続ける	イリュリア人やガリア人、カルタゴ人が、採用したローマ文化を発展させ続ける	エジプト人やイラン人、ベルベル人が、採用したイスラム教文化を発展させ続ける	インド人や中国人、アフリカ人が、採用した西洋文化を発展させ続ける

主義、フェミニズム、国民主義といった西洋のイデオロギーを採用した。

二〇世紀を通じて、西洋の価値観を採用した地元の諸集団は、これらの価値観の名において、ヨーロッパ人の征服者たちと対等の地位を要求した。すべてヨーロッパの遺産である自決、社会主義、人権の旗印の下に、多くの反植民地主義の闘争が起こった。エジプト人やイラン人、トルコ人がもともとのアラビア人征服者たちから受け継いだ帝国文化を採用し、適合させたのとちょうど同じように、今日のインド人やアフリカ人、中国人は、もとの西洋の支配者がもたらした帝国文化の多くを受け容れつつ、それを自らの必要性や伝統に即して形作ろうとした。

歴史の中の善人と悪人

歴史を善人と悪人にすぱっと分け、帝国はすべて悪人の側に含めるというのは魅力的な発想だ。帝国の大多数は血の上に築かれ、迫害と戦争を通して権力を維持してきたのだから。だが、今日の文化の大半は、帝国の遺産に基づいている。もし帝国は悪いと決まっているのなら、私たちはいったいどのような存在ということになるのか?

人類の文化から帝国主義を取り除こうとする思想集団や政治的運動がいくつもある。帝国主義を排せば、罪に汚されていない、無垢で純正な文明が残るというのだ。こうしたイデオロギーは、良くても幼稚で、最悪の場合には、粗野な国民主義や頑迷さを取り繕う不誠実な見せかけの役を果たす。有史時代の幕開けに現れた無数の文化のうちには、無垢で、罪に損なわれておらず、他の社会に毒されていないものがあったと主張することは妥当かもしれない。だが、その黎明期以降、そのような主張のできる文化は一つもな

図28　ムンバイのチャトラパティ・シヴァージー・ターミナス駅。建設当初はボンベイのヴィクトリア駅だった。イギリス人たちは19世紀後期にイギリスで人気があったネオゴシック様式で建設した。インドの国民主義的な政府が町の名前も駅の名前も変えたが、たとえ外国の迫害者が建てたものであっても、これほど壮麗な建物を壊そうなどという気はまったく起こさなかった。

い。現在、そのような文化が地上に存在しないのは確実だ。人類の文化はすべて、少なくとも部分的には帝国と帝国主義文明の遺産であり、どんな学術的手術あるいは政治的手術をもってしても、患者の命を奪うことなく帝国の遺産を切除することはできない。

たとえば、今日の独立したインド共和国とイギリスの支配との愛憎関係について考えてほしい。イギリスによるインドの征服と占領のせいで、何百万ものインド人の命が奪われ、さらに何億ものインド人がたえず辱《はずかし》めを受け、搾取された。それにもかかわらず、多くのインド人が、まるで改宗者のような熱意をもって、自決や人権といった西洋の概念を採用し、イギリスが、生粋のインド人にイギリスの臣民として対等な権利も、独立も与えず、自らが高らかに謳った価値観を実践に移すのを拒んだときには失望落胆した。

それでも、現代のインド人の国家は大英帝国

図29　タージマハル。これは「純正」なインド文化の例なのか、それとも、イスラム帝国主義による異邦人の創造物なのだろうか？

の子供だ。イギリス人はインド亜大陸の居住者を殺し、傷つけ、虐《しいた》げたが、彼らはまた、相争う藩王国や部族などの、途方に暮れるほどの寄せ集めを統一し、インド人が共有する国民意識と、おおむね単一の政治的単位として機能する国家を生み出した。彼らはインドの司法制度の基盤を築き、行政機構を創設し、経済統合に不可欠の鉄道網を敷設した。インドは独立にあたり、イギリスに倣って、統治形態として西洋の民主主義を採用した。英語は今もなお共通語で、ヒンディー語やタミル語、マラヤーラム語を母語とする人が使って意思を疎通させる中立的な言葉だ。インド人は熱狂的なクリケット・プレイヤーで、チャイ（紅茶）も大好きだが、このスポーツも飲み物もイギリスの遺産だ。お茶の商業栽培はインドには存在しなかったが、一九世紀半ばになってイギリス東インド会社が導入した。亜大陸中に紅茶を飲む習慣を広めたのは、お高くとまったイギリス紳士たちだった。

今日、帝国主義の遺産だからという理由で、民主主義や英語、鉄道網、法制度、クリケット、紅茶を廃止する投票を求めるインド人が何人いるだろうか？　そして、仮に投票をしたとしたら、この問題に決着をつける投票を求めるという、まさにその行為が、かつての支配者たちに負うものがある証になりはしないだろうか？

以前の「純正」な文化を再建し、保護することを願って、残酷な帝国の遺産を完全に拒否することにしたとしても、それによって守っているのは、さらに古くて同じぐらい残酷な帝国の遺産以外の何物でもない可能性が非常に高い。イギリスによる支配でインド文化が台無しにされたと憤慨する人は、ムガル帝国の遺産と征服者であるデリーのスルタンの権力を、図らずも神聖視することになる。そして、誰であれイスラムの諸帝国の異邦人による影響から「純正なインド文化」を助け出そうとする者は、グプタ帝国やクシャーン帝国、マウリヤ帝国の遺産を神聖視することになる。もし極端なインドの国民主義者が、ムンバイの主要な駅など、イギリス人征服者が残した建物をすべて破壊するのだとしたら、タージマハルのような、イスラム教徒の征服者が残した建物はどうするのか？

文化の継承にまつわるこの厄介な問題をどのように解決すればいいのかは、誰にもはっきりとはわからない。どの道を選ぶにしても、問題の複雑さを理解し、過去を単純に善人と悪人に分けたところでどうにもならないのを認めるのが、第一歩だろう。もちろん、私たちはたいてい悪人に倣うと認める気があれば、話は別だが。

新しいグローバル帝国

紀元前二〇〇年ごろから、人類のほとんどは帝国の中で暮らしてきた。将来も、やはり人類の大半が帝国の中で暮らすだろう。だが、将来の帝国は、真にグローバルなものとなる。全世界に君臨するという帝国主義のビジョンが、今や実現しようとしているのだ。

二一世紀が進むにつれ、国民主義は急速に衰えている。しだいに多くの人が、特定の民族や国籍の人ではなく全人類が政治的権力の正当な源泉であると信じ、人権を擁護して全人類の利益を守ることが政治の指針であるべきだと考えるようになってきている。だとすれば、二〇〇近い独立国があるというのは、その邪魔にこそなれ、助けにはならない。スウェーデン人も、インドネシア人も、ナイジェリア人も同じ人権を享受してしかるべきなのだから、単一のグローバルな政府が人権を擁護するほうが簡単ではないか？

氷冠の融解のような、本質的にグローバルな問題が出現したために、独立した国民国家に残された正当性も、少しずつ失われつつある。どのような独立国であれ、地球温暖化を単独で克服することはできない。中国の天命は、人類の問題を解決するために天から授けられた。現代の天命は、オゾン層の穴や温室効果ガスの蓄積といった、天の問題を解決するために人類から授けられる。グローバル帝国の色はおそらく緑なのだろう。

二〇一四年の時点で、世界はまだ政治的にばらばらだが、国家は急速にその独立性を失っている。独立した経済政策を実施したり、好き勝手に宣戦を布告して戦争を行なったりすることや、自らが適切と判断する形で内政を実施したりすることさえも、本当にできる国は一つとしてない。国家はグローバル市場の思惑や、グローバルな企業やＮＧＯ（非政府機関）の干渉、グローバルな世論や国際司法制度の影響をますます受けやすくなっている。国家は、金融面での行動や環境政策、正義に関する国際基準に従うことを余儀なくされている。資本と労働力と情報の途方もなく強力な潮流が、世界を動かし、形作っており、国家の境界や意見はしだいに顧みられなくなっている。

私たちの眼前で生み出されつつあるグローバル帝国は、特定の国家あるいは民族集団によって統治されはしない。この帝国は後期のローマ帝国とよく似て、多民族のエリート層に支配され、共通の文化と共通の利益によってまとまっている。世界中で、しだいに多くの起業家やエンジニア、専門家、学者、法律家、管理者が、この帝国に参加するようにという呼びかけを受けている。彼らはこの帝国の呼びかけに応じるか、それとも自分の国家と民族に忠誠を尽くし続けるか、じっくり考えなければならない。だが、帝国を選ぶ人は、増加の一途をたどっている。

ed. Sasson, 1,487 97.

第11章　グローバル化を進める帝国のビジョン

1　Nahum Megged, *The Aztecs* (Tel Aviv: Dvir, 1999 [Hebrew]), 103.

2　Tacitus, *Agricola,* ch. 30 (Cambridge, Mass.: Harvard University Press, 1958), 220-1.（『ゲルマニア　アグリコラ』タキトゥス著、國原吉之助訳、ちくま学芸文庫、1996年）

3　A. Fienup-Riordan, *The Nelson Island Eskimo: Social Structure and Ritual Distribution* (Anchorage: Alaska Pacific University Press, 1983), 10.

4　Yuri Pines, 'Nation States, Globalization and a United Empire – the Chinese Experience (third to fifth centuries BC)', *Historia* 15 (1995), 54 [Hebrew].

5　Alexander Yakobson, 'Us and Them: Empire, Memory and Identity in Claudius' Speech on Bringing Gauls into the Roman Senate', in *On Memory: An Interdisciplinary Approach,* ed. Doron Mendels (Oxford: Peter Land, 2007), 23-4.

第10章　最強の征服者、貨幣

1　Francisco López de Gómara, *Historia de la Conquista de Mexico,* vol. 1, ed. D. Joaquin Ramirez Cabañes (Mexico City: Editorial Pedro Robredo, 1943), 106.

2　Andrew M. Watson, 'Back to Gold – and Silver', *Economic History Review* 20: 1 (1967), 11–12; Jasim Alubudi, *Repertorio Bibliográfico del Islam* (Madrid: Vision Libros, 2003), 194.

3　Watson, 'Back to Gold – and Silver', 17–18.

4　David Graeber, *Debt: The First 5,000 Years* (Brooklyn, N.Y.: Melville House, 2011).

5　Glyn Davies, *A History of Money: From Ancient Times to the Present Day* (Cardiff: University of Wales Press, 1994), 15.

6　Szymon Laks, *Music of Another World,* trans. Chester A. Kisiel (Evanston, Ill.: Northwestern University Press, 1989), 88–9. アウシュヴィッツの「市場」は、囚人のうちの特定層に限定されており、条件はそのときどきによって大幅に変化した。

7　Niall Ferguson, *The Ascent of Money* (New York: The Penguin Press, 2008), 4.（『マネーの進化史』ニーアル・ファーガソン著、仙名紀訳、早川書房、2009年）

8　「大麦貨幣」に関する情報は、以下の未発表の博士論文に準拠した。Refael Benvenisti, 'Economic Institutions of Ancient Assyrian Trade in the Twentieth to Eighteenth Centuries BC' (Hebrew University of Jerusalem, Unpublished PhD thesis, 2011). 以下も参照のこと。Norman Yoffee, 'The Economy of Ancient Western Asia', in *Civilizations of the Ancient Near East,* vol. 1, ed. J. M. Sasson (New York: C. Scribner's Sons, 1995), 1,387–99; R. K. Englund, 'Proto-Cuneiform Account-Books and Journals', in *Creating Economic Order: Record-keeping, Standardization, and the Development of Accounting in the Ancient Near East,* ed. Michael Hudson and Cornelia Wunsch (Bethesda, MD: CDL Press, 2004), 21–46; Marvin A. Powell, 'A Contribution to the History of Money in Mesopotamia prior to the Invention of Coinage', in *Festschrift Lubor Matouš,* ed. B. Hruška and G. Komoróczy (Budapest: Eötvös Loránd Tudományegyetem, 1978), 211–43; Marvin A. Powell, 'Money in Mesopotamia', *Journal of the Economic and Social History of the Orient,* 39: 3 (1996), 224–42; John F. Robertson, 'The Social and Economic Organization of Ancient Mesopotamian Temples', in *Civilizations of the Ancient Near East,* vol. 1, ed. Sasson, 443–500; M. Silver, 'Modern Ancients', in *Commerce and Monetary Systems in the Ancient World: Means of Transmission and Cultural Interaction,* ed. R. Rollinger and U. Christoph (Stuttgart: Steiner, 2004), 65–87; Daniel C. Snell, 'Methods of Exchange and Coinage in Ancient Western Asia', in *Civilizations of the Ancient Near East,* vol. 1,

Thirteenth Centuries', in *Medieval Families: Perspectives on Marriage, Household and Children,* ed. Carol Neel (Toronto: University of Toronto Press, 2004), 81 n.; Lise E. Hull, *Britain's Medieval Castles* (Westport: Praeger, 2006), 144.

第7章　書記体系の発明

1　Andrew Robinson, *The Story of Writing* (New York: Thames and Hudson, 1995), 63 (『「図説」文字の起源と歴史――ヒエログリフ、アルファベット、漢字』、アンドルー・ロビンソン著、片山陽子訳、創元社、2006 年); Hans J. Nissen, Peter Damerow and Robert K. Englung, *Archaic Bookkeeping: Writing and Techniques of Economic Administration in the Ancient Near East* (Chicago, London: The University of Chicago Press, 1993), 36.

2　Marcia and Robert Ascher, *Mathematics of the Incas – Code of the Quipu* (New York: Dover Publications, 1981).

3　Gary Urton, *Signs of the Inka Khipu* (Austin: University of Texas Press, 2003); Galen Brokaw. *A History of the Khipu* (Cambridge: Cambridge University Press, 2010).

4　Stephen D. Houston (ed.), *The First Writing: Script Invention as History and Process* (Cambridge: Cambridge University Press, 2004), 222.

第8章　想像上のヒエラルキーと差別

1　Sheldon Pollock, 'Axialism and Empire', in *Axial Civilizations and World History,* eds. Johann P. Arnason, S. N. Eisenstadt and Björn Wittrock (Leiden: Brill, 2005), 397-451.

2　Harold M. Tanner, *China: A History* (Indianapolis: Hackett, Pub. Co., 2009), 34.

3　Ramesh Chandra, *Identity and Genesis of Caste System in India* (Delhi: Kalpaz Publications, 2005); Michael Bamshad et al., 'Genetic Evidence on the Origins of Indian Caste Population', *Genome Research* 11 (2001): 904-1,004; Susan Bayly, *Caste, Society and Politics in India from the Eighteenth Century to the Modern Age* (Cambridge: Cambridge University Press, 1999).

4　Houston, *First Writing,* 196.

5　The secretary-general, United Nations, *Report of the Secretary-General on the In-depth Study on All Forms of Violence Against Women,* delivered to the General Assembly, U. N. Doc. A/16/122/Add.1 (6 July 2006), 89.

6　Sue Blundell, *Women in Ancient Greece* (Cambridge, Mass.: Harvard University Press, 1995), 113-29, 132-3.

(Rishon Le-Ziyyon: The Association for Farmyard Animals, 2009 [Hebrew]), 169–99; "Milk Production – the Cow" [Hebrew], The Dairy Council, accessed 22 March 2012, http://www.milk.org.il/cgi-webaxy/sal/sal.pl?lang=he&ID=645657_milk&act=show&dbid=katavot&dataid=cow.htm
9 Edward Evan Evans-Pritchard, *The Nuer: A Description of the Modes of Livelihood and Political Institutions of a Nilotic People* (Oxford: Oxford University Press, 1969)（『ヌアー族——ナイル系一民族の生業形態と政治制度の調査記録』E・E・エヴァンズ＝プリチャード著、向井元子訳、平凡社ライブラリー、1997年）; E. C. Amoroso and P. A. Jewell, 'The Exploitation of the Milk-Ejection Reflex by Primitive People', in *Man and Cattle: Proceedings of the Symposium on Domestication at the Royal Anthropological Institute, 24–26 May 1960,* ed. A. E. Mourant and F. E. Zeuner (London: The Royal Anthropological Institute, 1963), 129–34.
10 Johannes Nicolaisen, *Ecology and Culture of the Pastoral Tuareg* (Copenhagen: National Museum, 1963), 63.

第6章　神話による社会の拡大

1 Angus Maddison, *The World Economy,* vol. 2 (Paris: Development Centre of the Organization of Economic Co-operation and Development, 2006), 636（『経済統計で見る世界経済2000年史』アンガス・マディソン著、政治経済研究所訳、柏書房、2004年）; "Historical Estimates of World Population", U.S. Census Bureau, accessed 10 December 2010, http://www.census.gov/ipc/www/worldhis.html.
2 Robert B. Mark, *The Origins of the Modern World: A Global and Ecological Narrative* (Lanham, MD: Rowman & Littlefield Publishers, 2002), 24.
3 Raymond Westbrook, 'Old Babylonian Period', in *A History of Ancient Near Eastern Law,* vol. 1, ed. Raymond Westbrook (Leiden: Brill, 2003), 361–430; Martha T. Roth, *Law Collections from Mesopotamia and Asia Minor,* 2nd edn. (Atlanta: Scholars Press, 1997), 71–142; M. E. J. Richardson, *Hammurabi's Laws: Text, Translation and Glossary* (London: T & T Clark International, 2000).
4 Roth, *Law Collections from Mesopotamia,* 76.
5 Ibid., 121.
6 Ibid., 122–3.
7 Ibid., 133–4.
8 Constance Brittaine Bouchard, *Strong of Body, Brave and Noble: Chivalry and Society in Medieval France* (New York: Cornell University Press, 1998), 99; Mary Martin McLaughlin, 'Survivors and Surrogates: Children and Parents from the Ninth to

6　David J. Meltzer, *First Peoples in a New World: Colonizing Ice Age America* (Berkeley: University of California Press, 2009).

7　Paul L. Koch and Anthony D. Barnosky, 'Late Quaternary Extinctions: State of the Debate', *The Annual Review of Ecology, Evolution, and Systematics* 37 (2006), 215–50; Anthony D. Barnosky et al., 'Assessing the Causes of Late Pleistocene Extinctions on the Continents', 70–5.

第5章　農耕がもたらした繁栄と悲劇

1　この地図は主に、以下に基づく。Peter Bellwood, *First Farmers: The Origins of Agricultural Societies* (Malden: Blackwell Pub., 2005).（『農耕起源の人類史』ピーター・ベルウッド著、京都大学学術出版会、2008 年）

2　Jared Diamond, *Guns, Germs and Steel: The Fate of Human Societies* (New York: W. W. Norton, 1997).（『銃・病原菌・鉄』ジャレド・ダイアモンド著、倉骨彰訳、草思社文庫、2012 年）

3　Azar Gat, *War in Human Civilization* (Oxford: Oxford University Press, 2006), 130–1（『文明と戦争』アザー・ガット著、歴史と戦争研究会訳、中央公論新社、2012 年）; Robert S. Walker and Drew H. Bailey, 'Body Counts in Lowland South American Violence,' *Evolution and Human Behavior* 34 (2013), 29–34.

4　Katherine A. Spielmann, 'A Review: Dietary Restriction on Hunter-Gatherer Women and the Implications for Fertility and Infant Mortality', *Human Ecology* 17: 3 (1989), 321–45. 以下も参照のこと。Bruce Winterhalder and Eric Alder Smith, 'Analyzing Adaptive Strategies: Human Behavioral Ecology at Twenty Five', *Evolutionary Anthropology* 9: 2 (2000), 51–72.

5　Alain Bideau, Bertrand Desjardins and Hector Perez-Brignoli (eds.), *Infant and Child Mortality in the Past* (Oxford: Clarendon Press, 1997); Edward Anthony Wrigley et al., *English Population History from Family Reconstitution, 1580–1837* (Cambridge: Cambridge University Press, 1997), 295–6, 303.

6　Manfred Heun et al., 'Site of Einkorn Wheat Domestication Identified by DNA Fingerprints', *Science* 278: 5341 (1997), 1,312–14.

7　Charles Patterson, *Eternal Treblinka: Our Treatment of Animals and the Holocaust* (New York: Lantern Books, 2002), 9–10（『永遠の絶滅収容所——動物虐待とホロコースト』チャールズ・パターソン著、戸田清訳、緑風出版、2007 年）; Peter J. Ucko and G. W. Dimbleby (eds.), *The Domestication and Exploitation of Plants and Animals* (London: Duckworth, 1969), 259.

8　Avi Pinkas (ed.), *Farmyard Animals in Israel – Research, Humanism and Activity*

Colonization of the Americas', in *The first Americans: the Pleistocene Colonization of the New World*, ed. Nina G. Jablonski (San Francisco: University of California Press, 2002), 59–60, 63–4; Jon M. Erlandson and Torben C. Rick, 'Archeology Meets Marine Ecology: The Antiquity of Maritime Cultures and Human Impacts on Marine Fisheries and Ecosystems', *Annual Review of Marine Science* 2 (2010), 231–51; Atholl Anderson, 'Slow Boats from China: Issues in the Prehistory of Indo-China Seafaring', *Modern Quaternary Research in Southeast Asia,* 16 (2000), 13–50; Robert G. Bednarik, 'Maritime Navigation in the Lower and Middle Paleolithic', *Earth and Planetary Sciences* 328 (1999), 559–60; Robert G. Bednarik, 'Seafaring in the Pleistocene', *Cambridge Archaeological Journal* 13: 1 (2003), 41–66.

2 Timothy F. Flannery, *The Future Eaters: An Ecological History of the Australasian Lands and Peoples* (Port Melbourne: Reed Books Australia, 1994); Anthony D. Barnosky et al., 'Assessing the Causes of Late Pleistocene Extinctions on the Continents', *Science* 306: 5693 (2004): 70–5; Bary W. Brook and David M. J. S. Bowman, 'The Uncertain Blitzkrieg of Pleistocene Megafauna', *Journal of Biogeography* 31: 4 (2004), 517–23; Gifford H. Miller et al., 'Ecosystem Collapse in Pleistocene Australia and a Human Role in Megafaunal Extinction,' *Science* 309: 5732 (2005), 287–90; Richard G. Roberts et al., 'New Ages for the Last Australian Megafauna: Continent Wide Extinction about 46,000 Years Ago', *Science* 292: 5523 (2001), 1,888–92.

3 Stephen Wroe and Judith Field, 'A Review of Evidence for a Human Role in the Extinction of Australian Megafauna and an Alternative Explanation', *Quaternary Science Reviews* 25: 21–2 (2006), 2,692–703; Barry W. Brooks et al., 'Would the Australian Megafauna Have Become Extinct If Humans Had Never Colonised the Continent? Comments on "A Review of the Evidence for a Human Role in the Extinction of Australian Megafauna and an Alternative Explanation" by S. Wroe and J. Field', *Quaternary Science Reviews* 26: 3–4 (2007), 560–4; Chris S. M. Turney et al., 'Late-Surviving Megafauna in Tasmania, Australia, Implicate Human Involvement in their Extinction', *Proceedings of the National Academy of Sciences* 105: 34 (2008), 12, 150–3.

4 John Alroy, 'A Multispecies Overkill Simulation of the End-Pleistocene Megafaunal Mass Extinction', *Science,* 292: 5523 (2001), 1,893–6; O'Connel and Allen, 'Pre-LGM Sahul', 400–1.

5 L. H. Keeley, 'Proto-Agricultural Practices Among Hunter-Gatherers: A Cross-Cultural Survey', in *Last Hunters, First Farmers: New Perspectives on the Prehistoric Transition to Agriculture,* ed. T. Douglas Price and Anne Birgitte Gebauer (Santa Fe, N. M.: School of American Research Press, 1995), 243–72; R. Jones, 'Firestick Farming', *Australian Natural History* 16 (1969), 224–8.

and Richard L. Jantz, 'Assessing Craniofacial Secular Change in American Blacks and Whites Using Geometric Morphometry', in *Modern Morphometrics in Physical Anthropology: Developments in Primatology: Progress and Prospects,* ed. Dennis E. Slice (New York: Plenum Publishers, 2005), 231–45.

6 Nicholas G. Blurton Jones et al., 'Antiquity of Postreproductive Life: Are There Modern Impact on Hunter-Gatherer Postreproductive Life Spans?', *American Journal of Human Biology* 14 (2002), 184–205.

7 Kim Hill and A. Magdalena Hurtado, *Aché Life History: The Ecology and Demography of a Foraging People* (New York: Aldine de Gruyter, 1996), 164, 236.

8 Ibid., 78.

9 Vincenzo Formicola and Alexandra P. Buzhilova, 'Double Child Burial from Sunghir (Russia): Pathology and Inferences for Upper Paleolithic Funerary Practices', *American Journal of Physical Anthropology* 124: 3 (2004), 189–98; Giacomo Giacobini, 'Richness and Diversity of Burial Rituals in the Upper Paleolithic', *Diogenes* 54: 2 (2007), 19–39.

10 I. J. N. Thorpe, 'Anthropology, Archaeology, and the Origin of Warfare', *World Archaeology* 35: 1 (2003), 145–65; Raymond C. Kelly, *Warless Societies and the Origin of War* (Ann Arbor: University of Michigan Press, 2000); Azar Gat, *War in Human Civilization* (Oxford: Oxford University Press, 2006)（『文明と戦争』アザー・ガット著、歴史と戦争研究会訳、中央公論新社、2012 年）; Lawrence H. Keeley, *War before Civilization: The Myth of the Peaceful Savage* (Oxford: Oxford University Press, 1996); Slavomil Vencl, 'Stone Age Warfare', in *Ancient Warfare: Archaeological Perspectives,* ed. John Carman and Anthony Harding (Stroud: Sutton Publishing, 1999), 57–73.

第4章　史上最も危険な種

1 James F. O'Connel and Jim Allen, 'Pre-LGM Sahul (Pleistocene Australia – New Guinea) and the Archeology of Early Modern Humans', in *Rethinking the Human Revolution: New Behavioural and Biological Perspectives on the Origin and Dispersal of Modern Humans,* ed. Paul Mellars, Ofer Bar-Yosef, Katie Boyle (Cambridge: McDonald Institute for Archaeological Research, 2007), 395–410; James F. O'Connel and Jim Allen, 'When Did Humans First Arrived in Greater Australia and Why Is It Important to Know?', *Evolutionary Anthropology,* 6: 4 (1998), 132–46; James F. O'Connel and Jim Allen, 'Dating the Colonization of Sahul (Pleistocene Australia – New Guinea): A Review of Recent Research', *Journal of Radiological Science* 31: 6 (2004), 835–53; Jon M. Erlandson, 'Anatomically Modern Humans, Maritime Voyaging, and the Pleistocene

McCarthy et al., 'Comparing Two Methods for Estimating Network Size', *Human Organization* 60 : 1 (2001), 32 ; R. A. Hill and R. I. M. Dunbar, 'Social Network Size in Humans', *Human Nature* 14 : 1 (2003), 65.

4 Yvette Taborin, 'Shells of the French Aurignacian and Perigordian', in *Before Lascaux : The Complete Record of the Early Upper Paleolithic,* ed. Heidi Knecht, Anne Pike-Tay and Randall White (Boca Raton : CRC Press, 1993), 211–28.

5 G. R. Summerhayes, 'Application of PIXE-PIGME to Archaeological Analysis of Changing Patterns of Obsidian Use in West New Britain, Papua New Guinea', in *Archaeological Obsidian Studies : Method and Theory,* ed. Steven M. Shackley (New York : Plenum Press, 1998), 129–58.

第3章　狩猟採集民の豊かな暮らし

1 Christopher Ryan and Cacilda Jethá, *Sex at Dawn : The Prehistoric Origins of Modern Sexuality* (New York : Harper, 2010)（『性の進化論――女性のオルガスムは、なぜ霊長類にだけ発達したか？』クリストファー・ライアン／カシルダ・ジェタ著、山本規雄訳、作品社、2014 年）; S. Beckerman and P. Valentine (eds.), *Cultures of Multiple Fathers : The Theory and Practice of Partible Paternity in Lowland South America* (Gainesville : University Press of Florida, 2002).

2 Noel G. Butlin, *Economics and the Dreamtime : A Hypothetical History* (Cambridge : Cambridge University Press, 1993), 98–101 ; Richard Broome, *Aboriginal Australians* (Sydney : Allen & Unwin, 2002), 15 ; William Howell Edwards, *An Introduction to Aboriginal Societies* (Wentworth Falls, N. S. W. : Social Science Press, 1988), 52.

3 Fekri A. Hassan, *Demographic Archaeology* (New York : Academic Press, 1981), 196–9 ; Lewis Robert Binford, *Constructing Frames of Reference : An Analytical Method for Archaeological Theory Building Using Hunter Gatherer and Environmental Data Sets* (Berkeley : University of California Press, 2001), 143.

4 Brian Hare, *The Genius of Dogs : How Dogs Are Smarter Than You Think* (Dutton : Penguin Group, 2013).（『あなたの犬は「天才」だ』ブライアン・ヘア／ヴァネッサ・ウッズ著、古草秀子訳、早川書房、2013 年）

5 Christopher B. Ruff, Erik Trinkaus and Trenton W. Holliday, 'Body Mass and Encephalization in Pleistocene *Homo*', *Nature* 387 (1997), 173–6 ; M. Henneberg and M. Steyn, 'Trends in Cranial Capacity and Cranial Index in Subsaharan Africa During the Holocene', *American Journal of Human Biology* 5 : 4 (1993) : 473–9 ; Drew H. Bailey and David C. Geary, 'Hominid Brain Evolution : Testing Climatic, Ecological, and Social Competition Models', *Human Nature* 20 (2009) : 67–79 ; Daniel J. Wescott

原　註

第1章　唯一生き延びた人類種

1　Ann Gibbons, 'Food for Thought: Did the First Cooked Meals Help Fuel the Dramatic Evolutionary Expansion of the Human Brain?', *Science* 316: 5831 (2007), 1,558–60.

第2章　虚構が協力を可能にした

1　Robin Dunbar, *Grooming, Gossip, and the Evolution of Language* (Cambridge, Mass.: Harvard University Press, 1998).（『ことばの起源——猿の毛づくろい、人のゴシップ』ロビン・ダンバー著、松浦俊輔／服部清美訳、青土社、1998年）

2　Frans de Waal, *Chimpanzee Politics: Power and Sex among Apes* (Baltimore: Johns Hopkins University Press, 2000)（『チンパンジーの政治学——猿の権力と性』フランス・ドゥ・ヴァール著、西田利貞訳、産経新聞出版、2006年）; Frans de Waal, *Our Inner Ape: A Leading Primatologist Explains Why We Are Who We Are* (New York: Riverhead Books, 2005)（『あなたのなかのサル——霊長類学者が明かす「人間らしさ」の起源』フランス・ドゥ・ヴァール著、藤井留美訳、早川書房、2005年）; Michael L. Wilson and Richard W. Wrangham, 'Intergroup Relations in Chimpanzees', *Annual Review of Anthropology* 32 (2003), 363–92; M. McFarland Symington, 'Fission-Fusion Social Organization in *Ateles* and *Pan*', *International Journal of Primatology,* 11: 1 (1990), 49; Colin A. Chapman and Lauren J. Chapman, 'Determinants of Groups Size in Primates: The Importance of Travel Costs', in *On the Move: How and Why Animals Travel in Groups,* ed. Sue Boinsky and Paul A. Garber (Chicago: University of Chicago Press, 2000), 26.

3　Dunbar, *Grooming, Gossip, and the Evolution of Language,* 69–79（『ことばの起源——猿の毛づくろい、人のゴシップ』ロビン・ダンバー著、松浦俊輔／服部清美訳、青土社、1998年）; Leslie C. Aiello and R. I. M. Dunbar, 'Neocortex Size, Group Size, and the Evolution of Language', *Current Anthropology* 34: 2 (1993), 189. このアプローチに対する批判については、以下を参照のこと。Christopher

(London : Published for the Trustees of the British Museum by British Museum Publications, 1986), 27.

図 27　© akg/PPS 通信社

図 28　© Getty Images.

図 29　The Taj Mahal. Photo : Guy Gelbgisser Asia Tours.

図版出典

図 1　© ImageBank/Getty Images Israel.

図 2　© Visual/Corbis.

図 3　© Anthropologisches Institut und Museum, Universität Zürich.

図 4　Photo : Thomas Stephan, © Ulmer Museum.

図 5　© magiccarpics.co.uk

図 6　© AFP＝時事

図 7　Photo : The Upper Galilee Museum of Prehistory.

図 8　© Visual/Corbis.

図 9　© Visual/Corbis.

図 10　Poster: Waterhouse Hawkins, *c.*1862 © The Trustees of the Natural History Museum, London.

図 11　© Visual/Corbis.

図 12　Photograph by Karl G. Heider, gift of Karl G. Heider. © President and Fellows of Harvard College, Peabody Museum of Archaeology and Ethnology, PM# 2006.17.1.89.2 (digital file# 98770053)

図 13　Photos and © Deutsches Archäologisches Institut.

図 14　© Visual/Corbis.

図 15　Photo and © Anonymous for Animal Rights (Israel).

図 16　© Getty Images.

図 17　© Getty Images.

図 18　© Adam Jones/Corbis/amanaimages.

図 19　© The Schøyen Collection, Oslo and London, MS 1717. http://www.schoyencollection.com/

図 20　© Getty Images.

図 21　Photo: Guy Tillim/Africa Media Online, 1989 © africanpictures/akg/PPS 通信社

図 22　© Réunion des musées nationaux/Gérard Blot.

図 23　© Visual/Corbis.

図 24　© Visual/Corbis.

図 25　© Getty Images.

図 26　Illustration based on: Joe Cribb (ed.), *Money: From Cowrie Shells to Credit Cards*

Yuval Noah Harari:
SAPIENS: A Brief History of Humankind
Copyright © Yuval Noah Harari 2011

Japanese translation published by arrangement with
Yuval Noah Harari c/o The Deborah Harris Agency
through The English Agency (Japan) Ltd.

柴田裕之（しばた・やすし）
翻訳家。早稲田大学、Earlham College卒業。訳書に、リゾラッティ／シニガリア『ミラーニューロン』、カシオポ／パトリック『孤独の科学』、ガザニガ『人間らしさとはなにか？』、ドゥ・ヴァール『道徳性の起源』、リドレー『繁栄』（共訳）、ブオノマーノ『バグる脳』、アルバート『パーフェクト・タイミング』、コスリン／ミラー『上脳・下脳』、リフキン『限界費用ゼロ社会』、ファンク『地球を「売り物」にする人たち』など。

サピエンス全史《ぜんし》（上《じょう》）
——文明《ぶんめい》の構造《こうぞう》と人類《じんるい》の幸福《こうふく》

2016年9月30日　初版発行
2023年5月30日　98刷発行

著　者　ユヴァル・ノア・ハラリ
訳　者　柴田裕之
装　丁　木庭貴信（オクターヴ）
発行者　小野寺優
発行所　株式会社河出書房新社
　　　　東京都渋谷区千駄ヶ谷2-32-2
　　　　電話（03）3404-1201［営業］（03）3404-8611［編集］
　　　　https://www.kawade.co.jp/
印刷所　株式会社亨有堂印刷所
製本所　小泉製本株式会社
Printed in Japan
ISBN978-4-309-22671-2
落丁本・乱丁本はお取替えいたします。
本書のコピー、スキャン、デジタル化等の無断複製は著作権法上での例外を除き禁じられています。本書を代行業者等の第三者に依頼してスキャンやデジタル化することは、いかなる場合も著作権法違反となります。

世界の歴史　大図鑑

アダム・ハート＝デイヴィス総監修
樺山紘一日本語版総監修

新しい視点から人類全史をとらえ、「世界史」についての私たちの理解を塗りかえる斬新で画期的な二一世紀ヴィジュアル大事典！　収録図版二〇〇〇点以上、四八〇頁カラー、各国史一七八か国、ほか。

古代ローマ人の24時間
よみがえる帝都ローマの民衆生活

アルベルト・アンジェラ
関口英子訳

紀元一一五年の古代ローマ全盛時代のある一日を、時間の流れに沿って克明に再現したベストセラー本。民衆はどんな暮らしをしていたのか。朝の目覚めから夜寝るまで、その魅力を体感！

古代ローマ帝国1万5000キロの旅

アルベルト・アンジェラ
関口英子／佐瀬奈緒美訳

ベストセラー『古代ローマ人の24時間』に続く、ローマ帝国全土の旅を再現する待望のタイムスリップ読物。前著の翌日から三年間、人の手から手へと渡る一枚の貨幣が読者を長い旅に誘う。

古代ローマ人の愛と性
官能の帝都を生きる民衆たち

アルベルト・アンジェラ
関口英子／佐瀬奈緒美訳

古代ローマの恋人たちはどんなデートをし、どんなキスをしていたのだろう？　理想の容姿やファッションは？　異性を射止める方法、結婚や離婚、セックスなど、信じられない驚きの世界！

都市の誕生
古代から現代までの世界の都市文化を読む

P・D・スミス
中島由華 訳

都市は人間をどう変えてきたのか？　地下鉄や百貨店、スラムとギャング、お祭り、摩天楼、食べ物、交通渋滞や環境問題など、古今東西の都市文化のありようとその発達、変遷を読み解く名著！

音楽の科学
音楽の何に魅せられるのか？

フィリップ・ボール
夏目大 訳

音楽の起源から構造、音楽が伝える意味、音楽が脳にもたらすものまで、音楽を「聴く」能力の謎に科学で迫った初めての書。この一冊で音楽とは何かがすべてわかる、音楽好き必携の決定版！

音楽の進化史

ハワード・グッドール
夏目大 訳

音楽はなぜ、どのようにより豊かで多様なものへと変化したのか？　楽器や楽譜、音階や和音の発明など、作曲家である著者が、旧石器時代から現代に至る四万年の音楽史を一望する決定版！

世界鉄道史
血と鉄と金の世界変革

クリスティアン・ウォルマー
安原和見／須川綾子 訳

英国で開業した鉄道が、現在に至るまでに地球規模で及ぼした壮大な影響！　鉄道がいかに世界を変えたかを理解するための最適な名著。世界全体を視野に詳しく解説。

水と人類の1万年史

ブライアン・フェイガン
東郷えりか訳

古代から中世、そして現代まで、人類を飢えや病から救い、繁栄をもたらしたのは巧妙な水管理のシステムだった！　考古学や気候学を駆使しながら、水に育まれ、翻弄された人類の命運を探る！

歴史を変えた気候大変動

ブライアン・フェイガン
東郷えりか／桃井緑美子訳

歴史を揺り動かした五百年前の気候大変動とは何だったのか？　人口大移動や農業革命、産業革命と深く結びついた「小さな氷河期」を、民衆はどのように生き延びたのか？　気候学と歴史学の双方から迫る！

古代文明と気候大変動
人類の運命を変えた二万年史

ブライアン・フェイガン
東郷えりか訳

人類の歴史は、めまぐるしく変動する気候への適応の歴史である。二万年におよぶ世界各地の古代文明はどのように生まれ、どのように滅びたのか。気候学の最新成果を駆使して描く、壮大な文明の興亡史。

千年前の人類を襲った大温暖化
文明を崩壊させた気候大変動

ブライアン・フェイガン
東郷えりか訳

中世温暖期と呼ばれる時期に、世界各国の文明は干ばつや食糧難に直面し大きく揺れ動いた。地球温暖化に直面する現代人が今知るべき、気候大変動のメカニズムと人類がとった生き残り戦略。